플 라 톤
다시보기

플라톤 다시 보기

박홍규 지음

필맥

문헌인용

이 책에서 두 번 이상 인용되는 책은 다음의 인용방법에 따른다. 단 번역이 적절하지 않다고 생각되는 경우에는 번역을 바꾸기도 했음을 미리 밝혀두며 각 번역자의 양해를 구한다.

고대 저작의 인용

1. 이 책에서 가장 자주 인용되는 플라톤의 책은 다음 셋이다. 이런 의미에서 이 책은 그 세 권에 대한 검토라고 할 수 있다. 인용의 출처 표시는 스테파누스 인용번호(Stephanus pages)에 따른다. 번역문은 기본적으로 아래 책들에서 인용한다.

— 《국가》; 《국가 · 政體》(박종현 옮김, 개정증보판, 서광사, 2005)

　이 책은 이미 우리의 귀에 익은 대로 《국가》라고 부르겠다. 다만 본문에서 특별히 이 책의 표제를 '그리스 · 폴리스'로 말해야 할 필요가 있는 경우에는 《폴리스》로 부르도록 하겠다. 번역서에서 혼용된 '욕구'와 '욕망', '옳음'과 '정의'라는 번역어는 각각 '욕망'과 '정의'로 통일했다.

— 《정치가》; 《정치가》(김태경 옮김, 한길사, 2000)

　여러 번역이 있는 《국가》와 달리 이 책의 번역은 이것밖에 없으므로 인용은 기본적으로 이것에 의한다. 단 그 번역을 바꾸기도 했다. 가령 '치자'와 '치술'은 일반적인 용어가 아니므로 '치자'는 제목과 마찬가지로 '정치가'로, '치술'은 '통치술'로 바꾸었다.

— 《법》; 《법률》(최민홍 옮김, 상서각, 1983)

　이 책도 이 번역밖에 없어서 인용은 기본적으로 이 번역에 의한다. 단 그 번역을 바꾸기도 했다. 가령 책 제목의 경우 엄격히 말해 법률은 국회가 제정한 법을 말하는 것이고 법에는 법률 말고도 헌법을 비롯해 많이 있기 때문에 《법》으로 바꾸었다. 이 번역은 스테파누스 인용번호가 표시되지도 않았고 장의 구분도 없어 읽기에 불편하다. 나는 이 책에서 스테파누스 인용번호를 찾아 인용했다. 영어를 비롯해 다른 언어로 번역된 책들은 대부분 이렇게 하고 있다.

2. 기타 플라톤 책의 인용은 다음과 같이 한다.
— **《고르기아스》**; 《고르기아스》(최민홍 옮김, 상서각, 1983)
— **《에우티프론, 소크라테스의 변론, 크리톤, 파이돈》**; 《에우티프론, 소크라테스의 변론, 크리톤, 파이돈》(박종현 옮김, 서광사, 2003)
— **《프로타고라스, 메논》**; 《프로타고라스/메논》(최호연 편역, 두로, 1997)

3. 기타 고대 저작의 인용은 다음과 같이 한다.
— **《일리어스》**; 《일리어스》(호메로스 지음, 김병익 옮김, 삼성출판사, 1976)
— **《안티고네》**; 《희랍극전집》(소포클레스 지음, 조우현 옮김, 제1권, 현암사)
— **《힙폴로튜스》**; 《희랍극전집》(에우리피데스 지음, 곽복록 옮김, 제2권, 현암사)
— **《구름》**; 《희랍극전집》(아리스토파네스 지음, 나영균 옮김, 제3권, 현암사)
— **《벌》**; 《희랍극전집》(아리스토파네스 지음, 김정옥 옮김, 제3권, 현암사). 기타 그리스 비극의 인용은 모두 《희랍극전집》에 의함.
— **《회상》**; 《소크라테스 회상》(크세노폰 지음, 최혁순 옮김, 범우사, 1976)
— **《니코마코스 윤리학, 정치학, 시학》**; 《니코마코스 윤리학, 정치학, 시학》(아리스토텔레스 지음, 손명현 옮김, 동서문화사, 2007)

고대 저작 이외의 저작 인용(저자 이름의 가나다 순)

— 강대석; 《그리스 철학의 이해》(강대석, 한길사, 1987)
— 나정원; 《플라톤의 정치사상》(나정원, 법문사, 1989)
— 남경희; 《플라톤》(남경희, 아카넷, 2006)
— 러셀1, 러셀2; 《서양철학사》 1권, 2권(B. 러셀, 최민홍 옮김, 집문당, 1980)
— 러셀-에세이; 《반속적 에세이》(B. 러셀, 삼성출판사, 1978)
— 러셀-지혜; 《서양의 지혜》(B. 러셀, 이명숙 외 옮김, 서광사, 1990)
— 래빈; 《소크라테스에서 사르트르까지》(T. Z. 래빈, 문현병 외 옮김, 동녘, 1993)
— 마르틴; 《소크라테스 평전》(G. 마르틴, 박갑성 옮김, 삼성문화재단, 1974)
— 매기; 《칼 포퍼》(브라이언 매기, 이명현 옮김, 문학과지성사, 1982)
— 밀; On Liberty(J. S. Mill, Fontana, 1962)
— 버낼; 《블랙 아테나》(마틴 버낼, 오홍식 옮김, 소나무, 2006)
— 베로; 《플라톤과 교육》(R. 베로, 박재문 서영현 옮김, 문음사, 1992)
— 서병훈; 《자유의 미학》(서병훈, 나남출판, 2000)

— 세이빈; 《정치사상사》(조지 세이빈, 토마스 솔슨, 한길사, 1983)

— 세이어스; 《세이어스의 플라톤 '국가' 해설》(숀 세이어스, 김요한 옮김, 서광사, 2008)

— 슈바르바티; 《경제학의 거장들》(요하임 슈바르바티 외, 정진상 외 옮김, 한길사, 2007)

— 스톤; 《소크라테스의 비밀》(I. F. 스톤, 편상범 손병석 옮김, 자작아카데미, 1996)

— 승계호; 《직관과 구성》(승계호, 김주성 외 옮김, 나남출판, 1999)

— 승계호–플라톤; Plato Rediscovered: Human Value and Social Order(T. K. Seung, Rowmann and Littlefield, 1996)

— 신일철; 《포퍼》(신일철 편, 고려대학교출판부, 1990)

— 이상인; 《플라톤과 유럽의 전통》(이상인, 이제이북스, 2006)

— 포퍼; 《열린사회와 그 적들》(칼 포퍼, 이한구 옮김, 민음사, 1982)

— 포퍼–역사주의; 《역사주의의 빈곤》(칼 포퍼, 이석윤 옮김, 지학사, 1995)

— 포퍼–20세기; 《우리는 20세기에서 무엇을 배울 수 있는가?》(칼 포퍼, 이상헌 옮김, 생각의나무, 2000)

— 풀러; 《지식인》(스티브 풀러, 임재서 옮김, 사이언스북스, 2007)

— 필드; 《플라톤의 철학》(G. C. 필드, 양문흠 옮김, 서광사, 1986)

— 하우저; 《문학과 예술의 사회사》(아놀드 하우저, 백락청 옮김, 창작과비평사, 1976)

— 헤어; 《플라톤의 이해》(R. M. 헤어 외, 강정인 김성환 편역, 문학과지성사, 1991)

— 헬트; 《그리스 로마 철학기행》(클라우스 헬트, 최상안 옮김, 백의, 2000)

— 회페; 《철학의 거장들》(오트프리트 회페 엮음, 이강서 외 옮김, 한길사, 2001)

— 힐쉬베르거; 《서양철학사》(요한네스 힐쉬베르거, 강성위 옮김, 이문출판사, 1983)

2008년 6월에 어느 국회의원이 그해 5월부터 시작된 촛불집회를 가리켜 2400여 년 전 그리스의 '천민민주주의'와 같이 나라를 망치는 짓이라고 비난하는 것을 보고 나는 이 책을 쓰기 시작했다. 그리스의 민주주의를 가리켜 '천민민주주의'라고 한 것도 '멋대로' 한 말로서 문제가 있지만 그 '천민민주주의' 때문에 그리스가 망한 것도 아니기 때문에 그의 비난은 대꾸할 가치조차 없는 무지의 소치에 불과하다. 그가 모든 국회의원의 수준을 보여주는 것은 아니겠지만 참으로 무식하기 짝이 없다. 그러나 그 무식을 탓하기 위해 이 책을 쓰는 것은 아니다. 그럴 만큼 나는 심심하지도 한심하지도 않다.

내가 이 책을 쓰게 된 것은 그런 무식한 국회의원들이 우리의 민주주의를 망쳤기 때문에 촛불집회가 열렸고 그 촛불집회에서 대한민국 헌법 1조의 국민주권주의가 외쳐진 것은 민주주의의 참다운 모습이라는 점과 역사상 최초로 민주주의가 실현됐다고 볼 수 있는 고대 그리스에서도 그렇게 민주주의를 했다는 역사적 사실을 강조할 필요가 있다고 생각해서였다. 고대 그리스에서는 그렇게 모인 사람들이 법을 만들고 국정의 모든 중요한 과제를 직접 처리했다.

고대 그리스에서는 가령 국민의 생명에 위험을 초래할지도 모르는 외국산 쇠고기를 멋대로 수입하는 정책을 정부가 채택한다면 국민이 그것을 무효로 하고 그것과 관련해 새로운 법과 정책을 만들 수 있었고, 이런 일이 참된 민주주의를 통해 당연히 실현됐을 것이다. 촛불집회는 바로 그런 민중집회, 즉 민회였다.

물론 고대 그리스와 달리 지금 우리나라에서는 법이 그런 민중집회의 권한을 인정하지 않는다. 우리의 법에서는 외국산 쇠고기 수입에 대한 결정은 정부만이 내릴 수 있고, 법은 국회가 제정하게 돼 있다. 그러나 모든 법의 기본인 헌법, 그중에서도 기본인 헌법 1조를 민주주의의 원리에 따라 조금만 논리적으로 해석한다면, 선거를 통해 정부와 국회를 구성하는 국민이 그 행정과 입법의 기능을 직접 수행하고자 한다면 그렇게 직접 나서는 것을 인정하지 못할 이유가 어디에 있을까? 물론 이에 대해 여러 가지 반론이 가능하리라. 그러나 적어도 대다수 국민이 그 촛불집회를 승인한 터에 그것이 헌법 1조의 구현이라고 보지 못할 이유가 어디에 있는가? 그것이 오히려 헌법 1조의 정신에 맞는 것이 아닌가? 헌법에 규정돼있지도 않은 서울의 지리적 위치를 거론하며 소위 관습헌법에 의해 서울을 수도라고 인정한 헌법재판소의 터무니없는, 지혜 아닌 지혜 같은 것을 빌릴 필요도 없이 그것은 삼척동자라도 당연히 인정할 헌법의 원리가 아닌가? 그러나 대한민국의 국회의원이나 헌법재판관이란 자들은 삼척동자보다도 헌법을 잘 모르는 것 같다.

내가 이 책을 쓰게 된 또 하나의 이유는 위에서 말한 국회의원과 유사한 소리를 '멋대로' 한 철학자가 고대 그리스에 있었는데 그가 지금까지도 터무니없이 엄청나게 찬양되고 있다는 점에 있다. 그는 바로 독재철학자 플라톤이다. 플라톤은 한국의 저 천박한 국회의원처럼 직접민주주의를 하는 민주시민을 '천민'이라고 모욕하지는 않았지만(나는 헌법개정에 반대하지만, 꼭 개헌을 해야 한다면 대통령이나 국회의원이 국민을 모욕해서는 안 된다는 규정을 추가하는 개헌을 주장한다. 소위 사이버모욕죄는 터무니없는 것이지만 국민모욕은 민주주의를 지키기 위해서 반드시 금지해야 한다), 그 역시 그런 민주시민을 멸시하기는 마찬가지였다. 물론 여기서 아테네의 민주시민이란 당시 아테네에 살고 있었던 30만 명 정도의 사람들 가운데 노예, 외국인, 여성, 미성년자를 제외한 3만 명 정도의 성년남자를 가리키는 말이기는 하다. 대부분 농공상업에 종사한 그 3만 명 정도의 시민이 직접민주주의를 하는 것을 놓고 플라톤은 타락한 정치라고 욕하고 대신 철인독재를 주장했다. 즉 그는 민주주의를 하는 쌍놈인 농공상업 종사자는 정치를 할 자격조차 없다면서 그들이 각자 자기 직업에만 충실한 것만이 정의라고 주장했고, 그렇게 되도록 그들을 엄격하게 다스리려면 단 한 명의 철인이 군인들을 부려가며 철저한 독재를 해야 한다고 주장했다. 물론 그는 노예, 외국인, 여성, 미성년자는 아예 인간으로도 취급하지 않았다. 그런 사람들까지 모두 국민으로 인정되는 지금 만약 플라톤이 살아있다면 과연 그는 무어라고 말할까?

이 정도의 유치한 독재론을 편 것만으로도 플라톤은 그 뒤로

2400년 이상에 걸쳐 이어진 모든 독재의 철인으로 숭상되기에 충분했겠지만, 그것만으로는 적어도 철학자들이 하는 철학이라는 고담준론에 걸맞지 않았을 것이다. 그래서인지 그는 그 유치한 독재론이 인간의 혼을 구성하는 이성(철인), 기개(군인), 욕망(농공상)의 조화인 정의에 맞는 것이라고 대단히 철학적인 말로 그럴듯하게 합리화했고, 그렇게 함으로써 그 복잡하고 난해하며 심오한 철학이라는 것을 자기가 완성했다고 주장했다. 이러한 그의 주장은 곧 계급사회는 인간의 본성에 합치하는 진리라는 말과 같다. 플라톤이 말한 정의란 그런 혼의 계급에 따라 철인(왕), 군인(사대부), 생산자(농공상)로 구분된 계급에 따라 평생을 사는 것을 의미한다. 이렇게하면 영혼의 진리와 사회의 진리가 일치하고 인간의 원리와 나라의 원리가 단번에 모두 실현된다는 것이다. 플라톤 철학이라는 것은 이 정도의 철학이라고 보면 된다.

그런데 이 정도의 철학 때문에 플라톤은 그가 살았던 2400여 년 전부터 지금까지 참으로 오랫동안 "모든 서양철학자 가운데서 가장 칭송받고, 가장 영예롭고, 가장 존경받는 철학자", "서양문명이 낳은 가장 위대한 철학자", "서양철학의 아버지", "모든 시대의 사회철학자와 도덕론자 가운데 가장 위대한 사람"(래빈, 17)이라고 찬양돼왔다. 도대체 철학이라는 것이 무엇인가? 학문 중의 학문이라는 철학이 고자 이런 것이란 말인가? 철인왕이라고 지부히는 모든 독재자의 독재를 합리화, 정당화, 정통화한 플라톤이 2400여 년 동안 서양을 지배해왔다. 그것은 적어도 민주주의의 시작과 함께 끝냈어야 할 가공할 반민주적 전통이 아닌가?

그 반민주적 전통이 그토록 오랫동안 인간을 지배해온 점으로 보거나 나라에 따라 몇십 년 또는 몇백 년의 역사를 가진 민수수의가 지금까지도 여러 가지 문제를 안고 있는 것을 보면 민주주의는 분명 쉬운 일이 아니다. 반민주주의 독재철학자인 플라톤의 주장은 그가 살았던 시대 이후로 세계 각지에서 거듭 나타난 수많은 독재자 왕들의 지배에 절대적인 근거가 될 수 있었다. 아니 지금도 그를 지지하는 학자들이 있는 것은 물론이고 그를 찬양하는 정치인이나 일반인들도 많이 있는 것이 사실이다.

사실 플라톤의 주장은 우리 역사에서 고조선 이래 조선시대까지 사농공상이라는 신분계급 위에 군림했던 왕의 지배를 절대화했던 논리와 똑같다. 고조선이나 조선과 같은 나라에서 어느 날 왕이 병들었을지도 모를 중국산 쇠고기를 먹으라고 백성에게 강요했는데 가장 천한 농공상인들이 거리에 나와 촛불을 들고 왕에게 너나 그것 많이 처먹고 왕의 자리에서 물러나라고 하는 상황을 우리는 상상할 수 있는가? 실제로 그런 상황이 벌어졌다면 왕이나 양반선비라는 이들이 그렇게 한 백성을 모두 잡아다가 죽이지 않았을까? 플라톤도 당연히 그런 농공상인들은 모두 죽여야 한다고 주장했다. 그런 플라톤은 지금 우리에게 어떤 의미를 갖고 있을까? 나는 그런 우리의 왕이나 양반을 인정할 수 없는 동시에 그런 플라톤도 절대로 인정할 수 없다. 그러나 그런 플라톤이 우리나라에서는 지금까지도 찬양되고 있다. 사농공상의 계급을 옹호한 과거의 유학자들과 같이 플라톤을 극구 찬양하는 우리나라 철학자들(그들 대부분은 그러나 중국이나 한반도의 왕이나 유학자는 그토록 찬양하지 않는다) 가운데 한 사람은 다음과 같이 말한다.

> 민주적 자유는 당장에는 달콤할지 몰라도 끝내는 멋대로 자유가 되고 만다. 그 결말이 무엇인지는 칼리클레스 같은 민주적 인간을 통해, 아니 현대를 살아가는 부나비 같은 인생을 통해 명백히 입증되고 있다. (서병훈 396)

그러나 내가 아는 우리의 민주적 자유는 '당장에'는커녕, 우리가 그것을 헌법에 규정한 이후 지금까지 60년 동안에 단 하루라도 '달콤'하기는커녕 너무나도 고통스러운 것이었고, 엄청난 희생을 초래했다. 극소수 일부가 그것을 '멋대로' 행사했는지는 모르지만 대부분의 사람들에게는 그것이 '멋대로'인 것이기는커녕 제대로 주어지지도 못했다. 칼리클레스는 바로 그런 극소수와 비슷한 사람이다. 그는 플라톤이 쓴 책에 등장해 "힘은 정의"라고 주장하는 권력주의자로서 앞에서 말한 국회의원과 같은 자인데 그런 그를 왜 '민주적 인간'이라고 하는지 나로서는 도무지 알 수가 없다. 반민주주의자인 니체에게 깊은 영향을 주었다는 칼리클레스가 과연 '부나비 같은 인생'을 살았는지는 잘 모르겠지만, '부나비'는 '불나비'와 같은 말이어서 위 구절을 쓴 필자의 의도와 상관없이 나에게는 앞에서 말한 국회의원의 발언이 나온 것과 같은 시기에 어느 작가가 한 '촛불

불장난' 발언을 떠올리게 한다. 그러나 누가 멋대로 촛불을 불장난이라고 할 수 있는가? 촛불을 든 시민들을 누가 멋대로 모독하는가? 그들은 헌법상 보장된 시민들의 '민주피지배의 권리'를 당연히 누린 것 아닌가? 그런 그들을 두고 헌법수호에 앞장서야 할 국회의원이라는 자가 나라를 망치는 '천민'이라고 욕해도 되는가?

앞 인용구절의 필자는 이어 "플라톤을 통해 절제하는 인간만이 진정 자유로울 수 있음을 확인하게 된다"고 말한다(서병훈 397). 그러나 그가 말하는 '절제'란 독재철학자인 플라톤이 극소수의 지배자와 대다수의 '욕망에 찌든' 피지배자 가운데 피지배자에게 고유한 덕목이라면서 그들에게 멋대로 강요한 것이다. 이처럼 피지배자에게만 강요되는 덕목이라면 그것은 독재의 교리에 불과한 것 아닌가?

플라톤이 지금 우리나라에 살아 있다면 그도 멋대로 그렇게 말했을 것이 틀림없다. 플라톤은 자기와 같은 단 한 사람의 철학자가 '천민'의 민주적 자유인 욕망을 철저히 통제하고 억압하는 것이 최선의 정치이자 지혜와 용기의 정치인 철인정치라고 주장하고, '촛불'을 든 '천민'을 모조리 붙잡아다 국가반역자로 사형에 처해야 한다고 주장했을 것이다. 그는 바로 그런 것이 철학자의 지혜이고 군인의 용기라고 했을 것이다. 그는 욕망에 찌든 농공상 피지배자에게는 오로지 절제하는 것만이 도리이자 정의라고 했을 것이다. 요컨대 그는 '촛불' 따위를 들어서는 안 되고, 모두 다 직장이나 논밭으로 돌아가 맡은 일이나 열심히 해야 하며, 정치는 철인과 동격인 대통령이나 그 부하들에게 맡겨야 한다고 주장했을 것이다. 그러나 그

대통령이나 그 부하들이 과연 지혜를 구현하는 철인이거나 용기를 갖고 있는 자들인가? 도리어 그들이야말로 욕망에 찌든 '천민'이 아닌가? 나는 30여 년 전인 1971년에 당대의 저명한 학자라는 자들이 모여서 다음과 같은 말을 했던 사실을 회상하지 않을 수 없다.

현자인 플라톤은 그 옛날에 이른바 철인정치를 제창하였거니와 우리의 영도자 박정희 대통령이야말로 철인정치가의 표본임을 부정할 사람은 없을 것이다.

박정희의 독재를 플라톤식 철인정치라고 한, 이런 터무니없는 주장도 저 국회의원의 말처럼 논평할 가치조차 아예 없는 것이긴 하지만, 2007년 대선에서 이명박 후보가 유권자의 절대적 지지를 얻어 승리하고 집권하게 된 데는 '영도자 박정희'에 대한 향수도 그 배경으로 작용했으리라는 점에서 회상하지 않을 수 없다. 이명박을 철인이라고 하는 사람은 없지만, 그는 자타가 공인하는 독실한 기독교 장로라는 점에서는 그에게도 철인과 유사한 구석이 있는 것이 아닐까? 2007년에 나타난 그러한 독재향수에 플라톤이 직접적으로 철학적 근거가 된 것은 아니지만, 지난 30여 년 동안 끝없이 이어져 온 철인독재주의자 플라톤에 대한 찬양이 간접적으로는 그러한 독재향수가 일어나게 하는 데 일조했는지도 모른다.

앞의 인용문들과 비슷한 또 하나의 주장을, 꽤나 난해하기는 하지만 그런 난해함이 철학의 특징이라고 하니 인내하면서 들어보자.

그것은 "국가의 정의도 만인평등의 공정한 실현에 있지 않고, 상호 부등한 개인들이 지배–피지배의 관계에 대한 자발적 동의 하에서 사기가 부등한 일들에 대해서는 간섭하지 않으면서 사기의 일을 수 행하는 것에 달려있다"는 플라톤의 주장을 "전체 앞에 선 왜소한 개별자들에게, 그리고 자유와 평등에 대한 민주주의적 환상 속에서 꿈꾸듯 사는 현대인에게 주는 플라톤의 충고와 메시지"(이상인 454)라고 보는 견해다. 이것도 내가 보기에는 멋대로의 독재 합리화에 불과하기는 마찬가지다. 플라톤이 말한 정의란 각자가 출생에 의해 정해진 사농공상의 직업과 사회적 계급에 충실한 것이다. 이에 맞서 인류가 유사 이래 주장해온 자유와 평등은 결코 '환상'이 아니며, 우리의 근본법인 헌법의 엄정한 기본정신이기도 하다. 플라톤이 엄격하게 요구한 준법정신으로 보아도 그러한 헌법을 부정하는 것이 오히려 반체제적이고 반동적인 태도다. 플라톤의 준법정신을 제대로 우리 시대에 적용하고자 한다면 헌법을 부정하는 저 극소수 천민들을 먼저 엄정하게 비판해야 하지 않을까?

나는 그렇게 멋대로 말하는 정치나 작가나 학자의 원조인 플라톤을 멋대로의 독재철학자로 보며, 이런 나의 생각을 분명히 밝히기 위해 이 책을 쓴다. 철학자들은 플라톤을 철학의 아버지로 숭상하지만 나는 그를 독재철학의 아버지로 볼 뿐이다. 나는 민주주의의 자유는 곧 방종이라고 하는 플라톤의 주장에 찬성하지도 않고, 철인독재의 본질이라고 하는 절제의 자유가 새로운 민주주의의 자유일 수 있다고 보지도 않는다. 민주주의의 자유가 방종으로 흐를 수도 있고 그렇게 되는 것을 제한하기 위한 논의가 필요한 것은 사실이지만, 그런 논의를 굳이 플라톤의 반민주적인 '멋대로 자유론'에서 끌어올 필요는 전혀 없다고 본다. 플라톤은 자유 자체를 멋대로 죽이기 때문에 그의 반민주적인 자유를 자유라고 부를 수도 없다. 또한 나는 사농공상 계급의 불평등을 극복하고 만인평등을 엄정하게 확보하는 것이 환상이라고 결코 생각하지 않는다.

인류의 역사에서 노예제와 신분제가 철폐되고 우리의 역사에서도 사농공상의 신분제와 노예제가 폐지된 지 겨우 1세기가 조금 지난 지금까지 2400여 년 동안 신분제와 노예제를 옹호한 플라톤, 플라톤의 스승인 소크라테스, 플라톤의 제자인 아리스토텔레스라는 철학 삼총사가 독재철학의 원조로 힘을 발휘해왔다. 그들은 더 이상 민주주의에 맞지 않다. 따라서 사실상 그들과 아무런 관련도 없는 우리까지 굳이 진리의 발견자랍시고 자처하는 그들에게 목을 매달 필요가 없다. 이런 의미에서 쓰는 이 책은 철학 삼총사로 대표되는 서양의 반민주주의 독재사상으로부터 벗어나고자 하는 민주주의자의 노력이다. 아니, 플라톤에서 비롯된 수많은 서양의 철학자나 예술가들의 반민주주의에 대한 항변이다. 아니, 그들을 무조건 숭배하기만 하는 우리나라의 철학자나 예술가들의 반민주주의에 대한 항의다. 이런 항의에 동감하며 출판을 맡아준 출판사 필맥의 친구들에게 깊이 감사한다.

2009년 6월 박홍규

차례 |

1장 ┃ 왜 플라톤이 문제인가?

플라톤 찬양의 의미

머리말에서 소개된 "모든 서양철학자 가운데서 가장 칭송받고, 가장 영예롭고, 가장 존경받는 철학자"라는 플라톤 칭찬을 좀 더 인용해보자. 칭찬이야 많이 하면 할수록 좋다지 않은가? "아폴론 신의 아들, 모든 인간의 삶의 질을 높이는 미에 대한 비전을 지닌 숭고한 극작가이며 시인, 그리스도와 성 바울 이전에 선, 사랑, 미의 초월적 영역을 관조한 신비주의자."(래빈 17)

　이 칭찬은 미국에서 대단한 대중적 인기를 누린 서양철학사 책의 처음에 나오는 것이다. "플라톤이 철학이며 철학이 플라톤"이라는 에머슨의 말도 이 책에 인용돼있다. 플라톤이 서양철학의 아버지라는 말은 서양인이 하는 말이니 서양이야기라고 본다고 쳐도, 그를 마치 그리스도나 성 바울로 대표되는 기독교의 아버지 격이나 되는 것처럼 소개한 부분에서는 우리의 기독교인 가운데 화를 내실 분들이 계실 것이 분명하다. 그러나 나는 적어도 성 바울은 플라톤의 영향을 많이 받았고, 그런 영향에 의해 그리스도의 가르침이 반권력적인 상식을 가진 것에서 신권력적인 국가주의로 변했다고 생각하며, 따라서 그 말이 부당하다고 보지 않는다.

그런데 플라톤이 "아폴론 신의 아들"이라니 이건 무슨 말일까? 정말로 그렇다는 말일까, 아니면 비유일까? 이에 대해서는 그리스 신화를 끔찍이도 사랑한다는 사람들은 물론이고, 플라톤은 "종교에서 철학으로", "신화의 세계에서 이성의 세계"로 나아간 철학자라고 주장하는 철학자들도 화를 낼 것 같다. 그러나 플라톤은 자타가 공인하는 아폴론 신의 아들이었고, 플라톤의 사상은 그 종교적인 성격으로 인해 기독교와 쉽게 결합할 수 있었다.

사실 조금만 생각해보면 플라톤은 2400여 년 전의 사람이니 종교나 신화의 세계에서 살 수밖에 없었다고 보는 것이 도리어 상식적으로 타당한 이야기가 아닌가? 우리의 역사로 보면 당시는 청동기 문화를 바탕으로 단군 고조선이 성립한 것으로 시작된 부족국가의 시대였고, 우리나라 최초의 역사시대였다. 당시의 고조선이나 그리스나 뭐 그리 달랐을까?

아폴론은 소크라테스가 한 말로 널리 알려진 '너 자신을 알라'라는 말이 원래 새겨져 있었던 델포이 신전의 최고신이다. "아폴론 신의 아들"이라면 단군 할아버지와 비슷하게 하느님의 아들이라는 뜻이다. 플라톤은 소크라테스를 '아폴론 신의 영광을 위해 시를 지어 새나 매미처럼 노래하는 사람'으로 비유하면서 신에게 봉사하는 자로 그리기도 했다. 이는 단순히 비유이기만 한 것이 아니라 소크라테스와 플라톤이 제사장 내지 무당의 성격을 갖고 있었음을 보여주는 것이다. 우리의 고조선에도 그런 무당들이, 다시 말해 지금의 무당들에게 원조가 되는 자들이 있었을 것이다.

나는 머리말에서 플라톤의 사상이 우리나라의 역사에 나오는 계급 합리화 사상, 즉 사대부의 농공상 지배를 합리화하는 사상과 유사하다고 했다. 이 밖에 플라톤의 사상과 우리의 역사 사이에 공통된 특징이 또 있는지는 나로서는 잘 모르겠지만, 적어도 여전히 우리나라에 굳건하게 존재하는 제사는 플라톤도 제사를 지냈다는 점에 비추어 공통된 것이라고 생각된다. 플라톤을 이성의 철인으로 숭상하는 분들은 플라톤이 제사를 지냈다는 나의 말에 노할지 모르지만, 다음과 같은 플라톤의 말을 들어보면 그것이 사실임을 인정하지 않을 수 없으리라.

만일 당신이 어떤 조상신도 모시지 않거나 어떤 형식의 제사도 지내지 않는다면, 간단히 말해 아름답고 훌륭한 것을 전혀 가지고 있지 않다면 당신은 아테네 사람이라고 할 수조차 없다. (에우티데모스, 302b)

그리스 신화의 아폴론은 그리스인의 조상신이었다. 그리스인은 우리처럼 집안마다 자기네 조상에게 제사를 지내지는 않았지만 공동체의 조상이라고 믿은 아폴론 신 등에게 열심히 제사를 지냈다.

우리도 옛날에는 공동체의 조상인 단군에게 제사를 지냈을 뿐 아니라 심지어는 중국인인 공맹에게까지 제사를 지냈으나 언제부턴가는 개인의 제사만 가지게 됐다. 이런 제사가 조상이나 신으로 상징되는 전통적인 국가와 사회의 체제를 유지하기 위한 것임은 두말할 필요가 없다. 따라서 민주주의와 개인주의와 합리주의가 발달하면 그런 전통에 대한 회의가 일어나고, 개인의 가치에 대한 자각 및 합리적인 사고와 성찰이 나타나기 마련이다.

고대 그리스의 민주주의는 바로 그런 자각과 사고와 성찰에 의해 생겨난 것이었지만, 플라톤은 자기의 스승인 소크라테스를 따라 그 민주주의에 반대했다. 고대 그리스의 민주주의와 달리 지금 우리의 민주주의는 그런 자각과 사고와 성찰에 의해 생겨난 것이라기보다는 1945년 이후에 우연히 주어진 것에 불과하다고 볼 수 있다. 그래서 우리는 지금까지도 제사를 지내면서 그것에 대해 어떤 회의도 하지 않는 것인지도 모른다.

우리에게는 제사만이 아니라 상당수의 전통이 거의 그대로 유지되고 있다고 해도 과언이 아니다. 그래서 우리 사회에서는 민주주의가 매우 어려운 것인지도 모른다. 게다가 서양의 명품 브랜드 사상인 플라톤 사상의 제사 찬양, 종교 찬양, 전통 찬양, 독재 찬양을 흉내 내는 짝퉁들이 우리의 민주주의를 비웃고 있어서 더욱 그런지도 모른다. 또한 플라톤의 영향에 의해 왜곡된 근본주의적 기독교도 거의 같은 수준으로 그런 작용을 하고 있는지도 모른다.

헌법에 민주주의와 개인주의가 규정된다고 해서, 그리고 그런 것들과 함께 합리주의가 학교에서 가르쳐진다고 해서 민주주의가 제대로 되는 것은 아니다. 전통에 대한 회의와 개인의 가치에 대한 자각과 과학적 사고가 나타나지 않으면 민주주의가 성립될 수 없다. 그런데 민주주의를 부정한 플라톤은 그 반대를 가르쳤다. 마찬가지로 민주주의를 부정하거나 불신하는 우리나라의 플라톤주의자들도 전통이나 체제에 대한 회의와 개인의 가치에 대한 자각과 합리적 사고에 대해 반대한다. 그래서 그들은 그 상징인 촛불에 대해 반대한다.

이상의 논의를 도표화하면 다음과 같이 된다.

	아테네	플라톤(또는 유교)
정체	민주정	독재정
정치주체	시민(농공상)	철학자(사대부)
정치이념	개인주의	집단주의(국가주의)
인간상	아마추어	전문가
지식	상식적 실용	전문철학과 신화
사고	합리적 사고	철학적, 종교적, 비합리적 사고
예술	중시	무시

플라톤과 동굴

앞에서도 말했듯이 나에게 플라톤은 철인독재를 주장한 철학자이며 모든 왕을 포함한 독재자들의 아버지일 뿐이다. 그런 자가 서양 철학의 아버지라면 그 자녀들은 더 이상 볼 게 없다. 플라톤이나 서양철학에 대한 내 설명은 이 한마디로 충분하지만, 소위 철학자란 자들이 플라톤이 많이 남긴 헛소리를 신주 모시듯 하니 그 쓸데없는 것들을 다시 살펴보지 않을 수 없다.

플라톤의 헛소리 중에서 철학자들이 특히 좋아하는 '동굴의 비유'라는 것이 가장 유명하다. 우리는 모두 동굴이라는 무지의 어둠 속에 갇힌 채 눈앞에 어른거리는 그림자를 세계의 전부인 양 착각하며 살아가지만 철학자들만은 태양을 목격하고 어둠의 허상을 간파하기에 예외라는 이야기다. 플라톤은 우리를 가리켜 '술 취한 사람'이라고도 하고, 철학을 사랑할 수 없고 지혜를 가질 수 없는 쌍것이라고도 한다. 이 책을 읽는 분이 플라톤이 말한 철학자라면 모르겠지만(그가 말한 철학자는 지금 우리나라에서 말하는 철학자보다 훨씬 광범한 개념이고 그 의미도 다름을 뒤에서 설명하겠다), 그 밖의 인간은 모두 동굴 속의 술 취한 쌍것이라는 것이다. 그런 쌍것은 철인이 철저하게 지배해야 한다고 플라톤은 주장하며, 바로 이것이 저 유명한 철인독재론이다.

그러나 자기 스스로 그런 철인독재자가 되지도 못하면서 야만적인 독재자를 그렇게 미화하는 헛소리만 해대는 철학자가 있다면 그가 바로 동굴 속의 술 취한 쌍것이 아닐까 하는 게 내 생각이다. 철학자라고 하면 우리가 곧잘 떠올리게 되는 비현실적인 이미지가 바로 그런 것이 아닐까? 그래서 최근에 왕년의 양반 사대부 전통철학에 대한 재해석이 이루어지고 있음에도 불구하고 여전히 철학이라고 하면 선비라는 미명을 내세운 도학자들의 공리공담이라는 이미지가 떠오르는 것이 아닐까? 특히 일제 때 그런 도학자들의 후손인 양반지주의 자제들을 중심으로 소위 '데칸쇼(데카르트, 칸트, 쇼펜하우어)'라는 독일관념론 등 서양철학을 수입해 소개하던 분위기가 그대로 철학의 이미지로 굳어진 것일까? 그런 관념론이 민족독립과 인간해방이라는 당시의 가장 중요한 시대과제에 어떤 답을 주었을까? 도리어 그런 시대과제에 눈을 감게 만든 것이 아닐까? 해방후 지금까지 철학을 주도한 사람들도 다 마찬가지가 아니었을까? 그런 철학자들이야말로 동굴 속의 술 취한 쌍것이 아니었을까? 플라톤을 안다는 학자들이 고작 박정희의 독재를 철인정치라고 숭상한 것도 그런 술 취한 쌍것들의 쌍스러운 짓이 아니었을까? 이제라도 그것이 철인정치가 아닌 독재정치였음을 밝혀야 하지 않겠는가? 그리고 그 동굴 속의 술 취한 철학자들을 이제는 쫓아내야 하지 않겠는가?

1970년대에 활약한 그런 독재철학자들은 대학에서는 이미 없어졌다. 그러나 그 후배나 제자들이 여전히 그들의 자리를 이어받아 차지하고 앉아있고, 심지어는 국회나 청와대에까지 진출해 플라톤을 팔아먹으면서 민주주의를 모독하고 있다.

일제하에서나 해방 후의 독재체제에서 철학자들은 모두 동굴이라는 무지의 어둠 속에 갇혀 눈앞에 어른거리는 그림자를 세계의 전부인 양 착각하며 살았던 것이 아닐까? 그들이 신주처럼 모셔온 플라톤에 따르면 철학자만은 태양을 목격하고 어둠의 허상을 간파하기에 예외여야 했으나, 도리어 우리의 철학자들은 서양 관념론의 그림자를 세계의 전부라고 주장하고 우리의 땅 위에 떠오르는 태양을 언제나 무시했던 것이 아닐까? 철학자는 태양을 목격하고 어둠의 허상을 간파한다고 한 플라톤의 말은 바로 그런 어두운 동굴 속의 현실을 비판한다는 뜻이어야 할 텐데 우리의 철학자들은 그런 현실비판을 하기보다는 오히려 서양철학이라는 동굴 속에 숨어 현실도피와 현실미화로 일관해온 것이 아닐까? 현실을 동굴에 비유하고 그 동굴에서 벗어나야 한다고 한 플라톤의 주장 자체는 옳았다. 그러나 우리의 철학자들은 서양철학이라는 동굴 속에 숨어 오히려 현실에서 도피하고 외국인들의 그림자에 도취하기만 해온 것이 아닐까?

반면에 우리 대중은 그런 동굴 속에서 철학자들처럼 술에 취해 그림자만 보고 있어서는 먹고 살 수 없다. 우리는 들판과 시장과 거리에서 열심히 일을 해야 겨우 먹고 살 수 있다. 따라서 우리는 동굴에 갇히기는커녕 그 속에 들어가 볼 새도 없다. 철학자가 보기에는 우리가 동굴의 철학을 사랑할 수도 없고 지혜를 가질 수도 없는 존재인지 모르지만, 우리에게는 처음부터 그런 게 필요 없다. 조금이라도 더 잘 먹고 더 잘 살기 위해서는 일을 잘 하는 방법을 배우는 것으로 충분하다. 그렇다고 해서 우리가 플라톤이 말하듯이 동굴 속의 동물처럼 살지는 않는다.

잘 먹고 잘 사는 방법 가운데 중요한 것으로 도덕이 있고, 법이 있고, 정치가 있다. 도덕과 법을 지키고자 하고 좋은 정치를 희망하는 우리는 악인도 천민도 아니다. 우리는 철인이 아니지만 악인도 천민도 아니다. 그것만으로 충분하다. 이데아니 뭐니 해대는 어려운 플라톤 철학까지 굳이 알 필요는 전혀 없다. 그걸 모른다고 해서 천박하다는 욕을 얻어먹을 이유도 필요도 없다. 세상을 등지고 동굴 속에 숨어 그런 헛소리나 욕설만 일삼아 해대는 동굴 속의 동물 같은 철학자에게 우리가 매도당할 이유는 물론 지배당할 이유도 없다.

우리는 우리끼리 들판과 시장과 거리에서 도덕과 법에 맞는 민주주의를 하면서 잘 먹고 잘 살면 된다. 그리스 사람들이 직접민주주의를 했듯이 우리도 그렇게 하면 된다. 굳이 지배자가 필요하다면 우리를 더 잘 살게 해줄 사람을 우리가 직접 지도자로 뽑으면 된다. 그리고 그렇게 뽑아놓은 지도자가 지배자가 되어 독재를 하면 우리는 어쩔 수 없이 거리에 나서서 '아웃!'을 외치면 된다. 그렇게 '아웃!'을 외치는 것이 철학이다. 그런 회의와 비판이야말로 진정한 철학이다. 촛불이 철학이다. 반항이 철학이다. 부정이 철학이다. 철학이 뭐 별것인가? 플라톤을 위시한 서양철학을 죽도록 외는 것이 철학이 아니다. 잘못된 세상에 대해 '아니!'라고 말하는 것이 철학이다.

플라톤이 살던 시대에 소피스트라는 사람들이 있었다. 그들을 가리켜 흔히들 궤변론자라고 하지만, 뒤에서 보듯이 그들은 플라톤처럼 철인독재를 주장하지 않았다. 그들은 우리 시대의 지식인과 같았다. 이런 정도로 그들의 위상을 인정하면 된다. 그들에 대해 시비할 필요도 없다. 그러나 플라톤은 그들에 대해 평생 시비했다. 그를 가운데 한 사람이 머리말에서 나온 칼리클레스다. 그는 잘 먹고 잘 사는 것이 인지상정이고 강한 자가 지배하는 것이 자연의 법칙이라고 했다. 나는 그러한 인지상정에 대해서는 이의를 제기할 생각이 없지만 강자의 지배를 정당화하는 주장에는 반대한다. 그것은 민주주의에 어긋나는 주장이기 때문이다. 이런 나의 반대는 철학자의 지배를 정당화하는 플라톤의 주장에 반대하는 것과 전혀 다르지 않다.

《고르기아스》는 칼리클레스와 플라톤(작중 등장인물은 소크라테스)의 논쟁을 담은 책으로, 당연히 플라톤이 쓴 것이다. 그러니 이 책에 근거하여 그 논쟁에서 플라톤이 이겼다고 기고만장하는 철학자들의 길고 긴 해설을 우리가 굳이 읽어볼 필요가 없다. 지금부터 내가 설명하고자 하는 것은 우리가 플라톤에 대해 꼭 알아야 할 몇 가지다. 그것은 대단히 주관적인 나의 플라톤 체험에서 나온 것이니 독자 여러분에게는 지겨운 이야기일지 모르지만, 철학이란 어차피 주관적인 것에서 출발하는 것이 아니겠는가? 각자에게 '나의' 철학이 되지 못하는 철학이라면 그것이 우리 모두에게 무슨 소용이 있겠는가?

아래에서 소개하는 '나의' 플라톤 철학 이야기가 여러분 각자의 '나의' 철학에 도움이 되기를 빈다. 여러분도 나에게 그런 이야기를 해주신다면 역시 나에게 도움이 되리라. 그래서 우리 모두의 철학을 이야기할 수 있으리라.

플라톤 체험 40년

내가 플라톤을 언제 어떻게 처음 알았는지는 기억에 없다. 사춘기 때 짝사랑에 속을 태우며 동경했을 플라토닉 러브라는 말을 통해서 였을까? 플라톤을 몇 번 읽으려고 시도했지만 번번이 좌절한 기억만 남아있다. 어떤 감동도 받지 못했다. 플라톤은 철학의 아버지라느니 서양문화의 원조라느니 하는 등의 암기된 토막상식 때문에 사춘기에는 많은 이들이 그렇듯이 나도 플라톤이 등장하는 철학책을 끼고도는 지적 사치에 젖었으리라. 그중 하나가 러셀의 《서양철학사》였다. 1958년에 번역되고 문교부에서 펴낸 상하 두 권의 방대한 그 책은 시골 중학교의 책꽂이에 오랫동안 먼지를 뒤집어쓰고 있었다. 내가 그 책을 언제 끄집어내어 읽었는지, 그 책에 나오는 플라톤 비판을 언제 어떻게 읽었는지, 그때 읽었던 내용이 무엇인지는 모두 기억에 감감하지만, 그 책 덕분에 나는 플라톤이 철인정치를 주장한 사람이라는 사실만은 기억 속에 분명히 담아두게 됐다.

　어떤 책의 경우에도 그렇지만 원저를 읽기 전에 그것에 대한 해설서를 먼저 읽는 것은 올바른 독서방법이 아니다. 그러나 서양철학의 원저를 읽기란 지금도 그렇지만 사오십 년 전의 우리나라에서는 반드시 쉬운 일은 아니었다. 플라톤의 원저 번역을 언제 처음 읽었는지도 기억에 가물가물하지만, 아마도 대학시절에 고전읽기 운동의 분위기 속에서 그 하나로 나온 《국가》를 읽은 게 처음이었을 것이다. 그것은 소위 유신체제가 시작되기 직전인 1970년대 초에 한국사유교육법회라는 데서 간행한 고선총서의 하나였다. 1971년에 그 책이 나온 것이 당시의 박정희 독재체제나 1972년 이후의 유신 독재체제와 직접적인 관련이 있었는지의 여부는 알 수 없지만 당시에 박종홍을 비롯한 철학자들이 유신체제의 이념을 정립하고 있었던 점, 그리고 그 전인 1968년에 국민교육헌장이 제정되고 이듬해인 1969년에 교련교육이 도입된 점과 전혀 무관하지는 않았으리라. 이런 배경은 소위 유신 직전인 1971년에 당대의 내로라하는 교수 7명[*]에 의해 집필되어 대량으로 배포된 《민족의 등불》에 다음과 같은 구절이 나오는 것을 통해서도 알 수 있다.

박정희 대통령은 이 민족이 절망에 가까운 빈사상태에서 헤매던 1960년대 초에 혜성과도 같이 나타나 방향을 잃고 우왕좌왕하던 겨레에게 나아갈 길을 올바르게 제시해준 위대한 영도자이다. 그의 신분은 비록 군인이었으나 그의 인격과 통찰은 일직이 역사상에 보기 드문 철학자요 사상가요 예언가임을 우리는 그의 탁월한 리더십에서 역력히 찾아 볼 수 있다. 세기의 현자 플라톤은 그 옛날 이른바 철

....

[*] 그 자랑스러운 이들의 이름을 밝히는 것이 전혀 무의미하지는 않으리라. 그들은 김명회, 김점곤, 민병기, 박준규, 여석기, 유형진, 이정식으로 당시 저명한 대학교수들이었다.

인정치를 제창하였거니와 우리 영도자 박 대통령이야말로 철인정치
가의 표본임을 부정할 사람은 없을 것이다.[*]

바로 친일과 변절, 쿠데타와 독재, 정보와 협잡의 정치로 '민족의
암흑'을 초래한 박정희를 '민족의 등불'로 찬양한 용비어천가다.
철인이 대통령이 된 다른 나라의 이야기가 아니라 철인이 대통령이
된 적이 한 번도 없는 대한민국의 이야기다. 그것도 미국대학에서
Ph.D를 딴 이승만이나 서울대 철학과 출신인 김영삼에 대한 용비
어천가가 아니라 만주와 일본의 육사 출신인 박정희에 대한 용비어
천가다.

근거가 제시되지도 않은 채 박정희는 졸지에 플라톤 철인정의 철
인통치자가 됐다. 공자나 맹자를 들먹였어도 무방했을 터인데 왜
하필 플라톤의 철인정치였을까? 그게 근대화였을까? 공맹의 권위
보다는 플라톤의 권위가 더 잘 먹히리라고 생각해서였을까?

1970년대에 이러한 플라톤 류의 영도자, 철인, 철학자, 예언가는
물론이고 마찬가지로 무조건의 절대가치가 부여된 부모나 연장자,
그리고 유신헌법을 비롯한 각종 유신악법 체제에 대한 철저한 복종
이 강요된 것뿐만 아니라 당시 학교에서 행해진 철저한 주입식 교
육(그 전과 후에도 그랬고 지금까지도 그렇긴 하지만), 군사교육인

....

* 내각기획조정실 편, 《민족의 등불》, 1971, 190쪽.

교련, 그리고 가정의례준칙에 의한 사치스러운 혼례와 장례의 금지 등이 모두 플라톤이 말한 바와 다르지 않았다. 당시에 경범죄처벌법에 의해 장발과 미니스커트가 금지된 것은 플라톤이 명시적으로 그렇게 하라고 한 것은 아니었지만, 만약 그가 유신체제 아래서 살았더라면 그렇게 하라고 했을 것이라고 우리의 플라톤주의자들이 생각해서 그렇게 된 것인지도 모른다. 그래서 그들이 당시에 《국가》를 국가 차원의 고전읽기 운동에 포함시켜 널리 읽혔는지도 모른다.

당시의 고전읽기 운동이 아마도 우리나라 최초의 교양대중화 운동이었을 터이니 거기에 《국가》가 포함된 것이 그나마 다행이었던 것일까? 그러나 서양철학에서는 유일하게 플라톤만 포함됐으므로 도리어 불행한 일이었다. 그로부터 나는 교양을 쌓기는커녕 유신체제와 플라톤에 저항했을 뿐이다. 아니, 나 같은 쌍것만 그랬는지도 모른다. 내가 보기에 나와 같은 세대의 사람들은 물론이고 그 후배들도 플라톤을 읽고 모두 참다운 교양인이 되어 유신 전후부터 지금까지 열심히 플라톤처럼 살아왔고, 드디어는 2008년 이후의 이명박 시대에까지 이른 것 같다. 그래서 그런지 옛날이나 지금이나 대한민국이 영원히 플라톤의 철인국가이기를 비는 사람들이 많은 것 같다. 그래서 저 쌍것들의 쌍스러운 촛불은 당장 꺼져야 하고, 그런 쌍것들은 모두 감옥에 처넣어야 한다고 굳게 믿는 사람들도 여전히 많은 것 같다.

러셀의 플라톤 비판

내가 플라톤을 비판적으로 보게 되는 데 결정적인 계기가 된 것은 앞에서 말한 러셀의 《서양철학사》를 읽은 것이었다. 러셀은 1945년에 쓴 이 책에서 플라톤이 말하는 지혜에 대해 이야기하면서 플라톤은 선에 대한 지식이라는 뜻의 지혜를 가진 사람, 즉 철학자는 반드시 올바르게 산다고 멋대로 말하지만 그런 주장은 우리의 현실과 거리가 멀다고 한다. 왜냐하면 정치란 복잡하고 다양한 이해관계의 타협에 불과하기 때문이라는 것이다. 또 지혜로운 사람인 철학자에게 정치를 맡겨야 한다는 플라톤의 주장은 철학자는 절대로 오류를 범하지 않는다고 멋대로 상상하는 것과 같은데 이것도 말이 안 된다고 한다(러셀1, 141~142). 플라톤이 철학자의 자질로 전제하는 무오류성의 가정, 즉 자기의 생각이나 말이 언제나 절대로 옳다고 가정하는 것에 대해서는 러셀에 앞서 J. S. 밀도 비판한 바 있다(밀, 143). 밀은 누구든 자기가 진실과 거짓, 선과 악을 분간하게 해주는 절대적인 진리에 대한 지식을 갖고 있다고 가정하는 것은 잘못이며, 진리에 대한 진정한 이해를 위해서는 모든 것에 대해 이의를 제기할 권리와 실수를 할 권리가 보장돼야 한다고 주장했다(밀, 180~181).

러셀의 《서양철학사》 번역서를 보면 "플라톤은 암시로 사람들까지 속일 수 있는 방법을 가지고 있었으며, 후세 사람들은 그의 이상 국가가 암시하고 있는 내용을 알지도 못하면서 무조건 존중하였"

고, 따라서 "그런 플라톤이나 그처럼 전체주의를 주장하는 사람들을 결코 존경할 수 없다"는 구절이 나온다(러셀1, 139). 이 구절은 마치 플라톤이 말한 훌륭한 본뜻을 사람들이 오해했다고 러셀이 말한 것처럼 읽힌다. 그러나 이는 번역의 잘못으로 인한 오해에 불과하다. 원문을 다시 번역해보면 "플라톤은 후세 사람들을 속이는 방식으로 반자유주의적 제안을 가장하는 방법을 알았고, 그들은 그 제안에 내포된 내용도 모르고《국가》를 찬양했다"*는 것이다. 러셀은 플라톤의 사고방식 전체가 전체주의와 관련을 갖고 있다는 점을 다음 네 가지로 요약한다(러셀1, 140~142).

첫째, 플라톤은 선과 실재는 시간의 제한을 받지 않고, 따라서 최상의 국가는 하늘의 모형을 비슷하게 본뜬 것이고 전혀 변하지 않는 정적인 것이자 가장 완전한 것이라야 하며, 그 통치자도 영원한 선을 가장 잘 아는 사람, 즉 철학자여야 한다고 본다. 여기서 우리는 플라톤이 말하는 철학자란 동양에서 말하는 도덕군자와 같은 것이 아닌가 하는 생각을 하게 된다.

둘째, 플라톤은 통치자가 알아야 하는 선은 지적이고 도덕적인 훈련을 통해서만 알게 되는 것이므로 그런 훈련을 쌓지 않은 사람이 정치를 하면 반드시 국가가 부패하게 된다고 본다. 따라서 플라톤의 국가에서는 철학자를 만들어내는 교육만이 중요하고, 민주국

---

* History of Western Philosophy (Bertrand Russel, Allen & Unwin, 1975), p. 122.

가에서 필수적으로 요구되는 법치주의는 불필요하게 된다. 즉 교육이 법을 대체한다는 것이다.

셋째, 플라톤은 통치자에게는 반드시 기하학을 가르쳐야 한다고 주장하며, 이 점에서 그는 귀족정을 선호하는 정치적 견해를 갖고 있었다고 할 수 있다. 여기서 우리는 플라톤의 통치자인 철학자가 도덕교육을 잘 받은 도덕군자이자 기하학자임을 알게 되어 동양의 도덕군자와 반드시 일치하지는 않음을 알게 된다.

넷째, 플라톤은 지혜가 여가에서 나오며, 따라서 생업에 종사하는 사람은 지혜를 가질 수 없고 재산이 많거나 국가의 보호로 생활 걱정이 없는 사람만이 지혜를 가질 수 있다고 본다. 플라톤은 지혜를 선에 대한 지식이라고 보고, 그런 지혜를 가진 자는 고의로 죄를 범하지 않으며 올바른 생활을 한다고 한다. 하지만 러셀은 그렇지 않다면서, 설령 그런 지혜가 존재한다고 해도 그런 지혜를 갖고 있는 자에게 정치를 맡긴다는 것은 있을 수 없는 일이라고 말한다.

1958년에 처음 우리말로 번역된 러셀의 《서양철학사》를 우리나라 사람들도 꽤나 읽었으리라. 특히 박정희를 플라톤이 말하는 철인왕이라고 찬양한 저명한 대학교수들이야 그 전에 당연히 원서로 읽었으리라. 또한 그들은 러셀이 1959년에 쓴 《서양의 지혜》도 읽었으리라. 그 책에서도 러셀은 플라톤에 대해 같은 비판을 한다.

플라톤의 《국가》에서 우리는 자립적인 인격체로서의 개인은 거의 존재할 수 없는 국가, 기계와 같은 가공할 만한 사회상을 볼 수 있다.

《국가》에 묘사되어 있는 유토피아는 플라톤 이후 헉슬리의 《멋진 신세계》에 이르기까지 줄을 잇고 있는 비슷한 환상들 가운데 첫 번째 것이다. 플라톤의 《국가》가 중대한 사회적 변화들을 효과 있게 수행할 수 있는 위치에 있으면서도 고통당하고 있는 사람들을 조금도 고려하지 않았던 권력자들을 고무시켜온 저작이었다는 것도 의심의 여지가 없다. (러셀-지혜, 99)

우리의 저명한 학자들은 이 구절을 읽고서 권력자를 고무한 플라톤을 찬양했던 것일까? 러셀은 오웰의 《1984년》을 언급하지 않았지만 우리에게는 오웰의 이 책이 헉슬리의 《멋진 신세계》보다 더 친숙하다. 물론 오웰과 헉슬리는 플라톤처럼 전체주의를 찬양하지 않고 오히려 그것을 비판한다. 즉 그들도 플라톤에 반대하는 사람들이다. 플라톤을 무조건 찬양하기만 하는 우리의 학자들과는 전혀 다르다.

러셀이 1950년에 쓴 《반속적 에세이》는 1976년에 우리말로 번역됐다. 이 책에서 러셀은 자신이 1920년에 펴낸 《볼셰비즘의 이론과 실제》에서도 《국가》에 나타난 플라톤의 사고방식이 레닌의 볼셰비즘과 같다고 비판한 바 있다면서 다음과 같이 말한다.

플라톤의 《국가》가 정치적 측면에서 점잖은 사람들의 찬양을 빚었다는 것은 아마도 전 역사를 통하여 문학적인 속물근성의 가장 놀라운 예일 것이다. … 정부는 소수 독재자의 수중에 장악되어야 하고,

그 독재정치는 간계와 기만을 … 행사해야 한다는 것이다. (러셀-에세이, 352)

플라톤을 비판하는 내용이 들어있는 러셀의 저서가 번역되어 소개된 것이 우리나라에서, 특히 1970년대에 무슨 의미가 있었을까? 러셀의 플라톤 비판에도 불구하고 한국의 내로라하는 학자들은 계속해서 플라톤을 무조건 숭배했고, 1971년에는 유신독재자 박정희를 플라톤이 말한 철인왕과 같다고 주장했다. 이는 러셀이 말한 속물근성과 독재 합리화의 가장 놀라운 예가 아닐까?

포퍼의 플라톤 비판

그 뒤에도 플라톤의 책이나 그 밖의 철학 또는 철학사에 관한 책이 많이 나왔지만 모두 플라톤을 비판하기는커녕 찬양하기만 하는 것뿐이었다. 그러다가 내 나이가 서른이 된 1982년에 번역돼 나온 포퍼의 《열린사회와 그 적들》이 나로 하여금 플라톤을 제대로 이해할 수 있게 해주었다. 이 책이 나에게 더욱 중요했던 것은 박정희 독재체제는 물론이고 그것을 이은 당시의 전두환 독재체제도 바로 '열린사회의 적'이었기 때문이다.

포퍼는 1938년에 자신의 조국인 오스트리아를 히틀러가 침공했다는 소식을 듣고 이 책을 쓰기 시작했다. 그러나 나에게는 이 책의 내용 가운데 플라톤과 마르크스에 대한 비판, 특히 플라톤에 대한 비판이 중요했다. 그는 플라톤을 "사회의 민주적 개혁이 불가능하다는 널리 퍼진 편견에 대해 책임져야 할 사회철학"의 원천 가운데 하나로 비판했다(포퍼1, 14).

> 비폭력적 개혁을 허용하고 정치적 문제를 이성으로 해결하게 하는 제도적 장치를 제공하는 것은 오직 민주주의뿐이므로, 민주주의가 영원히 계속될 수 없다는 그들의 이야기는 이성이 영원히 계속될 수 없다는 이야기나 같은 것이다. (포퍼1, 17)

플라톤주의자들은 플라톤이 인류 최초로 이성의 철학을 세웠다고 하는 반면에 포퍼는 플라톤 이래 독재철학자들이 이성의 실현이 계속될 가능성을 부정했다고 보았다. 포퍼의 플라톤 비판은 무엇보다 먼저 플라톤이 역사주의자라는 점을 겨냥했다. 포퍼가 말하는 역사주의의 핵심원리는 "역사는 특수한 역사적 법칙이나 진화적 법칙에 의해 지배되며, 이 법칙을 발견한다면 우리는 인간의 운명을 예언할 수 있다"(포퍼1, 25)는 것이다. "역사주의란 역사적 예측이 사회과학의 기본적 목적이라고 생각하고, 이러한 목적이 역사의 진전에 있어서 밑바탕에 깔려 있는 율동이나 유형, 법칙이나 경향을 발견함으로써 달성될 수 있다고 보는 사회과학의 한 접근방법을 말한다."(포퍼-역사주의, 13)

포퍼는 플라톤의 이데아론과 《국가》 8권에 나오는 정치적 퇴보의 규칙적 패턴에 관한 주장 등을 근거로 플라톤을 역사주의자라고 본다. 플라톤의 이데아란 그것이 낳은 사물들의 패러다임인 동시에 창조적 근원이다. 따라서 최초의 것이 최선이 된다. 국가의 경우 그것은 철인독재이며, 그것에서 귀족정, 부자정, 민주정, 독재정으로 타락하는 역사적 과정이 전개된다.

포퍼에 따르면 이러한 플라톤의 역사주의는 전체주의에 정당성을 부여하기 위해 날조된 것이다. 《국가》가 고상하고 공적 정신을 가진 관리를 위한 충실한 지침서라고 하는 찬양에 맞서 포퍼는 플라톤의 철인독재에서는 엄격하게 제한된 지배계급이 권력을 독점하고, 그들은 권위주의자, 도덕적 집단주의자, 인종주의자들로서 거짓말까지 통치의 불가피한 수단으로 삼으며, 심지어 사상심문 제도까지 만들어내 이용한다고 비판한다.

포퍼의 플라톤 비판 가운데 역사주의와 관련된 비판에 대해서는 과연 플라톤이 그런 역사주의를 주장했는지를 둘러싸고 여러 가지 비판이 나왔다. 예를 들어 플라톤이 말하듯 최초의 것이 최선이라면 그것은 영원한 것이고 기타의 것들은 그것의 타락에 불과한 것임이 분명하지만 플라톤은 역사적으로 반드시 그렇게 귀결된다고 본 것은 아니라는 비판도 나왔다. 그러나 뒤에서 보겠지만, 플라톤은 반드시 그런 타락으로 귀결된다고 보았다.

그러나 플라톤의 사상이 역사주의라는 지적은 그것이 전체주의라는 지적만큼 중요하지는 않고, 역사주의와 전체주의가 반드시 밀접하게 연결되는 것도 아니라고 나는 생각한다. 도리어 역사주의는 포퍼가 옹호하는 자유주의와 밀접하게 연관되기도 했다. 나는 이런 맥락에서 플라톤의 사상이 역사주의라는 지적의 의미를 그리 중시하지 않지만, 그렇다고 해서 플라톤의 사상이 역사주의가 아니라고 보지는 않는다.

또한 소크라테스는 통치자가 자신의 무지를 알아야 현명한 통치를 할 수 있다고 봤지만 플라톤은 철학자가 통치자가 돼야 한다고 주장했고, 이로써 플라톤 이래 과대망상증이 철학자들 사이에 가장 널리 퍼진 직업병이 됐다고 포퍼는 비판한다(신일철, 173). 그러나 그렇다고 해서 소크라테스가 민주주의자였던 것은 아니라고 나는 생각한다. 여기서 중요한 점은 플라톤의 사상이 지닌 현대적 의의다.

이와 관련해 "플라톤의 사상 자체는 현대 세계의 정치적, 사회적 생활에 표출되는 살아있는 문제는 아니다"(매기, 113)라는 견해가 있지만, 나는 이런 견해에 동의할 수 없다. 왜냐하면 나는 포퍼와 마찬가지로 플라톤의 사상을 나치즘과 파시즘의 선구로 보기 때문이다. 또한 아래에서 보는 바와 같이 포퍼의 플라톤 비판에 대한 비판이 지금까지도 끊임없이 제기되고 있기 때문에 플라톤의 사상이 지닌 이러한 현대적 의의를 결코 가볍게 볼 수 없다.

포퍼의 책처럼 플라톤을 전체주의의 아버지로 보는 책은 많지 않다. 그러나 나는 현대의 파시즘이나 볼셰비즘을 가리킬 때 사용하는 전체주의라는 말을 2400여 년 전의 플라톤에게 적용할 수 있는지에 대해 의문을 갖고 있다. 따라서 나는 이 책에서는 그 말 대신 독재주의라는 말을 사용하겠다. 독재라는 말은 2400여 년 전이나 지금이나 일반적으로 사용될 수 있기 때문이고, 특히 우리 정치의 해명에 대단히 중요하며 유용한 개념이기 때문이다. 반면에 해방 이후 한국의 현대정치를 논의하는 데는 전체주의라는 개념이 반드시 적절하지는 않다.

포퍼는 열린 사회의 사상가로 소크라테스를 들고, 그 반대인 닫힌 사회의 사상가로 플라톤을 든다. 하지만 나는 소크라테스와 플라톤 둘 다 닫힌 사회의 사상가로 본다. 나는 이미 바로 이런 관점에서 《소크라테스 두 번 죽이기》라는 책을 냈다. 이 책은 그 속편이라고 봐도 된다. 그러나 내가 이 책을 쓰는 더 큰 이유는 우리나라에서 그런 플라톤에 대한 찬양 일변도의 논의가 끊어지지 않고 이어지고 있고, 최근 국내외 학계에서 포퍼에 반대하면서 플라톤을 자유의 사상가로 멋대로 재해석하는 강력한 경향이 생겨나고 있기 때문이다.

1980년대 이후 한국의 플라톤

포퍼의 책이 나온 지 1년 뒤인 1983년에 상서각에서 플라톤 전집을 펴냈다. 전집이라고 했지만 사실은 몇 권의 선집에 불과했다. 그중하나가 《법》이었는데 당시 법학과에서 강의를 하기 시작한 나로서는 대단히 반가워 사서 읽지 않을 수 없었다. 번역의 문제 등으로 인해 읽기가 쉽지 않았지만 《국가》에서 느꼈던 전체주의적 성격을 더욱 강하게 느꼈다. 그래서 전체주의적 성격이 강한 《국가》와 달리

《법》은 민주주의적 성격이 강하다는 학자들의 견해를 나는 도저히 수긍할 수 없었다.

그런데 플라톤에 대한 해설서들은 내 생각과 어긋이 달랐다. 가령 같은 해인 1983년에 나온 힐쉬베르거의 《서양철학사》는 플라톤이 마키아벨리적인 권력국가를 거부하면서 법치국가를 내세웠고, 누구도 그런 국가의 지도에 순응해서는 안 된다고 했다고 주장했다 (힐쉬베르거1, 185). 그러나 《법》에 나오는 단 두 개의 구절을 근거로 한 이런 해석은 내가 보기에는 법치국가의 개념조차 제대로 모르고 하는 근거 없는 주장일 뿐이었다.

1987년을 고비로 한국에서 민주화가 일정한 정도로 확보된 뒤에 나는 플라톤은 물론이고 러셀이나 포퍼에 대해서도 흥미를 잃었다. 그동안 독재를 합리화하는 데 악용됐던 플라톤을 더 이상 비판적으로라도 볼 필요가 없어졌기 때문이었을 것이다. 그럼에도 그 뒤에 나온 플라톤에 대한 책이나 여러 철학책들은 여전히 플라톤을 찬양하기만 했다.* 적어도 박정희 독재와 그 뒤를 이은 전두환 독재가

....

* 유일한 예외는 마르크스주의의 입장에 선 강대석이다. 그는 플라톤과 마르크스의 사회 이상이 다르고, 그들의 사상을 모두 닫힌 사회로 해석하려면 열린 사회를 그 척도로 삼아야 하는데 포퍼는 열린 사회를 과학적으로 분석하지 않는다고 비판한다(강대석 171). 여기서 '과학적'이라는 것이 마르크스주의자들이 흔히 말하는 마르크스주의적인 것을 뜻하는지는 모르겠지만, 만약 그렇다면 그런 비판은 마르크스주의를 거부한 포퍼에 대한 비판일 수가 없다. 또한 '과학적'이라는 것이 일반적인 뜻에서 한 말이라고 해도, 그런 과학적 분석을 한 포퍼의 책을 제대로 읽지 않은 것이다.

끝난 후에는 그런 독재자들을 플라톤의 철인정치로 합리화하고 찬양한 사람들은 반성을 할 필요가 있다고 생각됐으나 반성은커녕 플라톤에 대한 찬양만 쉬지 않고 줄을 이었다.

가령 1991년에 나온《플라톤의 이해》라는 책에서 그 역자인 어느 정치학자는 왜 유신시대에 "민주화의 이상은 여지없이 짓밟히고 역사상 유례를 발견할 수 없는 독재체제에 시달리게 되었는지"를 알기 위해 미국으로 가서 정치학을 공부했는데, 그 전의 대학시절에 고전읽기 운동의 하나로 출간된 플라톤의 저작을 읽은 것이 정치학을 공부하게 된 첫 계기였다고 밝힌다(헤어, 249). 그러나 그 책에는 러셀이나 포퍼의 플라톤 비판에 대한 언급은 거의 없고 플라톤을 찬양하는 이야기만 많이 들어있어서, 나는 그와 마찬가지로 유신과 플라톤을 경험했지만 공감하기 어려웠다.

그러다가 다시 10년쯤 지난 뒤인 2000년에 나온《자유의 미학》이라는 책에서 서병훈은 1999년에 우리말 번역이 나온 승계호의《직관과 구성》의 내용(승계호, 386~390)에 따라 다음과 같이 포퍼를 비판하고 플라톤을 찬양했다.

포퍼가 그리는 열린 사회에는 규범이 설 자리가 없다. 오직 개인의 결단만이 똬리를 틀 뿐이다. 규범 무정부 상태라는 점에서 포퍼의 열린 사회는 전체주의 사회와 다를 바가 없다. 포퍼가 진실로 열린 사회를 지향한다면 규범의 통제를 받아야 한다. 그가 플라톤으로 되돌아올 수밖에 없는 이유가 여기에 있다. 플라톤을 열린 사회의 적으로

치부할 것이 아니라 오히려 열린 사회를 지켜줄 구원자로 환영해야 하는 것이다. (서병훈, 353)

열린 사회는 "개개인이 개인적인 결단을 내릴 수 있는 사회"(포퍼1, 241)라고 포퍼가 말한 것은 사실이나, 이는 개인을 무시하는 집단사회인 닫힌 사회와 비교하기 위한 간단한 서술에 불과하다. 포퍼가 말한 결단이란 위의 인용구절 바로 윗줄에서 그가 말했듯이 "새로운 입법의 필요성이나 다른 제도적 변화의 필요성에 관한 합리적인 결단"(포퍼1, 241)이며, 여기서 결단이라는 것의 뜻도 개인들 사이의 민주적인 의견교환 정도다. 그러므로 포퍼의 열린 사회를 규범 무정부 상태라고 말할 수는 없다. 포퍼는 언제나 합법적 개혁을 주장하는 점진적 개량주의자였기 때문에 규범을 중시했고, 그래서 보수적이라는 비판을 받아왔음도 주지의 사실이다. 위 책이 나온 2000년에 역시 번역돼 나온 《우리는 20세기에서 무엇을 배울 수 있는가?》에서도 포퍼는 무엇보다도 법의 지배를 주장했다(포퍼-20세기, 97 이하). 그런 포퍼가 규범을 부정했다니 도대체 무슨 소리인가? 그의 책 어디에서 그가 그런 소리를 했단 말인가?

포퍼는 토론에 의한 민주주의적 법치를 주장한 것이지 플라톤 식으로 철인이라는 독재자가 단독의 입법자로서 혼자 만드는 독재악법에 찬성한 것이 절대 아니다. 따라서 포퍼는 물론일 테고 나도 그런 플라톤에게 돌아갈 수 없다. 그런 독재주의자 플라톤이 민주주의를 지켜줄 구원자라니 도대체 무슨 소리를 하는 것인가? 플라톤이 말하는 규범이란 철인독재자를 꿈꾼 플라톤이 혼자서 멋대로 만드는 법을 말한다. 그야말로 일인독재의 전형이다. 그런 독재법에는 나는 죽어도 찬성할 수 없다.

여하튼 내가 쓰는 이 책은 포퍼에 대한 책은 아니다. 나는 포퍼의 견해에 전적으로 동의하지는 않지만, 그가 법을 부정했다는 비판에는 찬성할 수 없다. 또한 위와 같은 포퍼에 대한 비판이 옳으냐의 여부와 무관하게 나는 결코 플라톤을 열린 사회를 지켜줄 구원자로 환영할 수 없다.

포퍼에 대한 플라톤주의자들의 반발

러셀이나 포퍼 또는 민주주의자들이 플라톤을 전체주의자라고 부르는 것에 대해 플라톤주의자들은 당연히 반발한다. 그러나 그들이 반발하는 근거는 터무니없는 것인 경우가 많다.

가령 필드는 플라톤이 전체주의자로 비난받는 이유는 《국가》에서 그가 '검열과 제한'에 대해 말하고 있기 때문이지만 그것은 "상상적 문학, 시가 및 허구, 나아가 음악과 연관해서 언급되고 있을 뿐"이고 "사상에 관한 자유토론이나 사실탐구에 대한 제한에 관해서는 일체 언급이 없"으며, 플라톤이 《법》에서 "아주 제한된 정도의 사상의 억제"를 주장하지만 이것도 "최근에 이르기까지 영국과 대부분의 다른 국가에서 법률에 의해 규정된 것보다 훨씬 적은 정도"일 뿐이라고 반박한다(필드, 203). 그러나 포퍼가 검열과 제한에 관한 플라톤의 그러한 언급만 가지고 플라톤을 전체주의자라고 본 것은 아니며, 필드가 말한 내용 자체도 정확하지 않음은 뒤에서 설명하는 바와 같다.

필드보다 중용적인 듯한 비판은 최근에 독일의 학자들이 내놓은 견해다. 가령 미텔슈트라스는 《국가》를 "이성을 지향하는 질서를 정초하고 있다는 점에 주목해서" 민주주의의 교과서로 부르는 견해[*]와 그 반대로 플라톤을 전체주의자로 보는 포퍼의 견해에 대해 "둘 다 충분하지 않다"고 비판하고 플라톤의 정치학을 "그가 살던 시대의 정치적 현실을 배경으로 해서" 평가해야 한다고 주장하면서 그 내용이 당시의 스파르타와 가장 닮았다고 한다(회페, 102). 이런 견해는 평가라기보다는 당시의 사정에 대한 단순한 설명이라고밖에 볼 수 없지만, 어쨌든 이런 견해를 그대로 따르는 한국의 학자들이 적지 않다.

미텔슈트라스는 플라톤이 《법》에서는 《국가》와 거리를 두어 정치에서 법으로 중점이 이동하게 되고 극단적인 규정도 약화됐다고 본다. 즉 《법》에서는 가족관계가 복구되고, 여성에 대한 병역의무 강제가 삭제되며[**] 상위계층에게 재산소유가 허용되고 하위계층도 어느 정도의 권리를 갖게 된다는 것이다. 또한 《국가》에서는 없었

....

[*] Plato and the Individual (R. W. Hall, Nijhoff, 1963)
[**] 그러나 《국가》에서 가족관계의 해체와 여성에 대한 병역의무 강제는 수호자층에만 한정된다.

던 노예제도[*]가 인정되지만 철학자가 우선시되지는 않는다[**]는 것이다(회페, 103). 그리고 그는 다음과 같은 견해를 인용한다.

> 국민의 삶에 방향을 제시하고 국민의 지속적인 요구에 부응하기에 충분한 지혜롭고 강력한 정부, 그러면서도 정부 자신과 국민을 부지불식간에 혹은 사리사욕으로 인해 파멸시킬 수 있을 정도로 강력하지는 않은 진정한 정부를 구축하는 문제, 이것은 정치적 능력의 문제인데, 플라톤이야말로 이 문제의 중요성과 민감함을 깨달은 최초의 사상가인 듯하다. (회페, 104)

이 견해도 평가라기보다는 해설에 가깝지만, 보기 나름으로는 역시 플라톤을 긍정하는 견해에 가깝다고 할 수도 있다. 그러나 정치 문제를 오로지 통치자의 정치능력 문제로 보는 것은 너무나 나이브한 생각이고, 《국가》는 물론이고 《법》도 갖고 있는 전반적으로 전체주의적인 성격이 제대로 분석되지 못하고 있다고 볼 수밖에 없다.

위에서 인용한 서병훈도 그렇지만 그가 자주 인용하는 서양의 플라톤 전문가들도 플라톤의 사상에 전체주의적인 요소가 들어있음을 부정하지는 않는다는 점은 다행스럽다. 그렇지만 서병훈은 포퍼

....

[*] 그러나 뒤에서 설명하듯이 《국가》에서 노예제도가 부인된 것은 아니다.
[**] 그러나 《법》에서 입법을 하는 사람은 철학자 한 사람뿐이다.

에 대해 "플라톤이 살았던 시대적 상황과 사상적 맥락에 대한 전문적인 이해가 충분하지 않다고 보기 때문"에 플라톤 학자들은 포퍼를 별로 수록하지 않는다고 말한다. 이어 그는 포퍼가 "《법》의 분석에 치중하느라 정작 전체주의 색채가 두드러지는 《국가》에 별 관심을 보이지 않았고, 그나마 《법》에 대한 논증이 정확하지 않은 것도 큰 문제로 지적되고 있다"고 주장한다(서병훈, 27).[*]

이 주장에 대한 구체적인 논의가 없어서 그 의미를 정확하게 알수는 없으나, 서병훈이 책의 뒷부분에서 승계호의 주장에 따라 "포퍼가 플라톤에 대해 적개심을 품게 된 것은 《국가》의 확정적 이데아만을 주목한 결과다. 《법》을 통해 '암반 이데아'를 주목했더라면 다른 결론에 이르게 되었을 것"(서병훈, 352)이라고 한 것도 그와같은 맥락에서 한 말인 듯하다.

승계호가 말한 '확정적 이데아'란 "확정적인 단일 절대체계"로서의 이데아이고 '암반 이데아'란 불확정적인 것이어서 해석과 구성의 여지를 주는 이데아라는 것이다(승계호, 59; 서병훈, 188). 다

....

[*] 이에 반대되는 견해도 많다. 러셀이 포퍼를 옹호했음은 물론이고, 그 밖에도 많은 사람들이 포퍼의 플라톤 비판을 높이 평가했다(매기112~113). 또한 Warner Fite, The Platonic Legend, Scribner, 1934는 플라톤이 귀족주의자이고 속물이며 매우 엄격하게 조직된 사회를 주창했다고 보고, R. H. Crossman, Plato Today, Allen and Unwin, 1963(초판은 1937)은 플라톤의 사상이 우파독재를 고무하고 선전의 무제한 사용을 주장한 반동주의라고 본다. 그러나 이러한 플라톤 비판서들은 우리나라에 소개되지 못하고 있다.

시 말해《국가》에서 말하는 이데아는 확정적인 것인 반면에《법》에서 말하는 이데아란 불확정적인 것이라는 이야기다. 그러나 설령 그런 구별이 가능하다고 해도 나는 그것이 무슨 그리 대단한 의미를 갖는 것인지 도대체 알 수 없다.

그런데 위와 같은 설명에 이어 서병훈은 이렇게 비판한다. 플라톤이 "규범법을 인간 영혼의 본성이 반영된 것"으로 이해한 것에 대해 포퍼는 "공허하기 짝이 없다"면서 '비판적 관습주의'를 주장하지만 관습을 비판하는 근거로 플라톤의 '직관에 입각한 초월규범'을 전제하지 않는 한 비판적 관습주의는 존립 자체가 불가능하고, 포퍼 자신이 도리어 '객관적 규범'을 부인하여 닫힌 사회(전체주의)의 노예가 됐다는 것이다(서병훈, 353; 승계호, 390).

그러나 앞에서도 말했듯이 포퍼는 '객관적 규범'을 부인하기는커녕 법의 준수를 누구보다도 중시했고, 그래서 보수적이라는 비판도 받아왔다. 서병훈과 승계호는 포퍼가 '직관에 입각한 초월규범'이라는 것을 부인했다고 주장하지만, 그것이 없으면 '객관적 규범'이 있을 수 없다는 그들의 주장이야말로 '멋대로'의 주장이 아닐까? 포퍼가 말하는 비판적 관습주의란 자유로운 비판을 통해 '객관적 규범'을 만들 수 있다는 것이다. 실제로 우리는 그렇게 법생활을 하고 있다. 어떤 법을 만드는 경우에도 우리는 '직관에 입각한 초월규범'이라는 것이 먼저 존재한다고 생각하지 않고 그저 자유로운 토론을 통해 법을 만들고 비판할 뿐이다.

여하튼 이 문제는 이데아를 어떻게 볼 것이냐 하는 문제와는 무관하다. 이데아를 확정적인 것으로 보든 불확정적인 것으로 보든 플라톤이 그런 것이 있다고 주장한 것은 사실이기 때문이다. '직관에 입각한 초월규범'이라는 것도 그런 이데아 가운데 하나일 뿐이다. 따라서 내가 보기에 포퍼가 《국가》에 관심을 갖지 않았다거나 《법》에 대한 포퍼의 논증이 부정확하다거나 하는 멋대로의 비판이 반드시 옳지는 않다.

남경희는 포퍼 등의 플라톤 비판을 "플라톤의 정의 규정은 계층 간의 이동을 금지한다는 점에서 그가 반민주적 의식에 사로잡혀 있다는 비판"이라고 본다(남경희, 426). 그러나 포퍼의 플라톤 비판이 그런 점에만 국한되지 않음은 포퍼의 책을 읽어보면 누구나 알 수 있다. 여하튼 남경희는 포퍼의 플라톤 비판에 대해 자신이 이해하는 한 "타당한 면이 없는 것은 아니나, 그(플라톤)의 근본적인 의도를 충분히 이해하지 못하여 과도한 측면이 있다"고 비판한다. 그런데 이런 비판에 이어 플라톤이 생산자 계층에 대해서도 용기의 삶과 지혜의 삶에서 배제하지 않고 그런 삶을 공유하게 하려고 했다는 점이 설명된다. 그러나 이는 포퍼 등의 비판을 부정하는 논의가 아니지 않은가? 설령 그렇더라도 계층간의 이동이 금지된다면 그것은 반민주적이고 전근대적인 것일 수밖에 없지 않은가?

플라톤이 말하는 자유

최근에 플라톤이 말한 '자유'를 재조명하는 학자들은 플라톤이 여러 책에서 자유를 예찬했다고 멋대로 보고 예찬하는 경향이 있다(예컨대 서병훈, 181). 그들이 그 보기로 드는 세 가지를 검토해보자.

첫째, 《파이돈》에서 플라톤은 절제, 정의, 용기, 진리와 함께 자유를 중요한 덕목으로 본다(파이돈, 115a)고 말한다. 그러나 이는 "철학에 의해 충분히 정화된 자"(파이돈, 114c)들의 덕목을 말하는 것이라는 데 주의해야 한다. 게다가 여기서 '자유'가 구체적으로 무엇을 뜻하는지는 전혀 명시돼 있지 않다.

둘째, 플라톤은 《국가》에서 국가를 다스리는 수호자는 "엄밀한 뜻의 '자유의 일꾼'"이어야 하고 "용감하고 절제 있고 경건하며 자유인다운 사람들"을 모방해야 한다고 말한다(국가, 395c). 또한 그는 자유인을 가리켜 "죽음보다는 노예의 신세를 더 두려워해야 하는 사람"이라고 말한다(국가, 387b). 여기서도 '자유'가 무엇을 뜻하는지는 전혀 명시돼 있지 않다. 플라톤이 "수호자가 지녀야 할 덕목의 하나로 자유를 들고 있"(서병훈, 186)는 것도 아니다.

셋째, 플라톤은 《법》에서 수호자가 받아야 할 체육교육을 무용과 레슬링으로 나누고 다시 무용을 전쟁용과 평화용 둘로 나눈 뒤에 평화용 무용의 목적은 고상함과 자유라고 주장한다(국가, 795e). 이를 두고 교육이 추구해야 할 덕목의 하나로 플라톤이 자유를 상정했다고 보는 견해(서병훈, 184)가 있으나, 이는 자유롭게 춤추는 것을 뜻하는 것에 불과하다. 춤이야 자유롭게 추는 것이 당연하지 않은가? 설령 자유롭지 못하게 춤추는 경우가 있다고 하고 이와 달리 자유롭게 춤추는 것을 플라톤이 주장했다고 해도 그것이 일반적인 의미의 자유를 인정하는 것이라고 말할 수 있을까?

이처럼 플라톤은 자유라는 말을 사용한 적은 있지만 그 자유에 대해 명시적으로 설명하지는 않았다. 플라톤이 자유를 예찬했다고 보는 사람들이 말하는 플라톤의 '자유'는 결국 '절제'가 되고(서병훈, 268), 국가생활의 경우에는 그 '자유'가 법의 통제를 받는 것이 된다(서병훈, 274). 그런 자유가 민주정의 '멋대로 자유'와 구별되는 '참된 자유'라고 보는 것이야 그렇게 보는 사람의 자유이겠지만, 적어도 민주주의의 상식을 가진 사람이라면 자유를 절제나 통제라고 멋대로 보지는 않을 것이다. 오히려 통제는 자유와 반대되는 말이다. 그런데도 플라톤이 통제를 진정한 자유라고 주장했다고 보는 것이야 그렇게 보는 사람의 자유일 것이고 그런 자유를 찬양하는 것도 그렇게 찬양하는 사람의 자유일 것이다. 그러나 지금 우리 사회에서 통제를 진정한 자유라고 멋대로 주장하는 것은 그야말로 넌센스이거나 독재자의 논리에 불과한 것이 아닐까? 가령 촛불에 대한 통제가 자유란 말인가? 인터넷에 대한 통제가 자유란 말인가? 도대체 무슨 소리인가?

민주주의와 계급

플라톤이 자유에 대해서만이 아니라 민주주의에 대해서도 적극적이었다고 보는 서병훈은 그 근거의 하나로 《정치가》에서 플라톤이 "대중이 법을 지키기만 한다면 민주정이 귀족정이나 독재정보다 더 낫다"고 평가하는 것을 든다. 그러나 바로 그 밑에서 플라톤은 민주정이 "법을 지키는 체제 중에서는 가장 나쁜 것"이라고 말했다고 한다(서병훈, 87). 이는 앞뒤가 맞지 않는 말들이어서 도대체 무슨 소리인지 알 수 없지만, 어쨌든 정리하자면 플라톤은 법이 지켜지는 경우에는 민주정이 가장 나쁜 정체이지만 법이 지켜지지 않는 경우에는 민주정이 가장 좋은 정체라고 말한 것이다(정치가, 303a). 그리고 플라톤이 그렇게 생각한 이유는 민주정이 "모든 점에서 유약하며 관직들이 다수의 사람들에게 세분되어 있어서 다른 정체들에 비해 크게 선도 악도 저지를 수 없"(정치가, 303a)다는 점에 있다.

민주주의에 대한 플라톤의 이러한 소극적인 평가가 플라톤이 민주주의에 적극적이었다고 보는 근거가 될 수 있을까? 플라톤은 어디까지나 철인독재를 최고로 치고, 그 다음에 왕정을 차선이라고 본다(정치가, 303b). 플라톤이 민주정을 적극적으로 평가하는 것은 어디까지나 법이 지켜지지 않는다고 하는 극히 예외적인 상황, 즉 플라톤이 철인정의 타락한 경우라고 보는 상황에서일 뿐이다. 서병훈은 플라톤이 《법》에서 대중의 정치참여 기회를 어느 정도 열어놓는다는 점을 또 다른 근거로 든다(서병훈, 87). 그러나 뒤의 9장에서 보듯이 그 정치참여라는 것은 철인인 플라톤이 저 혼자서 제정한 법 아래에서 극히 제한적으로 일부만 누리는 정치참여일 뿐이다.

이와 유사한 견해의 표명이 최근까지 끝없이 이어지고 있다. 가령 2006년에 나온 《플라톤과 유럽의 전통》에서 이상인은 "플라톤의 국가철학에는 개인과 독립된 국가나 국가와 독립된 개인이라는 관념이 들어설 자리가 없"는 반면에 "근대의 국가철학은 개인에서 출발하면서도 개인의 국가 이외의 인간 자연과 ᆢ 공간계를 공고히 하는 데는 실패한다"고 주장한다(이상인, 433).

플라톤이 인간을 그 영혼의 본질이라는 것에 따라 철인독재자와 사농공상의 계급으로 구분한 것을 "개인과 국가 사이의 자연적 우정관계를 정초하는" 것이라고 보는 견해를 우리는 어떻게 받아들여야 하는가? 인간을 계급으로 구분하는 것이 어떻게 "개인과 국가 사이의 자연적 우정관계"라는 말인가? 이는 결국 계급을 우정이라고 보는 견해인데, 우정에 대한 철학이라기보다 농담에 가까운 말이고, 설령 철학적 농담이라고 쳐도 너무 심한 농담이 아닌가? 반대로 그것이 진담이라면 사농공상의 계급구분을 하는 반민주주의를 자연적 우정관계를 정초하는 것이라고 미화하는 것이다.

위 견해는 근대 국가철학이 실패한 이유를 "개인의 주권적 자유의 수호를 국가 수립의 기본원리로 삼고(이 경우 당연히 국가의 주권과의 충돌이 생길 것이다), 국가의 목적을 공동생활을 위한 개인의 권리 제한에 두고 있기 때문"(이상인, 433)이라고 한다. 이는 주권자인 개인이 자유를 주장하면 주권과 충돌하게 되고 따라서 국가의 목적을 그 권리의 제한에 두기 때문에 근대 국가철학이 실패한다고 보는 것이다. 그렇다면 이는 우리 헌법 1조처럼 민주주의 국가에서 국민 개개인을 주권자로 보는 것이 국가철학 실패의 원인이라고 주장하는 것이 되겠는데, 이러한 주장은 그야말로 반헌법적이고 반민주주의적인 것이 아닌가? 그것이 고도의 철학적인 깊은 사색에서 나온 것인지는 모르겠지만.

플라톤은 인간의 자유를 그렇게 구분된 계급 차원의 능력이라는 측면에서만 인정한다. 즉 그가 말하는 인간의 자유는 각자가 자기의 계급에 따라 사농공상으로 종사할 수 있는 자유다. 위 견해는 그런 자유가 실현될 때, 그리하여 각자가 사농공상으로서 열심히 일할 때 "인간은 비로소 자유롭고, 그렇지 못할 경우에는 억압과 굴종 속에 있는 노예와 다를 바가 없다"(이상인, 437)고도 한다. 이는 또 무슨 말인가? 사농공상이라는 계급에 철저히 구속되는 것과 '노예와 다를 바 없는 것'이 도대체 어떻게 다르고, 게다가 그렇게 계급에 구속된 처지가 어떻게 자유라는 말인가? 도대체 이해할 수가 없다.

위 견해는 다시 "노예가 선천적으로 자유의 권리를 가진다고 하는 것은 동등과 부등의 부등에 관한 시민들의 구별의식이 거의 소진된 민주주의 국가에서나 발견될 수 있는 것"인데 그 이유는 "민주주의 국가는 참된 자유와 가상적 자유를 혼동하는, 즉 무정부적 혼란상태를 자유로 간주하는 사회이기 때문"이라고 한다(이상인, 437). 이는 플라톤의 주장을 옮긴 것으로 이해되지만, 그것을 그대로 현대사회에도 적용되는 옳은 주장인 것처럼 설명하면 역시 반민주주의의 주장이 되기에 의문이 있다. 위 견해가 말하는 '참된 자유'란 계급화된 직업 속에서의 자유를 말하는 것일 뿐이고, '가상적 자유'란 우리 헌법이 말하는 천부적인 선천적 자유를 말한다. 민주주의자들은 모든 인간이 태어나면서 갖는 선천적 자유를 참된 자유로 본다. 그런데 위의 견해는 플라톤의 사상과 마찬가지로 이런 관점을 부정하고 있는 것이다.

또한 위와 같은 수장을 《메논》에 나오는 이야기, 즉 노예소년이 수학문제를 푸는 선천적 능력을 보여주는 에피소드에 빗대어 설명하는 방식으로 하는 점에도 의문이 있다. 계급을 인정하는 플라톤의 관점에 따르면 노예는 아무리 뛰어난 지식을 갖고 있더라도 그저 노예일 뿐이다. 플라톤이 《메논》에서 노예소년을 등장시킨 것은 대화를 효과적으로 진행시키기 위한 기술적 장치일 뿐이다. 플라톤에게 노예는 개인이 아니다.

나아가 위 견해는 플라톤의 계급적 관점에 대해 "개인에 대한 국가의 절대적 권위 혹은 국가에 대한 개인의 절대적 종속의 관념"으로 보는 것이 아니라고 주장한다(이상인, 438). 이것은 또 무슨 소리인가? 계급을 정하는 것은 국가가 아닌가? 국가에 의해 정해진 계급에 인간이 종속돼야 한다는 것이 플라톤의 주장 아닌가?

위 견해는 플라톤이 말하는 국가에 대해 "개인 간의 상호침해를 통제하기 위한 개인 외적 조건이 아니라 개인의 자기실현을 위한 내적 조건이자 자연적 조건"으로서 존립과 권위의 정당성을 갖는 것이라고(이상인, 440) 주장한다. 도대체 사농공상의 계급적 구분 위에 선 국가가 어떻게 정당하다는 말인가?

위 견해는 또 플라톤은 "개인을 국가 전체의 목적에 종속시킴으로써 개인의 개성을 희생시키는 근대적 국가윤리는 분명 권리주체로서의 인간의 해방이라는 근대 국가철학의 출발이념 자체와 양립

할 수 없"음을 누구보다도 잘 인식하였기 때문에 "민주주의적이고 시민사회적인 인권 개념에서 출발하지 않았고, 그러한 인권을 바탕으로 한 거대한 괴물 '리바이어선'을 창조하는 것을 꺼려했다"고 한다(이상인, 450).

고대에 살았던 플라톤이 그런 근대적 모순을 누구보다도 잘 알았다고는 나로서는 상상조차 할 수 없으니 그런 말은 무시한다고 하더라도, 그런 이유로 플라톤이 인권 개념을 부정했다는 주장에 대해서 나는 도저히 찬성할 수 없다. 근대국가의 전체주의와 인권의 이념은 분명히 모순된 것으로 근현대사에 엄청난 인권투쟁의 장을 남겼다. 전체주의의 '리바이어선'에 모델이 된 것이 바로 플라톤의 국가다. 그런 국가에 "개인의 일방적 종속과 의무는 없다"(이상인, 450)고 하거나, "최상의 국가 행복이 조성되는 지점은 바로 여기이다"(이상인, 451)라고 하거나, 그것이 "교육국가이자 합심과 협동의 필요성을 가르치는 우정공동체"(이상인, 454)라고 하는 것에는 근본적인 의문이 있다. 폭력에 의해 유지되는 계급사회가 어떻게 교육국가이고 합심과 협동의 우정공동체라는 말인가?

21세기의 새로운 공산주의?

1999년에 영국에서 출판된《숀 세이어스의 플라톤 '국가' 해설》이 2008년에 우리말로 번역되어 국내에 소개됐다. 이 책은 구소련의 종식 이후 자본주의가 전 세계를 지배하고 있지만 "광범위한 빈곤,

전염병, 문맹, 과다한 사치, 환경파괴 등"이 존재하는 현실에서 자본주의가 여전히 유지될지는 의문이고 그것을 대신할 공산주의[*]가 흔나고 아니면서 그 능요한 시심으로서 플라논의《국가》를 새롭게 평가한다. "플라톤이 자신의 철학 속에서 초점을 맞추고 있는 개인적인 사욕에 의해서 불거진 문제들과 갈등들은 그가 상상한 것보다 훨씬 더 강력한 형태들로 여전히 현존하고 있다." "조화로운 공동체와 보다 나은 세계에 대한 유토피아적 소망들이 한번도 이렇게 강력하게 감지된 적이 없었다."(세이어스, 23) 이런 구절들에 비추어 이 책은 밀, 러셀, 포퍼 등이 비판한 플라톤의 공산주의를 그들과는 반대로 도리어 긍정적으로 재평가한 책이라고 할 수 있다.

　세이어스는 물론 마르크스를 비롯한 모든 공산주의자는 플라톤이 비록 수호층에 한정시키긴 했지만 사유재산과 가족제도가 사회적 갈등의 요인이라고 보고 그 폐지를 주장했다는 점에서 그를 공산주의의 아버지로 본다. 그러나 이런 관점에 대해서는 이미 아리스토텔레스가 비판한 바 있다. 아리스토텔레스는 갈등이란 사유재산에서 비롯된다기보다는 인간성의 타락에서 비롯된다(《정치학》, 1266b)고 보았다. 그러나 세이어스는 인간성은 사회의 영향을 받으므로 사유재산이 인간성을 타락시킨다는 플라톤의 관점이 진실에

....

[*] 이 책의 우리말 번역에서는 communism이나 communitarianism을 모두 공동체주의라고 번역했지만 이는 의문이다. 특히 최근 우리나라에 소개되고 있는 서양의 공동체주의는 세이어스가 말하는 공산주의와는 전혀 다르다.

더 부합한다고 본다(세이어스, 104).

물론 세이어스가 플라톤을 무조건 수용하는 것은 아니다. 세이어스가 주장하는 새로운 공산주의는 노동계급에 대한 경제적 착취와 그들의 정치적 종속을 철폐하고 일반적인 계급차별을 없애자는 것인 반면에 플라톤은 철저한 계급구분과 사회의 계층화를 주장했다. 또한 공산주의는 경제적 발전을 진보라고 보지만 플라톤은 물질적 부를 늘리는 것에 반대한다는 차이도 있다. 특히 플라톤이 내세우는 체제는 공산주의라기보다 전체주의다. 그렇다면 세이어스로서는 플라톤을 아예 부정하는 것이 옳지 않았겠는가? 무엇 때문에 구차스럽게 플라톤에 매달리는가? 그래야 할 정도로 절박한 사정이 무엇인가?

나는 새로운 공산주의를 성경화하려는 세이어스의 눈물겨운 시도 자체에 대해서는 반대하지 않는다. 그러나 플라톤이 말한 공산주의는 고대 아테네를 예로 들어 말하자면 30만 명의 인구 중 수호자층인 몇백 명에 한정된 것이었을 뿐이다. 즉 플라톤은 공산주의 사회를 말한 것이 아니라 인구의 극소수인 지도자층에게만 공산주의의 본질인 공동생산이나 공동분배가 아닌 매우 적은 규모의 재산과 처자의 공유를 주장했을 뿐이고, 그것도 경제적 불평등의 제거를 위한 것이 아니라 어디까지나 지도자층의 도덕성을 보장하기 위한 방안으로 제안한 것일 뿐이다. 따라서 그 제안은 당대의 스파르타 같은 폴리스에서 이미 실현된 것이었고 나중에 중세의 기사단이나 사제단에 의해 어느 정도는 다시 실현된 바 있다. 세이어스가 플라톤의 그런 공산주의를 현대공산주의의 원조로 찬양한 것은 스파르타나 중세의 지도층을 찬양한 것과 같다.

그러나 무엇보다도 큰 문제점은 플라톤은 계급을 인정한다는 점에서 근본적으로 반공산주의자라고 보아야 한다는 점과 관련된다. 따라서 세이어스가 자신의 새로운 공산주의 이념과 근본적으로 다른 플라톤의 사상으로부터 그 새로운 공산주의 이념의 근거를 발견해보려고 한 노력은 가상하기는 하지만 무모한 짓이라고 평가하지 않을 수 없다. 또 하나의 근본적인 문제점은 플라톤이 아리스토텔레스처럼 인간을 사회적(정치적) 동물이라고 본 점을 세이어스는 높이 평가하지만, 아리스토텔레스가 그렇게 본 것은 어디까지나 폴리스의 정치에 적극적으로 참여하는 시민의 자세와 관련되는 반면에 플라톤이 그렇게 본 것은 그러한 시민의 참여를 배제하고 계급에 따라 구분된 직업에 충실하게 종사하는 태도와 관련된다는 점을 세이어스가 무시하고 있다는 점이다. 즉 플라톤 식의 사회적 동물인 인간은 민주적 정치참여를 그 본질로 전제하지 않는다는 점에서 가장 비민주적이다. 따라서 그런 플라톤을 세이어스가 긍정하는 것은 결국 민주주의를 포기하고 플라톤 식의 철인독재를 지지하는 것일 뿐이다.

서양사상과 독재철학의 근원

나는 플라톤이 서양 반민주주의 독재사상의 근원인 동시에 일반적으로는 서양사상의 근원이라고 본다. 이에 대해 당장 의문이 제기될 수 있겠다. 플라톤 이전에 소크라테스가 있었고, 그 전에도 수많은 사상가가 있었기 때문이다. 가령 이 책에서 자주 인용되는 러셀의 《서양철학사》를 봐도 그 1편은 '소크라테스 이전'을 다루고 있는데 그 부분이 책 전체의 10분의 1을 차지한다.

그럼에도 내가 플라톤을 서양사상의 근원으로 보는 이유는 그가 그 전의 모든 사상을 나름으로 섭렵하고 정리하여 그 뒤의 모든 서양사상에 가장 중요한 뿌리가 됐기 때문이다. 그의 제자인 아리스토텔레스가 서양사상에 또 하나의 뿌리가 된다고 하지만 그 역시 플라톤에서 비롯된 뿌리다. 모든 서양사상은 플라톤의 각주에 불과하다 *는 화이트헤드의 말은 이런 의미에서 옳지만, 일부만 옳다. 왜냐하면 서양사상에는 뒤에서 보듯이 플라톤에 반대한 민주주의 사상도 적지 않기 때문이다.

나는 화이트헤드를 비롯한 대부분의 서양사상가들이 플라톤과 서양사상을 찬양하는 의미에서 그렇게 말하는 것과는 달리 플라톤과 서양사상을 비판하는 의미에서 그렇게 말하는 것이라는 점을 강조하고 싶다. 물론 내가 플라톤과 서양사상을 전면 부정하는 것은 아니다. 서양사상이든 동양사상이든 모든 사상은 백 퍼센트 완벽할 수도 백 퍼센트 거짓일 수도 없다. 모든 사상은 그 시대, 그 지역

....

* Process and Reality(Whitehead, An Essay on Cosmology, Macmillan, 1929), p.63.

의 영향을 받고, 그런 조건에 의해 제한된다. 플라톤도 예외가 아니다.

중요한 것은 어떤 사상이든 지금 우리의 관점에서 비판적으로 바라보아야 한다는 점이다. 특히 민주주의의 관점에서 바라보아야 한다. 물론 민주주의의 관점만으로 모든 사상을 판단할 수는 없으나, 어떤 사상이든 민주주의를 근본적으로 부정하는 경우에는 그 사상에 문제가 있다고 생각해야 한다. 민주주의에 문제가 많다고 해서 그러한 문제를 비판하는 것을 넘어 민주주의 자체를 부정한다면 반민주주의, 즉 독재를 받아들일 수밖에 없게 되고, 독재 아래서는 어떠한 비판도 불가능해지기 때문이다.

이런 차원에서 나는 이 책에서 플라톤을 비판하고자 한다. 최근 국내외의 플라톤 논의는 너무나도 반비판적이고 관념론적인 플라톤 숭배로 기울어 그의 전체주의를 용인하는 결과에 이르고 있다는 점에서 심히 우려된다.[*] 플라톤의 사상을 비롯해 사상을 깊게 연구한다는 것은 결코 그것을 무조건 절대적으로 숭상하는 것을 뜻하지 않는다. 도리어 정확하게 비판하는 것이 더욱 깊은 연구가 되리라고 나는 믿는다. 그렇게 하는 것이 인문학이 현실과 유리된 탓에 일어난 '인문학의 위기'를 극복하는 길일 수도 있다고 나는 믿는다. 이것이 나의 플라톤 체험 40년의 결론이다.

....

[*] 하나의 예만 들자면 슬레작의 《플라톤 읽기》(한양대학교출판부, 2001).

이 책의 검토범위와 구성

위에서 설명했듯이 플라톤에 대한 나의 관심은 주로 그의 정치사상과 법사상에 한정된다. 그러나 플라톤의 사상은 정치와 법에 관한 것에 그치지 않고 대단히 방대하다. 가령 앞에서 언급된 미텔슈트라스는 대화적 사고, 이데아 이론, 윤리학과 정치철학 외에 우주론(수학, 천문학, 자연과학), 인식론, 언어철학, 논리학, 심지어 문자화되지 않은 이론까지 다룬다(회페, 83~116). 이상인은 플라톤의 사상을 지각과 이성, 인식과 방법, 경험과 과학, 개인과 국가로 체계화해 설명한다. 러셀도《서양철학사》에서 플라톤의 사상을 유토피아, 이데아론, 영혼불멸론, 우주론, 지식과 지각으로 나누어 검토한다.

그러나 나는 이 책에서 플라톤의 우주론, 인식론, 언어철학, 논리학, 문자화되지 않은 이론까지 다루지는 않겠다. 따라서 자연탐구를 다룬《티마이오스》, 인식론을 다룬《메논》, 논리학을 다룬《크라틸로스》등은 이 책의 중점적인 검토대상에서 제외된다. 이는 내가 그런 분야에 관심이 없는 탓이기도 하지만, 그런 책들은 오늘 우리에게 그다지 중요하지 않다고 생각되기 때문이기도 하다.《티마이오스》는 유럽의 전통적인 사상에 중요한 영향(가령 베이컨, 피치노, 갈릴레이, 케플러 등에 미친 영향)을 미쳤지만 현대 서양의 자연과학에서는 더 이상 크게 중요한 책이 아니고 지금 우리에게는 더욱더 그렇다. 요컨대 나의 이 책은 플라톤의 사상 전반을 다루는 것이 아니라 그의 정치사상과 법사상만을 다루는 것이다.

이어지는 2장에서는 플라톤의 시대를 검토한다. 거기서는 종래의 통설적인 견해에 더해 나의 견해를 제시할 것이다. 그것은 플라톤이 당대에 가장 큰 제국이었던 이집트의 사상으로부터 숭요한 영향을 받았다는 것이다. 이런 나의 견해는 그리스 문화가 아프리카, 특히 이집트의 영향을 받았다는 버낼의 분석에 근거한 것이지만, 지금까지 국내외 플라톤 학자들은 전혀 관심을 기울인 바 없는 것이어서 조심스럽게 제시하는 바이다.

3장에서 5장까지는 본론이며, 거기서 나는 플라톤의《국가》,《정치가》,《법》의 내용을 살펴볼 것이다. 특히 플라톤 정치사상의 핵심인 철인독재론, 민주정에 대한 플라톤의 주장, 정의라는 개념에 대한 플라톤의 사상 등이 비판적으로 검토될 것이다. 이 밖에《법》에서 상정된 국가인 마그네시아의 법체계를 살펴본다. 최근 플라톤이 제시한 마그네시아의 법체계가 당대 아테네 민주주의의 법체계와 유사한 민주적인 것이라는 주장이 있으므로 그 두 가지를 비교해보고 그런 주장이 얼마나 터무니없는지를 밝히고자 한다. 그리고 마지막 6장에서는 이 책의 결론으로 왜 플라톤을 찬양해서는 안 되는지를 검토할 것이다.

2장 | 고대 그리스와 민주주의

고대 그리스를 알아야 하는 이유

플라톤의 책을 읽기 전에 몇 가지 미리 이해해둘 필요가 있는 것들을 먼저 설명하겠다. 우선 플라톤이 살았던 고대 그리스에 대해 약간 살펴보자. 2004년 이후에 〈알렉산더〉〈트로이〉〈300〉 등 고대 그리스를 소재로 한 영화들이 우리나라를 비롯한 전 세계에서 잇달아 요란스럽게 개봉됐다. 미국 대통령 부시의 제국주의가 그의 대통령 재선을 계기로 더욱 강화되는 가운데 상영된 그 영화들은 내게는 부시의 제국주의를 축하하는 영화로 보였다. 지금은 이슬람교를 믿는 터키에 속하는 땅에 있었던 트로이를 그리스 연합군이 격파하고 지금은 아랍권에 속하는 땅에 있었던 페르시아를 그리스가 쳐부수거나 멸망시킨다는 그 영화들의 내용이 어떻게 아프가니스탄과 이라크를 폭격하고 이란까지 위협하는 부시를 연상시키지 않을 수 있겠는가? 게다가 그 연장선상에 북한이 있지 않은가? 북한이 폭격을 당한다면 남한인들 안전하겠는가?

엔간한 상식을 가진 사람이라면 '세계문학'이라는 것이 호메로스의 《일리아드》와 《오디세이아》로부터 출발하고, '세계철학'이라는 것이 소크라테스, 플라톤, 아리스토텔레스로부터 출발한다는 것을 안다. 본격적인 '세계사'가 그리스로부터 출발한다는 것도 안다. 그리스가 모든 인류문화의 발상지라는 것이다.

그러나 그 '세계문학' '세계철학' '세계사'라고 하는 것의 '세계'란 사실 유럽, 그것도 서유럽과 미국을 포함하는 서양을 말하는 것에 불과하다. 따라서 그 세계는 진정한 의미의 세계가 아니며, 서유럽과 미국을 두고 세계라고 하는 것에 불과하다. 서유럽 문명의 발상지라는 그리스조차 그 발상의 시기인 고대 그리스를 빼면 '세계문학' '세계철학' '세계사'에 다시는 등장하지 않는다. 마찬가지로 미국의 경우에도 서유럽인이 건너가기 전의 그 역사, 즉 선주민인 인디언의 역사는 미국의 역사에 전혀 등장하지 않는다. 따라서 우리가 '세계문학' '세계철학' '세계사'라고 하는 것은 물론이고 우리가 '세계'라는 말로 이야기하는 모든 것은 사실상 서유럽과 미국에 사는 백인이 자기네 관점에서 자기들이 세계의 전부라고 하는 입장에서 조작한 것임을 알 수 있다.

우리는 〈알렉산더〉〈트로이〉〈300〉 등에서 세계 최고의 미남이라는 미국의 브래드 피트를 비롯한 여러 남녀 톱스타들의 근육과 미모에 열광했다. 그 영화들은 실제 역사에 맞게 제작됐다고 하지만, 아마도 그 배우들부터 실제 인물과 맞지 않으리라. 그리스, 터키, 아랍의 사람들은 대부분 키도 작고 피부도 검다. 반면에 그 영화들은 처음부터 의식적이든 무의식적이든 간에 미국 배우들에 의해 연기돼야 하는 것이었다. 브레드 피트를 비롯한 미국의 스타들은 백인의 세계지배 신화의 재창조에 기여한 셈이다. 이처럼 고대 그리스는 유럽과 미국의 제국주의를 빛내기 위한 역사적 장식물로 이용되고 있다. 즉 서양이 장구한 역사적 전통을 갖고 있다고 뽐내기 위해 갖다 붙인 역사적 장식물이 되고 있는 것이다.

그런 백인의 고대 그리스 이용에 우리까지 왜 덩달아 날뛰어야 하는가? 우리는 이삼천 년 전의 우리 고조선에 대해서는 깜깜하면서 왜 당시의 그리스에 매달리는가? 답은 간단하다. 지금 우리가 죽으라고 매달리는 서양문화의 원류가 그리스라고 서양인들이 주장하기 때문이다. 그런 서양문화를 제대로 알기 위해서는 고대 그리스를 알아야 한다고 그들이 주장하기 때문이다. 그러나 나에게 고대 그리스를 알아야 하는 더욱 중요한 이유는 고대 그리스가 지금 우리가 신봉하는 민주주의의 원형인 직접민주주의를 고스란히 보여주기 때문이다. 우리도 그런 직접민주주의를 할 수 있고, 해야 한다는 믿음을 주기 때문이다. 물론 직접민주주의를 하기 위해 고대 그리스를 꼭 알아야 할 필요는 없다. 그러나 어차피 다른 나라의 역사를 참고하고자 한다면 고대 그리스부터 찾아 볼 필요가 있다.

보통 고대 그리스 문명이라고 하면 그리스에서 미케네 문명이 몰락한 후 암흑시대를 거쳐 기원전 8세기 중엽부터 발달하기 시작해 기원전 5~4세기에 전성기를 이룬 문명을 말한다. 흔히 유럽문명의 원류라고 하는 고대 그리스 문명이 바로 그것이며, 그 문명은 폴리스의 시민이 이룩한 것이라는 점에서 폴리스의 발전과 밀접한 관련이 있다. 즉 그것은 성지석으로 귀족성, 부자성, 독재성을 거쳐 민수정이 실현됐다가 쇠퇴하고, 경제적으로는 농업을 기반으로 하면서도 상공업과 무역이 발달하는 과정을 거친 폴리스 사회의 문명이었고, 그런 폴리스 사회를 배경으로 철학, 과학, 문학, 미술 등의 문화가 꽃을 피웠다. 그리고 그 중심에 아테네가 있었다.

고대 그리스의 환경

오늘의 그리스는 푸른색 배경에 흰 줄과 흰 십자가가 그려진 그 나라의 국기에서 보듯이 푸른 에게 해를 둘러싼 대륙과 흰색 집들로 유명한 수많은 섬들로 이루어져있다. 그 십자가는 기독교를 상징하지만 그 기독교는 우리에게는 익숙하지 않은 그리스 정교다. 플라톤이 살았던 시대에는 물론 그리스 정교가 없었다. 당시에는 그리스라는 국가도 없었다. 고대 그리스는 천 개 이상의 폴리스로 구성돼 있었다(플라톤은 이런 구성을 "연못 주변에 모인 개구리들"에 비유했다. 각 폴리스의 인구는 수백 명에서 수만 명까지 각양각색이었다). 그러나 그곳에 사는 사람들은 모두 자기가 그리스어를 말하는 그리스인이라는 생각을 가지고 있었다. 그들은 자신들을 헬레네스(Hellenes)라고 불렀고, 그리스어를 말하지 않는 사람들을 지금은 야만인이라는 뜻이 된 바르바로이(Barbaroi)라고 불렀다. 당시에 그리스인이 살았던 영역은 지금의 그리스보다 더 넓어서 현재의 터키 땅(당시에는 트로이와 밀레토스 등)과 이탈리아 등도 일부 포함한 대단히 넓은 것이었다.

지금의 그리스는 남한 면적의 1.3배 정도이고 북한 면적과는 비슷하니 한반도의 절반 정도 된다. 국토의 약 70퍼센트가 산인 점은 우리나라와 비슷하나 20퍼센트가 섬인 점은 우리나라보다 지리적 여건이 좋지 않음을 뜻할 수도 있다. 대부분의 섬도 산이고 물이 부족하기 때문이다. 섬이 아닌 본토에는 우리나라처럼 남북을 관통하는 중앙산맥이 있고, 다시 동서로 무수한 군소산맥이 있어서 그 사이 소지역들 사이의 교통이 종횡으로 분단되어 사실상 상호소통이 불가능할 지경이다. 그러나 인구는 아마도 역사상 최대인 지금도 약 1천만 명이어서 거의 5천만 명에 육박하는 남한보다 인구밀도가 월등 낮다.

이런 지리적 여건으로도 짐작할 수 있듯이 그리스인은 일찍부터 남의 나라를 침략하거나 무역을 하지 않을 수 없었다. 지금도 그리스인은 돈을 벌기 위해 외국으로 나가는 것으로 유명하고 오나시스 같은 선박왕이 많아 선박 보유톤수는 세계 3위를 자랑한다. 그러나 고대 그리스와 반대로 지금의 그리스는 유럽에서는 가장 가난한 나라다.

고대 그리스는 천연적인 강우에 의존하여 농사와 목축을 하였기에 이집트의 나일 강 유역이나 중국의 황허 유역처럼 치수와 관개사업이 필요하지 않았다. 그래서 소위 동양적인 전제주의로 이어지기 십상인 통일국가의 성장은 처음부터 불필요해 폴리스라는 소규모 고립사회가 수백 개 형성됐다.

어쩌면 우리의 고대사회라고 하는 것도 고대 그리스와 마찬가지가 아니었을까 하는 의문을 나는 갖는다. 물론 우리의 고대에도 그런 고립사회가 있었다고들 하나, 나의 의문은 가령 삼국시대나 고려, 심지어 조선이라고 하는 것도 사실은 그런 소지역들의 연합 같은 것이 아니었을까, 즉 동양적 전제주의의 통일국가는 아니지 않았을까 하고 생각해보는 것이다. 그리고 그것이 지금까지 내려오는 지역구별을 초래한 것이 아닐까 하는 것이다. 물론 이는 지역차별이나 지역감정을 합리화하는 부정적인 주장이 아니라, 지역자치를 강조하여 우리에게도 직접민주주의가 가능하다고 보는 긍정적인 의미에서 하는 소리임을 주의해야 한다. 그런 점에서 나는 고대에는 그리스와 한반도가 닮았으리라고 멋대로 상상해본다.

여하튼 그런 폴리스에서 그리스인, 특히 아테네인은 말을 통해 살았다. 그리스인은 모두가 말을 하는 인간으로서 인간은 누구나 개인적인 가치로 존중돼야 하고, 인간은 바로 인간이기 때문에 존중돼야 한다고 생각했다. 그러나 말은 무질서를 초래할 수도 있다. 따라서 말로 인한 분열은 법에 의해 다스려져야 한다고 그리스인은 생각했다. 물론 인류의 고대문명에서 법이 처음으로 등장한 곳이 그리스였던 것은 아니다. 바빌로니아의 법전이나 유대 모세의 율법도 그 전에 나타났다.

그러나 기원전 7세기에 등장한 그리스법은 종래의 다른 법과 달랐다. 첫째, 그것은 신이나 군주의 의사를 실행하기 위한 것이 아니라 모든 인간의 생명과 재산을 보호하기 위한 것이었다. 둘째, 그것은 왕이나 신관이 멋대로 바꿀 수 있는 것이 아니라 민중의 동의 위에 성립된 것이므로 민중의 승인 없이는 바꿀 수 없는 것이었다. 셋째, 법을 결정하는 재판은 민중에 의해 행해졌다. 즉 민주주의 법원리와 법제도가 고대 그리스에서 처음으로 나타났고, 그것이 서양법제도의 근본이 되었다. 우리는 흔히 로마법을 서양법의 토대라고 생각하지만, 그 로마법이라는 것이 사실은 그리스법에서 비롯된 것이었다. 물론 제국 로마의 법은 그리스법의 민주주의적 요소가 상당히 제거된 비민주적인 것이었다.

고대 그리스 문화의 기원

그리스의 역사는 기원전 7천 년 정도부터 시작된다고 하지만 여기서 복잡한 고대 그리스의 역사 전체를 설명할 필요는 없겠고, 최근 버널이 쓴 《블랙 아테나》의 새로운 견해를 소개하도록 하자. 버널은 고대 그리스를 유럽인이나 아리안과 연결시켜온 전통적 견해(가령 세이빈1, 32)를 부정하고 기원전 4000~2000년에 인도유럽어를 말하는 그리스 서북부의 도리아인이 그리스를 침입한 데 이어 기원전 1720년경에 이집트인과 페니키아인이 그리스를 식민지로 삼으면서 그리스 문화가 시작됐다고 주장한다(버널, 55).

버널에 의하면 고대 그리스인이나 헬레니즘 시기의 그리스인도 이와 유사한 생각을 했고 이런 견해는 18세기까지 이어졌으나, 19

세기 제국주의 시대부터 서양학자들, 특히 독일학자들이 그리스 문명이 인종적으로 열등한 아랍인의 땅에 산 이집트인이나 페니키아인에 의해 융성했다는 사실을 용인할 수 없어서 아리안 기원설을 날조하여 그것이 지금까지 세계적으로 통용되고 있다는 것이다. 즉 18세기까지는 이집트 기원설이 지배적이었지만 계몽주의의 이성 중심주의가 프랑스혁명을 초래하자 이에 반대하는 독일과 영국의 보수층이 그리스를 감정과 예술적 완전성의 이상으로 날조하여 기독교와 연결시킨 데 이어 19세기에 제국주의의 유럽 중심주의 및 인종주의의 영향이 가세하여 아리안 기원설이 확고하게 굳어졌다는 것이다. 요컨대 그리스 문명이 유럽에서 기원했다는 현재의 통설적 견해는 제국주의자들의 날조이자 조작이라는 것이다.

나는 이러한 버널의 견해를 대단히 흥미롭게 생각하지만, 그의 견해는 아직 학계는 물론 일반인에게도 크게 설득력을 발휘하지는 못하는 것 같다. 그러나 그의 견해는 종래의 서양 중심주의 세계관에 대해 중요한 수정을 요구한다는 점에서 대단히 흥미롭다. 여하튼 버널의 견해에 대한 평가는 접어두고 버널이 그 책에서 언급하는 플라톤에 대해서만 좀 더 살펴보도록 하자. 버널에 따르면 플라톤도 당대의 다른 그리스인들처럼 이집트가 그리스를 식민지화했다는 전설을 인정하면 그리스 문화를 열등한 것으로 취급해야 한다는 점으로 인해 "기분이 상했으나"(버널, 69), 그가 기원전 390년경에 이집트에 가보고 난 뒤에 쓴 《국가》의 수호층은 이집트의 사제를 모델로 한 것이었다(버널, 164). 또한 플라톤이 보여준 이집트적 수호층에 대한 관심은 18세기 계몽주의의 프리메이슨 운동에까지 이어졌다고 한다(버낼, 63). 버낼은 마르크스도 《자본》에서 "국가의 형성 원리로서의 분업에 관한 한 플라톤의 《국가》는 단지 이집트 신분제의 아테네적 이상화에 지나지 않는다"고 했고, 포퍼도 이 점을 《열린사회와 그 적들》에서 언급했으나 대부분의 다른 학자들은 이를 부정했다고 지적한다(버낼, 165 재인용). 즉 버낼에 의하면 플라톤은 이집트의 전제주의를 이상화하고 그것을 잣대로 삼아 당대 그리스 민주주의를 비판한 것이다. 이런 관점은 플라톤이 스파르타나 크레타를 모델로 하여 철인독재를 이상정치로 구상했다고 보는 전통적인 견해와 어긋나는 것이어서 주목된다.

그러나 나는 더 나아가 플라톤이 수호층이나 분업원리만이 아니라 그의 사상 전반에 걸쳐 이집트의 영향을 받았다고 본다. 물론 그런 수호층이나 분업원리는 유독 이집트에서만 나타난 것은 아니고 모든 전근대 사회에서 공통적으로 볼 수 있는 것이기도 하다. 플라톤은 그러한 것들을 스파르타나 크레타에서도 보았다. 그러나 그것은 당대의 가장 거대한 제국이었던 이집트에서 더욱 뚜렷하게 나타났고, 플라톤의 그 밖의 사상도 이집트에서 그 기원을 찾아볼 수 있는 점이 많다. 가령 신이자 인간인 철인왕 개념, 세계창조의 완전성이라는 개념, 영혼불멸설 등이 그렇다. 예컨대 철인왕은 이집트의 전제군주를 모델로 삼은 것이지 스파르타나 크레타의 왕을 모델로한 것이 아니다. 스파르타나 크레타에도 민회나 원로원 같은 것이 존재했으나 이집트나 플라톤의 철인정에는 그런 것이 일체 존재하지 않는다.

그러나 이집트와의 유사성이라는 측면에서 더욱 중요한 것은 플라톤 사상이 다분히 종교적이라는 점이다. 나는 플라톤 사상이 주로 이집트의 영향을 받았다고 생각한다. 플라톤 사상의 종교적 성격은 이미 많은 학자들에 의해 지적됐으나 우리나라에서는 그것을 지적하는 학자를 만나기 어렵다(유일한 예외는 나정원이다). 이러한 플라톤 사상의 종교성은 고대 그리스의 전통에 부합하는 것으로 볼 수도 있지만 플라톤 사상이 당대 그리스의 사상이나 그리스인 일반의 의식과는 매우 다른 요소도 갖고 있다는 점에서 이집트의 영향을 더 많이 받았을 것이라고 나는 본다. 즉 고대 그리스에도 신화와 종교가 존재했으나 적어도 플라톤 사상의 핵심인 철인왕이라는 발상은 거기에서 나오지 않았고, 이는 이집트에서 가져온 것으로 볼 수 있다고 나는 생각한다. 철인왕이라는 개념은 아테네는 물론이고 크레타나 스파르타에도 없었던 것이기 때문이다.

고대 이집트와 플라톤

인류의 역사가 동아프리카에서 출발했다는 것이야 이제는 상식이다. 지금까지 발굴된 인골 중에서 가장 오래된 500만 년 전의 화석인골 루시가 그곳에서 발견됐기 때문이다. 루시란 이름은 1974년에 그것을 찾아낸 발굴대가 즐겨 들은 비틀즈의 노래 '다이아몬드를 품은 하늘의 루시'에서 딴 것이다. 그 아프리카의 화석인골보다 훨씬 후대의 두개골이 연대순으로 흑해와 카스피 해 사이에 있는 현재의 그루지야, 자바와 베이징, 독일의 네안데르탈, 크로마뇽 등에서 발견된 것을 보면 인류는 아프리카에서 아시아와 유럽으로 이동했음을 알 수 있다.

인류의 문명이 이집트, 메소포타미아, 인더스, 황허에서 형성됐다는 것도 상식이다. 이집트 문명이 나일 강을 중심으로 형성됐다는 것도 그렇다. 이집트에서 매년 6월에서 10월 사이에 내리는 비가 지중해로 흘러드는 것처럼 이집트 문명도 지중해로 흘러들었다. 이집트는 나일 강물을 수로로 유도해 사용하는 방식으로 곡식을 재배했다. 그렇게 형성된 부족들이 기원전 3000년경에 통일되어 그 후 2900년 동안 모든 권력이 집중된 독재왕인 파라오의 지배를 받았다.

파라오는 왕이자 신으로서 절대권력을 쥐고 중앙집권 국가의 최고 정점에 위치했다. 그는 모든 국민의 행동을 지배하는 자로서 그가 내뱉는 말이 곧 법이었을 정도로 초인적인 존재였다. 그 밑에 방대한 귀족관료들이 있었고, 맨 밑에는 그들의 지배를 받는 노동자, 농민과 수많은 노예들이 있었다. 이와 같은 피라미드형 계급구조에서 왕을 제외한 나머지는 모두 왕의 종이었다. 귀족은 머리를 사용해서, 그리고 노동자와 농민은 몸을 사용해서 신과 같은 왕을 영원히 살게 하기 위한 거대한 집인 피라미드나 스핑크스를 지었고, 왕이 죽은 뒤에는 영원히 썩지 않는 미라를 만드는 데 헌신했다. 그들은 사후를 현실의 연장이라고 생각하고 영원을 찾아 평생의 반을 사후준비에 바쳤다. 플라톤은 피라미드나 미라 따위는 미신이라고 물리쳤고 장례를 간소하게 치러야 한다고 주장했으나, 신이자 왕인 지배자에 대한 이집트인의 생각은 자신의 철인왕을 구상하는 데 토대로 삼았던 게 틀림없다.

대부분의 다른 고대 국가에서처럼 이집트에서도 종교는 대단히 중요했다. 그들에게 세계란 신이 원하는 대로 창조한 것이었다. 즉 만물은 처음부터 신의 뜻에 의해 있어야 할 모습으로 창조되었으므로 그것은 부동의 것, 영원한 것이라고 생각했다. 전쟁이나 질병이나 한발이 일어나도 그것은 완성된 우주질서가 어쩌다 잠깐 혼란해진 것에 불과하다고 생각했다. 따라서 과거에 에덴동산 같은 황금시대가 있었다든가 아마겟돈 같은 선악의 최후대결이 지구의 종말을 이룬다든가 하는 사상은 처음부터 있을 수 없는 것이었다. 나는 이러한 세계관이 플라톤에게 그대로 이어졌다고 본다. 이런 점에서 플라톤은 종교적 창조관을 갖고 있었다. 그것은 뒤에 기독교 교리로도 이어졌다. 플라톤의 역사주의적 측면은 이러한 종교적 창조관과 모순되는 것이지만, 그는 신화를 빌려 그러한 모순을 합리화했다는 점에서도 종교적이었다.

이집트에서 신은 숭배의 대상이었고 종교는 정치이자 윤리이기도 했다. 이집트인은 신이 창조한 세계의 본질을 '마아트'라고 했는데 이는 질서, 진실, 정의, 덕을 모두 포함하는 개념이었다. 나는 이 마아트가 플라톤이 말한 정의와 유사한 것이라고 본다. 마아트의 핵심은 신으로부터 부여받은 완전한 세계와 사회가 그대로 유지되도록 각자가 맡은 일을 열심히 하는 것을 의미했다. 바로 플라톤이 말한 분업의 원리와 같다. 따라서 사회에 대한 의문이나 사회의 개혁이라는 것은 애초부터 철저히 배제됐다. 이것도 플라톤의 사상과 극히 유사한 점이다.

기원전 5세기에 이집트를 찾은 그리스의 역사가 헤로도토스는 그 거대한 제국의 위용에 놀랐는데 그 위용은 당시의 그리스에 비할 바가 아니었다. 그러나 기원전 4세기에 이집트를 찾은 플라톤은 신이자 왕인 파라오의 권력과 그 관료기구, 특히 신관과 직업군인의 조직에 감탄했으리라고 나는 짐작한다. 플라톤이 신관의 세습을 인정했듯이 이집트의 신관도 세습되는 것이었다. 파라오의 대리인인 신관은 수도승과 같이 결백하게 살았고 여성과의 관계도 끊었으나 플라톤의 《법》에서와 같이 이집트에는 여성신관도 존재했다(여성신관은 고대 그리스에도 존재했다). 그곳 병사들은 어려서부터 맹훈련을 받았다. 직업군인들은 신관 다음의 권력집단이었다. 관리와 군인을 기르기 위한 이집트의 엄격한 교육제도도 플라톤은 그대로 받아들였다. 학생은 다섯 살에 학교에 들어가 10년간 아침부터 밤까지 엄격한 교육을 받아야 했다.

이집트에서는 예술이 사회질서 유지를 위한 수단으로 간주됐고 다른 모든 분야의 개혁과 마찬가지로 예술의 개혁도 용납되지 않았다는 점도 플라톤의 사상과 유사했다. 따라서 이집트에서도, 플라톤의 사상에서도 예술가의 사회적 지위는 낮았다. 이는 메소포타미아나 크레타의 사회에서도 마찬가지였다. 이러한 예술관은 이집트, 메소포타미아, 크레타를 숭배한 플라톤에게 그대로 계승됐다. 이집트의 예술에 대한 플라톤의 숭배는 《법》(656d~e)에 명확하게 나타나며, 새로운 조형예술에 대한 그의 거부는 《소피스트》(234b) 등에서 볼 수 있다. 그러나 이러한 플라톤의 태도를 가장 명확하게 보여주는 것은 《법》이다. 《법》에서 그는 예술가 추방을 통한 우상파괴 및 사상과 예술에 대한 검열을 주장했는데 이렇게 주장한 사람은 아마도 그가 역사상 처음일 것이다. 이 역시 이집트의 예술관을 극단화한 것이라고 볼 수 있다.

그러나 고대 이집트와 고대 그리스는 분명하게 서로 다른 지리적 조건을 갖고 있었던 만큼 사회적으로도 서로 달랐다. 고대 이집트는 관개수로를 건설하고 관리해야 했기에 강력한 파라오를 중심으로 하는 광대한 통일국가가 일찍부터 형성됐으나, 고대 그리스는 파라오와 같은 강력한 왕이나 통일국가를 탄생시킬 만한 지리적 조건을 갖고 있지 않았기에 수백 개의 폴리스라는 자치도시들로 이루어져 있었다. 그럼에도 플라톤은 이집트를 모델로 삼아 강력한 독재국가를 이상국가로 상상한 것이다. 그렇지만 플라톤은 수백 개의 폴리스들을 통일해서 이집트와 같은 강력한 국가를 수립한다는 생각은 처음부터 하지 않았다. 그의 정치철학은 어디까지나 아테네를 대상으로 한 것이었다. 이는 《법》에서 그가 구상한 폴리스가 아테네와 유사한 크기라는 점에서도 알 수 있다.

나는 플라톤이 거의 전적으로 이집트에서 힌트를 얻어 철인왕이라는 개념을 중심으로 한 《국가》를 썼다고 생각한다. 지금까지 학자들은 스파르타가 《국가》의 모델이라고 생각해왔다. 그러나 가령 아테네에는 물론이고 스파르타에도 존재했던 민회나 평의회 같은 것이 《국가》에는 전혀 나타나지 않는다. 《국가》에 그려진 것과 같은 국가는 플라톤의 시대에 이집트밖에 없었다. 그리고 《법》은 플라톤이 철인정을 전제로 하면서 현실적으로 가능한 법치국가의 모델로 우리나라 학자들이 흔히 주장하듯이 아테네를 염두에 두기보다는 스파르타를 염두에 두고 썼다고 나는 본다. 다시 간추려 말하면 나는 플라톤이 《국가》에서 이집트를 모델로 해서 철인독재를 구상했고, 《법》에서는 그 철인독재에 스파르타적 요소를 혼합했다고 본다.

고대 그리스의 폴리스

이러한 이집트의 영향을 염두에 두고 기원전 8~4세기의 고대 그리스 역사를 간단히 스케치해보자. 올림픽 경기는 기원전 776년에 시작됐고, 호메로스가 지었다고 알려진 서사시 《일리아드》와 《오디세이아》는 기원전 750년경에 씌어졌으며, 그리스의 알파벳은 기원전 750~700년에 정립되고 보급됐다고 한다. 대체로 이 무렵부터 고대 그리스의 역사가 시작된다. 《일리아드》와 《오디세이아》는 종교적인 영웅찬양의 노래로서 고대 그리스인들의 약탈행위와 해적행위를 칭송하는 귀족주의적인 내용으로 돼있다. 올림픽 경기도 귀족들의 놀이였다.

고대 그리스에서는 기원전 8세기 이후 농업기술의 혁신, 급격한 인구증가, 경지의 상대적 감소에 따라 농업식민지 건설이 활발해졌다. 기원전 7세기 후반부터는 소아시아에서 화폐가 주조되기 시작했고, 그것이 점차 고대 그리스의 각지에 보급됐다. 이와 더불어 토지의 사유화 경향이 뚜렷이 나타났고, 대도시 소유자인 귀속들이 군사적, 정치적 권력을 장악하면서 미케네 시대의 왕정이 무너지고 왕권이 쇠퇴했다. 그 왕정은 이집트의 왕정과 같은 전제적인 통일국가의 형태가 아니었지만 여하튼 귀족들에 의해 무너졌다. 그리고 그 귀족들이 지배하기에 편리한 높은 언덕(아크로폴리스)에 모여 살게 되면서 폴리스가 성립됐다.

폴리스를 흔히 도시국가나 국가라고 번역하지만 이에는 문제가 있다. 우리가 국가라고 하는 것은 영토, 주민, 주권(통치구조 내지 정체)으로 이루어지는데 작은 도시나 지역을 근거로 하는 폴리스의 경우에는 영토는 그리 문제가 되지 않았고 주민이 가장 중요했다. 그러나 그 영토규모의 대소와 상관없이 폴리스에도 영토, 주민, 정체가 존재했음은 물론이니 그것을 도시국가나 국가로 불러서는 안 된다고 할 수는 없다. 그러나 고대 그리스의 도시국가는 폴리스라고 부르는 것이 편리하다.

폴리스가 어떤 정체를 갖고 있었든 간에 공통된 점은 혈통주의의 원리에 따라 구분된 시민(자유민)과 비시민(노예 및 외국인)의 존재였다. 따라서 아테네와 같은 민주정에서도 그런 구분이 엄존했음을 우리는 주외해야 한다. 시민을 단결시키는 상징이 거대한 돌기둥으로 만들어진 신전이었다. 이는 현존하는 그리스의 어느 폴리스 유적을 찾아가도 공통적으로 볼 수 있는 것으로, 그곳에서 성대한 제

파르테논 신전. 거대한 돌기둥으로 만들어진 신전은 시민들을 단결시키는 역할을 했다.

의가 행해졌고, 이를 통해 시민을 단결시키는 역할을 했다.

그리스의 여러 폴리스는 상호조약을 체결하여 동맹을 형성했으나 각 지역의 고립성 붕이 이유가 되어 그리스라는 단일국가로 나아가지는 않았다. 물론 페르시아와 같은 외적과의 전쟁이 벌어지면 폴리스들이 그리스인이라는 동포의식으로 단결했고, 평시에도 폴리스들 사이에 어느 정도 교류가 이루어졌다. 올림픽이라는 국제성전은 그런 국제교류의 상징이었고, 중부 그리스에 있는 델포이의 아폴론 신전도 그런 국제성전이 열린 장소 가운데 하나로서 정치적으로 중요한 의미를 갖고 있었다. 각 폴리스는 나름의 특징을 보이면서 다양하게 그 정체를 발전시켰다. 폴리스들 가운데 가장 강력한 것이 아테네와 스파르타였다. 그 둘은 특히 각각 민주주의와 반민주주의(군사주의)를 대변한다는 점에서 서로 달랐다.

고대 그리스나 그 민주주의에 관한 연구문헌은 그동안 조금씩 소개돼왔으나 대부분이 1970년대 이전의 것이라는 점에서 문제가 있다.[*] 왜냐하면 1970년대부터 이 분야의 연구에서 매우 새로운 경향이 나타났기 때문이다. 아테네 민주정에 대해서는 새로운 사료의 발견과 민회장소 등 관련유적의 발굴 덕분에 특히 1970년대 이후에

....

[*] 가령 키토(H. D. F. Kitto)의 《그리스 문화사》(김진경 옮김, 탐구당, 1984)는 1951년, 포레스트(W. G. Forrest)의 《그리스 민주정의 탄생과 발전》(김봉철 옮김, 한울아카데미, 2001)은 1966년, 앤드류스(A. Andrews)의 《고대 그리스사》(김경현 옮김, 이론과실천, 1991)는 1967년에 각각 나온 책이다.

새로운 연구가 가능해졌다.

최근의 연구에 의해 밝혀진 아테네 민주정의 실상은 추상적인 이론이나 원리 또는 헌법을 가진 것이 아니라 시행착오를 거듭하며 형성된 토착적인 것이며 참가와 책임을 그 내용으로 하는 것이었다. 즉 가능한 한 많은 시민들에게 정치참가의 기회를 주고(아마추어리즘), 정치가와 공무원에 대해 시민들이 책임을 묻는 시스템(탄핵제도)을 갖춘 것이었다. 아테네의 직접민주주의는 민회와 민중법원에서 다수결로 국정이 결정되고, 공무원의 권력은 추첨과 1년 임기의 순환제에 의해 가능한 한 세분화되어 특정인에게 권력이 장기적으로 집중되지 못하게 하는 것이었다.

이러한 고대 그리스의 민주주의에 대해 그동안 여러 가지 평가가 나왔다. 대표적인 것은 두 가지인데 그중 하나는 민주정의 모델로 이상시하는 것이고 다른 하나는 군중심리에 의해 국정이 농단된 중우정이라고 보는 것인데 후자가 우세했다고 할 수 있다. 즉 고대 그리스의 민주주의를 민주정의 이상적 모델로 보지 않는 경향이 그동안 있었고 지금도 이런 경향이 있다. 고대 그리스의 민주정을 무조건 이상시할 수 없음은 두말할 필요가 없다. 그것은 성년남성 그리스인들의 민주정이었고 여성, 노예, 외국인은 제외됐다. 즉 고대 그리스의 시민은 참정권을 독점한 소수의 특권계층이었다. 게다가 인권이라는 개념도 없었다. 가령 현행범으로 체포된 강도범이나 유괴범이 스스로 죄를 인정하면 재판 없이 즉각 처형됐다.

그러나 그렇다고 해서 그것을 중우정이라고 할 수는 없다. 사실

'어리석은 무리의 정치'라는 뜻의 '중우정'은 그 말 자체에 이미 편견이 깔려 있으므로 객관적인 용어라고 할 수 없어 적어도 학문 적으로는 사용하기 힘든 일이나. 이 밀은 민주정에 대해 비판적이 었던 소크라테스나 플라톤 같은 철학자들이 주로 사용했는데 그들 은 민주정에 대해 비판적인 사회계층인 귀족에 속하는 사람들이었 다. 플라톤은 본래부터 귀족이었고, 소크라테스는 평민출신이었으 나 평생 평민을 경멸하고 귀족처럼 노동을 하지 않고 살았다.

소크라테스는 추첨에 의해 공직에 취임한 적도 있으나 그러한 추 첨제를 멸시했고, 전문적이지 않다는 이유에서 그것을 비합리적이 라고 비판했다. 나아가 그는 직접민주정 자체를 부정했다. 따라서 그가 반민주주의자로서 민주주의에 의해 재판을 받은 것은 어쩌면 사필귀정 같은 것이었다.

스승인 소크라테스를 죽인 민주주의를 플라톤은 소크라테스보 다도 더 철저하게 증오하여 철인정치가 이루어지는 이상국가를 몽 상했다. 플라톤보다는 정치적으로 중용적인 입장을 취한 그의 제자 아리스토텔레스는 민주정의 어떤 형태에 대해서는 호의를 품기도 했으나 아테네의 현실 민주정에 대해서는 역시 비판적이었다.

아테네 민주정에 관한 모든 자료는 민주정에 대해 비판적이었던 그들에 의해 씌어진 것이고 민주정에 대해 호의적인 자료는 하나도 남아 있지 않다는 점에서 문제가 있다. 이렇게 된 이유는 민주정에 대해 호의적인 민중계층은 글을 남기지 못했다는 데 있다. 따라서 엘리트가 남긴 반민주적인 글을 사료로 삼아 그리스 민주정을 일방적으로 평가해서는 안 된다.

아테네 민주정에 대한 부정적인 평가는 로마시대, 르네상스시대, 계몽시대를 거쳐 19세기에 이르기까지 유럽사상에 뿌리를 깊게 내렸고, 지금도 그러한 부정적인 평가가 대세를 이루고 있다고 해도 과언이 아니다. 특히 우리나라의 경우에는 아테네 민주정에 대한 그런 부정적인 평가가 착색된 그리스 상이 19세기 말에 일본이 수입한 유럽문화를 통해 그대로 전달되어 각인됐기 때문에, 그리고 해방 이후에도 고대 그리스에 대한 연구가 주로 보수적인 미국의 학풍에 의존했기 때문에 앞에서 말한 1970년대의 새로운 흐름에 아랑곳없이 여전히 보수적이다.

고대 아테네 민주주의

고대 아테네의 인구는 기껏해야 지금 우리의 군 정도에 해당하는 30만 명 정도였고, 그중에서 인간대접을 받는 시민(성인남자)은 약 3만 명에 불과했다.* 따라서 시민만으로 보면 고대 아테네는

....

* 아테네의 성인남자 인구는 기원전 432년경에는 35,000~45,000명, 기원전 400년경에는 20,000~25,000명이었던 것으로 추정된다. M. H. Hansen, The Athenian Assembly in the Age of Demosthenes, Oxford University Press, 1987, p. 17; V. Ehrenberg, The Greek State, 2nd. ed., London, 1969, p. 31. 아테네의 노예 인구는 전체 인구의 약 3분의 1이었다는 추측(세이빈1, 42)에 따르면 10만 명 정도였을 것이다. 시민이 아닌 사람들로는 노예 외에 상당수의 외국인, 여성, 미성년자가 있었다.

지금 우리의 면 정도이거나 꽤 큰 종합대학 정도였다. 3만 명 규모의 면이나 대학교 정도가 '국가'라니 우습긴 하지만 일단 그렇게 물러주자. 그러나 우습기만 한 것은 아니다. 우리도 3만 명 규모의 면이나 대학을 국가라고 부르기로 한다면 그렇게 부를 수 있기 때문이다.

그 3만 명이 돌아가며 한 달에 서너 번 정도(매년 40번) 모여 하루 종일 정치를 했다. 모이는 장소는 1만 4천 명이 동시에 앉을 수 있는 민회 광장이었다. 우리 식으로 말하면 여의도에 국회의사당이 있었던 것이 아니라 여의도 광장이 국회였다. 우리도 300명 정도가 아니라 1만 4천 명 정도를 국회의원으로 뽑아 여의도 광장에서 국회를 열게 해보면 어떨까? 그것은 마치 촛불집회와 같을 것이다. 사실 촛불집회는 그리스 직접민주정의 중심이었던 민회와 다를 게 없다. 어느 쪽이나 주권을 가진 국민들이 민주주의를 실천한 것이다.

물론 그때나 지금이나 사람들은 먹고 살기에 바쁘다. 고대 그리스의 민회에 모인 사람들은 한 번에 5천 명 내지 6천 명 정도였다. 그것도 모두 다 자발적으로 모인 것도 아니었다. 경우에 따라서는 집행관이 저자에서 노니는 사람들을 동아줄로 묶어 소떼처럼 끌고 오기도 했고, 모이는 사람들에게 민회출석 수당을 주어 참가를 유도하기도 했다. 이래서야 진정한 민주주의라고 할 수 있겠는가? 그러나 모두 다 그랬던 것은 아니고, 대부분은 자발적으로 민회에 참가했다.

민회에서는 누구나 나서서 말을 할 수 있었고, 말을 한 사람은 면

세의 특권을 누렸다. 그러니 누구나 말을 하고 싶어 했으리라. 여하튼 민회는 법안의결, 전쟁선포, 조약인준, 공직자에 대한 통제, 매년 10명의 군사령관 선출 등 국정에 대해 거의 모든 권한을 행사했다. 말하자면 우리의 국회와 진배없었다.[*]

한편 행정부인 평의회는 행정 일을 하고 싶어 하는 시민 중에서 추첨된 5백 명으로 구성됐고, 매일 회의를 열어 국사를 처리했다. 임기는 1년이었다. 그 의장은 매일 아침 다시 뽑혔고, 민회의 의장도 겸했다. 따라서 대통령과 국회의장을 겸하는 중책의 목숨이 겨우 하루살이였다는 것이고, 1년이 지나면 5백 명 중에서 365명이 그 중책을 맡아본 셈이 됐다. 그리고 그 중책은 평생에 한 번만 맡을 수 있었다. 당시 아테네 시민의 평균수명이 몇 살이었는지 모르겠으나 (소크라테스는 70세, 플라톤은 76세, 아리스토텔레스는 62세에 죽어 셋 다 장수한 폭이었지만 당시의 아테네 시민이 다 그렇게 오래 살지는 않았을 것이다) 대충 50세로 잡으면 18세부터 50세까지 32년간 약 1만 2천 명이 대통령을 하는 폭이니 3만 명 중에서 절반가량이 대통령을 한 셈이다. 즉 국민 두 사람 중 한 사람이 대통령을 경험한다는 것이다. 이 얼마나 신나는 일인가? 그러니 국민 모두 정치에 신바람이 나지 않았겠는가?

....

[*] 서양의 정치학자들은 이 민회에 대해 자세히 설명하는 데 대단히 소극적이다. 예를 들어 세이빈1, 45를 보라.

공무원이나 법관도 누구나 추첨으로 뽑혀 1년씩 근무할 수 있었지만 재선은 불가능했다. 특히 법관은 시민 3만 명 중 6천 명에 이르렀으니 5명 중 1명이 판사였던 셈이다. 4천만 명이 넘는 인구 가운데 법관이 1천 명을 겨우 넘는 우리로서는 상상도 못할 일이다. 이처럼 고대 그리스에서는 국민의 반이 대통령과 국회의장을 지내고 나머지 반은 공무원과 법관을 지내는 식으로 거의 전 국민의 공직 출세가 보장됐다. 그러나 그러한 직책은 모두 무보수 명예직이어서 돈벌이가 되는 것은 아니었다.

여기서 당장 의문이 생긴다. 아테네의 시민 모두가 그런 직책을 맡을 만큼 똑똑했을까? 그렇다. 그들은 똑똑했다. 6세부터 18세까지 매일 학교에서 공부를 했기 때문이다. 3만 명이 모두 다 고등학교를 졸업한 것이나 같았다. 그것도 우리처럼 쓸모도 없는 것들을 잔뜩 외우기만 하는 공부가 아니라 그야말로 실용적인 것들을 배우는 공부였다. 특히 웅변술이 중시됐으므로 교육을 받은 시민들은 모두 다 말을 잘 했을 것이다. 그들은 또한 2년간 군대에 복무하고 60세까지 징집상태에 있었다고 하니 용감하기도 했을 것이다.

똑똑하고 용감한 것만으로 모든 문제가 다 해결되는 것은 아니리라. 모두 다 어느 정도는 먹고 살 수 있어야 한다. 당시에도 빈부격차가 심했다고 하지만 지금 우리나라와 같은 정도의 양극화 상태는 아니었고 모두 다 검수하게 살았으므로 빈부격차가 크게 문제가 되지는 않았다. 게다가 허드렛일은 노예가 담당했기 때문에 시민이면 적어도 허드렛일, 현대식으로 말하면 3D업종으로부터는 해방된 상태였을 것이다. 그러니 세이빈처럼 아테네 시민 대다수가 농공상인으로서 "일하면서 생계를 꾸려나갔음에 틀림없으며, 그들에게는 달리 생계를 유지할 방도가 없었다"(세이빈1, 43)고 볼 수는 없다. 그렇다고 해서 아테네 시민은 유한계급이었고 그들의 정치철학은 고된 노동에서 해방된 특정 계급의 계급철학이었다고 볼 수는 없다. 플라톤과 아리스토텔레스는 시민이 정치에 헌신하도록 모든 육체노동은 노예가 하는 것이 바람직하다고 주장했지만, 그것은 어디까지나 그들의 희망사항에 불과한 것이었고 현실은 그렇지 않았다.

더 중요한 문제로 전쟁의 걱정은 없었느냐, 가령 우리나라처럼 강대국의 침략에 시달리지는 않았느냐 하는 점도 있겠다. 사실 우리에게 중국과 일본이 있었듯이 고대 그리스인들에게는 강대한 페르시아 제국과 이집트 제국 등이 있었다. 우리가 중국인을 되놈, 일본인을 왜놈이라고 욕했듯이 그리스인도 페르시아아인과 이집트인을 야만인이라고 욕했다. 특히 페르시아와는 전쟁도 치러야 했다. 우리 군대의 사령관들은 절대로 믿지 않겠지만, 그때 그리스는 10명의 사령관이 날마다 번갈아가며 지휘를 맡고 토론에 토론을 거듭하면서 전쟁을 해서 크게 이겼다. 그 승전을 알리기 위해 그리스군의 한 병사가 기원전 490년에 약 40킬로미터를 3시간 만에 뛴 것이 마라톤의 기원이다.

앞에서 본 민회나 평의회를 2400여 년이 지난 지금 우리나라에 도입하자고 하면 정말 세상이 시끄러워질 것이다. 가령 우리 국민 5천만 명을 3만 명씩으로 나누어 1600개 이상의 지역을 만들고, 1년에 40차례 전체회의를 열어 중요 안건을 처리하고 나머지 실무는 각 지역에서 3만 명 가운데 500명을 추첨해 매일 회의를 열어 처리하게 하는 제도가 우리에게 가능할 것인가? 가령 촛불집회를 국회를 대신하는 기구로 만들 수 있겠는가?

그러나 그러한 것들보다 우리 국민에게 더욱 이해되기 어려운 것은, 그래서 실천은커녕 이해의 단계에서부터 문제를 발생시킬 것으로 생각되는 것은 민중법원이다. 왜냐하면 우리에게는 민중이 재판을 담당해본 경험 자체가 없고, 따라서 그런 것은 생각조차 하기 어렵기 때문이다. 이런 점에서도 나는 우리의 사법이 근본적으로 민주주의와는 거리가 멀다고 생각한다.

고대 아테네 민주주의의 역사

지금 그리스의 서울인 아테네에 가 보면 도시 중앙의 언덕인 아크로폴리스 위에 신전 파르테논이 고대 그리스 문화의 상징으로 웅장하게 서 있다. 그러나 아테네의 민주주의를 상징하는 것은 그 아래에 있는 광장이자 시장인 아고라와 그곳을 둘러싼 여러 공공건물들이다. 아테네의 아고라는 기원전 6세기경에 만들어졌다. 국회가 열렸던 회의장은 시내에서 좀 떨어진 들판에 있다.

오랫동안 왕이 없었던 아테네는 귀족 통치자인 아르콘들에 의해 통치됐다. 그들의 임기는 원래 10년이었으나 기원전 683년부터는 임기 1년의 아르콘 9명이 정권을 잡았고, 그 뒤로 귀족들의 지배권

아크로폴리스 전경.

이 확립됐다. 나중에는 신흥세력으로 떠오른 평민이 귀족과 대등한 발언권을 요구함으로써 대립상태가 초래됐고, 그런 대립상태를 완화시키기 위한 개혁이 이루어졌다.

기원전 594년에 아르콘으로 선출된 솔론(기원전 640~558)이 실행한 개혁이 가장 대표적인 것이다. 그는 시민을 재산에 따라 4계급으로 나누고 계급별로 정치참여를 인정하여 제1, 2계급에게 아르콘 등의 상위직을, 제3계급에게 하위직을 부여했고, 제4계급에게는 민회 선거권과 배심원 피선임권만을 인정했다. 그러나 그의 금권정치로 인해 기원전 561년에 페이시스트라토스에 의한 독재정이 들어섰다. 그가 아테네의 아고라를 만들었다.

페이시스트라토스는 호메로스의 서사시를 필사하고 극장을 세워 연극을 공연한 공적으로도 유명하다. 그는 필사에 필요한 재료인 이집트의 파피루스를 배로 실어오고, 글을 읽어주는 대로 받아쓸 수 있도록 교육을 받은 노예들을 사들여서 호메로스의 작품들을 필사하게 해 발행했다. 이에 이어 다른 많은 책들도 간행됐고, 이때부터 2세기 동안 유럽에서 유일하게 아테네에서 책시장이 열렸다. 그 결과로 아테네에서는 작가, 역사가, 정치사상가, 철학자, 과학자, 수학자 등이 상당수 등장했다. 기원전 5세기의 아테네 문화는 책시장의 발달에 크게 힘입었다. 책시장은 민주주의 발전에 초석이 됐고, 이렇게 해서 발달한 민주주의가 나중에 페르시아와의 전쟁에서 승리하는 데 토대가 됐다. 이런 과정은 15세기에 유럽에서 구텐베르크가 인쇄술을 발명해 책시장이 발달하도록 해서 르네상스와 종교개혁의 토대를 놓은 것과 같은 의미를 가진 것이었다.

기원전 510년에 독재정이 끝나고 기원전 508년에 본래 솔론계의 평민파였던 클레이스테네스가 집권해 민주정의 토대를 놓았다. 1992년에 그리스에서 민주정 탄생 2500주년을 기념한 것은 바로 기원전 508년을 민주정의 기점으로 삼은 것이었다. 그 탄생의 본질은 파벌정치에 대한 견제에 있었다는 점이 흥미롭다.

클레이스테네스는 먼저 귀족세력을 타도하기 위해 혈연 중심의 부족별 구획 대신에 아테네 중심의 도시부와 연안부, 그리고 내륙부로 국토를 3분하고 그 각각을 다시 10개씩의 구역으로 나누어 모두 30개 구역으로 이루어진 지역별 구획을 도입했다. 그러고는 도시부, 연안부, 내륙부에서 각각 하나씩의 구역을 서로 연결해 10개 구를 만들었다. 이는 혈연과 지연을 배제하기 위한 획기적인 조치였다. 이어 그는 10개 구 각각에서 50명씩의 대표를 추첨하도록 해서 500인 평의회를 구성해, 전 시민이 참석해 중요한 국정을 결정하는 민회에 대해 책임을 지는 상설 정무기관으로 삼았다. 또한 그는 명문 귀족들의 정치기반을 파괴하고 새로운 독재자의 발생을 막기 위해 도편추방법을 만들어 시민 중심의 민주주의를 구축했다. 한편 당시에 유일하게 아테네에 맞설 수 있는 폴리스였던 스파르타에서는 극단적인 군국주의와 쇄국주의, 그리고 근검절약의 생활방식이 성립됐다.

아테네와 스파르타가 협력한 덕분에 그리스는 페르시아와의 전쟁에서 두 차례(기원전 490년의 마라톤 전투, 기원전 480~479년의 살라미스 해전)나 승리했다. 그 승전의 기쁨이 채 사그라지기도 전인 기원전 469년에 소크라테스가 태어났다. 이어 등장한 페리클레스의 개혁시대(기원전 443~429년)에 아테네는 그리스 문화의 참된 중심으로 변했고 민주주의를 완성했다. 평생 20회 정도 군사령관을 지낸 그는 우리의 군사독재자들과 달리 민주주의를 완성시킨 사람이다. 그는 시민들이 더욱 적극적으로 정치에 참여할 수 있게 하려고 공직을 맡은 사람들에게 약간의 보수를 지급했다. 그는 아르콘의 자리를 최하층민만을 제외한 모든 시민에게 개방했고, 유급 배심원 제도를 시행해 빈민도 재판에 참여할 수 있게 했으며, 빈민에게 수당을 주어 극장에서 공연도 볼 수 있게 했다. 그는 완벽한 표현의 자유를 보장했고, 지금도 우리가 볼 수 있는 파르테논 신전을 비롯한 여러 건물을 지었다. 그가 집권한 기간에 세계문학의 효시가 되는 그리스 희곡이 씌어졌고, 역사와 철학이 꽃피웠다. 바로 이런 상황에서 소크라테스가 등장했다.

페리클레스의 민주주의 사상에 대해서는 뒤에서 다시 살펴보도록 하자. 그는 기원전 430년에 아테네를 덮친 페스트에 걸려 죽었다. 그 직전인 기원전 431년에 아테네와 스파르타 사이에 벌어진 펠로폰네소스 전쟁은 기원전 404년까지 이어졌다. 이 전쟁은 아테네의 패배로 끝났지만, 승전국인 스파르타도 엄청난 피해를 보았다. 그로부터 5년 뒤에 소크라테스가 재판을 받았다. 이는 소크라테스가 스파르타를 좋아했고, 그의 제자 중에 스파르타 편이라고 볼 만한 사람들이 있어서였다.

플라톤은 기원전 427년에 태어나 기원전 347년에 죽은 것으로 알려져 있다. 그가 실제로 기원전 427년에 태어났다면 펠로폰네소스 전쟁이 발발한 지 4년 뒤, 그리고 페리클레스가 죽은 지 2년 뒤에 태어난 셈이 된다. 펠로폰네소스 전쟁은 플라톤이 23세가 될 때까지 28년간 이어졌다. 플라톤은 그 자신이 《카르미데스》와 《티마이오스》에서 말했듯이 아테네의 입법가인 솔론을 모계 혈통으로 해서 명문 귀족가문의 아들로 태어났고, 23세 때인 404년에 아테네의 패배로 전쟁이 끝난 뒤(흔히들 이 전쟁으로 아테네가 망했다고 하나 이는 사실이 아니다) 그의 친척들이 포함된 귀족정에 참여하려고 했으나 그것에 실망하게 되어 그만두었다. 귀족정은 성립된 다음해에 민주정에 의해 무너졌다. 그가 28세였던 기원전 399년에는 그의 스승인 소크라테스가 처형당했다. 20대를 이렇게 보낸 플라톤이 민주정에 대해 적대감을 가졌으리라는 것은 누구나 쉽게 짐작할 수 있다. 아니 그래서 그는 정치 자체에 환멸을 느끼고 철학으로 돌아섰으리라.

소크라테스가 처형된 지 4년 뒤에 코린트 전쟁이 터졌고, 이 전쟁에서 아테네는 스파르타에 패배했으며, 아테네를 비롯한 폴리스는 더욱 몰락했다. 이어 기원전 338년에 그리스의 북방에서 침략해온 마케도니아에 패배함에 의해 폴리스는 독립된 정치단위로서의 기능을 완전히 상실했다. 이어 마케도니아의 알렉산더 대왕(기원전 336~323년 재위)이 페르시아 원정에 나서면서 헬레니즘 시대가 시작되고 그리스의 민주정과 그 문명은 끝났다.

이상의 내용을 간단한 연표로 정리해보자.

기원전 594년 솔론의 민수개혁

기원전 561년 독재정 시작

기원전 510년 독재정 타도

기원전 508년 클레이스테네스가 민주정의 기초 수립

기원전 493년 아테네가 무장하고 해군을 창설

기원전 490년 페르시아와 전쟁, 마라톤 전투에서 그리스가 승리

기원전 480년 페르시아와 전쟁, 살라미스 해전에서 그리스가 승리

기원전 479년 페르시아 전쟁 끝남, 아테네의 강화 및 재건

기원전 462년 페리클레스 시대 개막. 펠로폰네소스 전쟁 발발

기원전 443년 페리클레스 15년 계획 시작

기원전 431년 2차 펠로폰네소스 전쟁 발발

기원전 429년 페스트 발생, 페리클레스 사망

기원전 411년 400인 부자정 수립

기원전 404년 아테네 항복, 30인 부자정 수립

기원전 403년 민주정 회복

기원전 399년 소크라테스 재판

기원전 334년 알렉산더 동방원정 개시

기원전 323년 알렉산더 사망

기원전 322년 아테네 민주정 폐지

위_ 군함과 상선으로 사용되던 고대 그리스의 갤리선.
아래_ 밀집대형으로 진군하는 고대 그리스의 무장보병.

2차 펠로폰네소스 전쟁을 다룬 역사책들을 보면 이 전쟁이 기원 전 404년에 끝났고, 이때 아테네 민주주의가 끝났다는 인상을 준다. 그러나 위 표에서 보듯이 아테네의 민주주의자들이 30인 투자정을 무너뜨리고 민주정을 회복시켰음에 주의해야 한다. 그러나 그 뒤로 아테네에서는 소크라테스의 처형을 비롯한 많은 실수가 저질러졌다.

그리스 민주주의 사상의 태동

러셀은 기원전 600년의 고대 그리스에서부터 현대까지의 사상을 규율주의(disciplinarian) 사상과 자율주의(libertarian) 사상으로 나누었다. libertarianism은 흔히 자유주의라고 번역되지만 역시 자유주의로 번역되는 liberalism과 구별되는 것으로 볼 필요가 있다. libertarianism을 자유지상주의로 번역하는 경우도 있지만, 차라리 이 말을 반국가주의적인 아나키즘에 가까운 것으로 이해할 필요가 있다. 여기서는 규율주의에 대한 반대어로 자율주의라는 표현을 선택해 libertarianism의 번역어로 삼겠다.

규율주의는 사회결합을 목표로 하고 일정한 교의와 전통을 주장하는 반과학적이고 반이성적인 입장에 서서 개인의 고귀함과 영웅적 행위가 사회결합에 좋은 것이라고 주장한다. 반면에 자율주의는 규율주의와 달리 비합리적인 교의 위에 사회질서를 세우는 것에 반대하고 집단주의가 아닌 개인주의를 통해 사회결합을 완화시키려는 반종교적, 공리적, 합리적 사상이다(러셀1, 12~13).

러셀이 규율주의에 자율주의를 대치시킨 것은 포퍼가 닫힌 사회와 그 마술적 교의에 대해 열린 사회와 비판과 토론을 통한 합리적 사고를 대치시킨 것과 어느 정도 일치한다. 열린 사회는 "개개인이 개인적인 결단을 내릴 수 있는 사회"(포퍼1, 241)라고 포퍼는 말한다. 그러나 이 말은 오해를 부를 소지가 있다. 그런 사회라면 아무런 법적 규제가 없는 방종의 사회를 뜻할 수 있기 때문이다. 따라서 이 말은 그 앞에서 포퍼가 한 다음 말로 보완돼야 한다.

우리들 대부분은 새로운 입법의 필요성이나 다른 제도적 변화의 필요성에 관한 합리적인 결단을 내린다. 말하자면 가능한 결과를 평가하고 그 결과 중 어떤 것을 의도적으로 선택하는 결단을 내리는 것이다. 우리는 합리적인 개인의 책임을 인정한다. (포퍼1, 241)

고대 그리스를 비롯한 인류역사의 초기에 원시종교와 신화가 등장했다. 그것은 개인 중심이 아니라 종족 중심이었다. 그리스의 경우에는 우리가 잘 아는 그리스 신화가 있었다. 그 신화를 문자로 기록한 것이 호메로스의 《일리아드》와 《오디세이아》다. 그 작자나 작품에 대해서는 여러 가지 다른 견해가 있으나 여기서 그것을 문제삼을 필요는 없다. 다만 18세기 유럽에서 상류계층이 자신들의 권위를 세우기 위해 그리스 신화를 이용했다는 점은 기억해둘 필요가 있다. 또한 이런 점에서 21세기 한국에서 그리스 로마 신화가 인기를 끄는 현상에 대해 비판적으로 생각해볼 필요가 있다.

호메로스의 신들은 정복을 일삼는 귀족계급의 신이지 다른 여러 신화에서처럼 농민의 신이 아니다. 우리에게 전해진 그리스 신화의 신들은 정복으로 국가를 세운 뒤에 농업이나 상공업의 발전을 도모하거나 사람들에게 정치참여를 허용하기는커녕 세금을 거두어 자기네들만 잘 먹고 잘 마시며 연애도 한다. 그들이 세운 국가는 전쟁과 연애의 국가다.

그러한 작품들은 고대 그리스의 여러 폴리스들 가운데 아테네에서는 교육에서 대단히 중요하게 여겨졌으나 스파르타에서는 그리 중요하게 여겨지지 않았다. 여기서 아테네의 교육은 귀족을 중심으로 한 자유민을 대상으로 한 교육이었다는 점에 주의해야 한다. 주민의 대다수를 차지하고 있었던 노예를 대상으로 하는 교육은 없었다. 또한 신화의 나오는 신들은 그리스인의 지성이 부각된 시대에는 억제되고 그 지성이 억제된 시대에는 부각됐다는 점에도 유의할 필요가 있다.

신화의 주술에 대해 지성을 통해 의문을 품는 인간이 나타나면서 철학이 시작된다. 최초의 철학자라고 하는 탈레스는 밤하늘의 별을 바라보며 걷다가 미끄러져 웅덩이에 빠졌다는 에피소드로 유명하다. 별을 관찰했다는 점에서 알 수 있듯이 그는 지금 우리 식으로 말하면 철학자라기보다 과학자였으나, 당시에는 철학과 과학이 통합돼 있었다는 데 주의해야 한다. 탈레스라는 최초의 철학자가 우연히 나타난 것은 아니었다. 그가 태어난 밀레토스(지금의 터키 동남

부에 있었다)는 그리스 초기에 무역의 중심지였다. 그가 만물의 근원은 '물'이라고 말한 것은 우연이 아니었다.

그 후 많은 과학자와 철학자들이 나와 여러 가지 이야기를 했으나 여기서는 그것들을 살펴볼 필요도 이유도 없다. 우리나라의 교육에서는 중고등학교 단계에서부터 그들에 대해 꽤나 상세하게 가르치는데 나는 그런 교육을 받았을 때나 지금이나 왜 그렇게 해야 하는지에 대해 의문을 가지고 있다. 지금 나로서는 그들이 민주주의를 어떻게 생각했느냐 하는 점에만 관심을 갖고 있다.

고대 아테네의 인간관과 정치구조

고대 아테네인은 모든 방면에 관심을 가지고 자기 능력을 발휘하는 것이 민주주의 시민으로서 바람직한 태도라고 생각했다. 그들은 사적으로는 가정의 평화를 지키고 가계의 수지를 관리하는 데 엄격했고, 공적으로는 민회와 민중법원에 참여하고 공직에 추첨되어 공무를 담당하고 전쟁을 수행하는 데 바빴으며, 그 모든 것을 위해 교양을 쌓고 체력을 단련했다. 그들은 공과 사, 정신과 육체의 모든 영역에서 자신의 능력을 최고도로 기르고 발휘하려고 노력했다.

고대 아테네에서 공무원의 자격요건은 전문성이 아니라 폴리스 시민으로서의 덕성이었다. 하나의 전문분야만을 추구하는 것은 자유인이 해야 할 일이 아닌 비열한 짓으로 여겨졌고, 경제적으로 최대의 이윤을 추구하는 것도 부끄러운 짓으로 여겨졌다. 아테네 민주정의 원칙이었던 아마추어리즘은 본래 인간은 잠재적으로 모든 능력을 갖추고 있다고 보는 가치관에 입각한 것이었다.

고대 아테네인은 민주주의를 하나의 생활방식으로 이해했고, 시민이라면 누구나 민주정에 참여할 수 있다고 생각했다. 그래서 그들은 공사 양면에서 경험을 쌓아 스스로 유능하게 돼야 했고, 정치에 참여하지 못하는 사람은 시민으로서 무능하다고 간주됐다. 시민인 이상 누구나 다재다능하고 적응능력이 있으며 자주독립하고 자족적인 인격이었다.

그런 자유인의 공동체인 폴리스는 자주를 기본으로 하는 자치체로서 시민들의 그러한 생활방식을 보장하는 것이어야 했다. 폴리스는 '도시' 이상의 것, 곧 독립된 주권국가이자 자유인의 자율적 자치공동체여야 했고, 그런 폴리스를 누가 어떻게 다스리느냐는 문제가 중요했다. 아테네 사람들은 소수의 부자가 아닌 다수의 민중이 폴리스를 다스려야 한다고 생각했고, 그렇게 하기 위한 정치제도를 민회, 평의회, 민중법원, 책임지는 공무원제로 구성했다.

아테네의 민주주의 정치제도는 그 중심에 민회, 평의회, 민중법원이라는 민중기관을 갖고 있었고, 그 밑에 집정관(아르콘)을 비롯한 여러 공무원을 두었다. 집정관은 오늘날의 총리나 대통령 또는 장관으로 볼 수 있는 9명의 최상위 공무원이었다. 그러나 그들은 정치의 상층부에 속하는 것이 아니라 민회, 평의회, 민중법원이라는 세 가지 민중기관보다 하위에 있었음을 주목할 필요가 있다.

민회, 평의회, 민중법원을 우리의 입법부, 행정부, 사법부라는 3

권분립 체제와 같다고 보는 견해가 있다. 그러나 원리는 같지만 구체적인 내용이 반드시 같은 것은 아니다. 민회는 최고 의사결정기관, 평의회는 집행기관, 민중법원은 재판기관이라는 점에서 각각 입법부, 행정부, 사법부와 같다고 말할 수도 있겠지만 이는 지극히 피상적인 관찰이다. 뒤에서 보듯이 민회는 단순히 입법기관이기만 했던 것이 아니라 기본적인 국정을 담당하는 행정부이자 스스로 재판을 담당하는 사법부이기도 했다.

물론 권력분립의 원리라는 측면에서 보면 다를 게 없다. 흔히 권력분립론의 기원을 몽테스키외에서 찾지만 그 사상적 기원은 아리스토텔레스까지 소급될 수 있고, 실제로 고대 아테네의 헌법에는 3권분립(입법권은 현대의 그것과 다르긴 하지만)의 원리가 반영돼있었다. 아리스토텔레스는 이렇게 말했다. "모든 헌법에는 세 가지 요소가 있다. 그것은 첫째 공무에 관하여 심의하는 요소, 둘째 행정에 관한 요소, 셋째 사법권을 갖는 요소다."(정치학, 9~14, 1297a, 1298b)

아리스토텔레스가 입법권이 아닌 공무에 관한 심의를 헌법의 세 가지 중요한 요소 가운데 하나로 보았다는 점이 주목된다. 이는 행정, 사법과 함께 공직자의 책임이 아테네 민주주의의 가장 중요한 요소였다는 뜻이다. 그리스의 3권분립은 절대적인 직접 민주주의를 구현하기 위한 것이었으므로 위법성을 심사하는 기관인 민중법원과 그러한 심사의 대상이 될 수 있는 민회에 동일한 시민이 동시에 그 구성원으로 참여했고, 이런 점에서 그리스의 3권분립은 3권이 서로 엄격하게 독립된 현대의 권력분립과 달랐다.

고대 아테네에는 권력분립에 따른 사법심사의 원리도 존재했다. 고대 아테네인늘은 법의 설대성을 인정하여 그 개정을 무정했으므로 헌법은 경성헌법이었고, 헌법규정의 보호는 시민의 신청에 의해 민중법원이 행하였다. 민회의 행위에 대한 배심법원의 심사는 현대의 헌법재판소에 의한 위헌심사와 유사했다. 합법성 여부에 관한 배심법원의 판단은 국가의 모든 활동에 미쳤고, 아르콘(집정관)의 행위도 심사대상이 됐다. 아르콘은 그 자격의 유무를 심사받았고, 권한남용이나 부당행위를 했을 때는 소추를 받았다.

소피스트

그리스 민주주의를 뒷받침한 민주주의 사상가들은 우리에게 그다지 잘 알려져 있지 않다. 소피스트라고 불리는 사람들 가운데 그런 사상가들이 많았지만, 우리는 소피스트라고 하면 궤변론자를 연상하며 멸시한다. 그러나 과연 그들이 그런 평가를 받아야 하는지 의문이다. 고대 그리스에서 소피스트라는 말은 단순히 '지혜로운 사람'이라는 뜻이었다. 이 말이 '궤변론자', 또는 소크라테스 같은 참된 철학자가 아닌 '경박한 박식가'나 '거만한 허풍선이'를 뜻하게 된 것은 플라톤과 아리스토텔레스가 소피스트들을 그런 식으로 비난했기 때문이다. 그러나 당시 그리스의 보통사람들에게는 소크라테스나 소피스트나 마찬가지였다(풀러, 16).

플라톤은 돈을 받고 가르친다는 이유를 들어 소피스트들을 비난했는데, 이는 부유한 플라톤으로서는 돈이 필요 없었기 때문이다 (러셀1, 105). 소크라테스도 군인연금과 상속재산 덕분에 돈 걱정 없이 살았다(풀러, 17). 반면에 소피스트는 대부분 아테네가 아닌 다른 도시국가 출신으로서 아테네에서는 시민으로 대우받지 못했으므로 당연히 돈이 필요했다. 그들은 토지귀족에 대항하는 신흥 중산계급에게 웅변술과 논리학을 가르쳤다. 소피스트가 등장하기 전에는 토지귀족의 자녀들만 수준 높은 교육을 받을 수 있었다. 따라서 소피스트는 토지귀족의 반감을 샀다.

소피스트는 인간의 제도는 금기나 마술적인 것이 아니라 인간이 만든 것이며 자연적인 것이 아니라 관습적인 것이라고 보았고, 노예제와 민족주의에 반대하고 인류의 보편적 가치를 강조했다. 이에 비해 소크라테스와 플라톤은 민주주의에 철저히 반발했고, 아리스토텔레스는 상당히 중립적이긴 했으나 민주주의에 비판적인 것은 마찬가지였다. 당시에 그리스의 학문은 우리의 실학자와 비슷한 소피스트가 장악했고, 소크라테스와 플라톤과 아리스토텔레스는 평생 소피스트와 싸웠다. 그들은 소피스트가 신성을 더럽히고 국가에 혼란을 가져온다고 비난했다. 소크라테스는 소피스트를 대표하는 프로타고라스가 죽은 뒤에 그의 책을 불태우는 데 앞장섰다. 만일 그가 그런 식으로 소피스트에 대한 극단적인 증오를 표현하지만 않았더라도 재판에서 사형까지 선고받지는 않았을 것이다(풀러, 24).

소피스트는 인간은 교육을 통해 무한히 발전할 가능성이 있다는 전제에서 출발했다. 그들은 혈통에 따른 도그마와 신화, 전설, 인습 등의 신비주의를 배격하고 덕이란 후천적으로 계발할 수 있는 것이라고 믿었다. 자기인식과 비판을 중심으로 한 서양문화의 합리주의와 역사적 상대주의는 소피스트에서 비롯된 것이다. 즉 그들은 과학적 진리나 윤리적 규범이나 종교가 역사적으로 상대적인 인간노력의 산물임을 처음으로 밝혔다.

소피스트가 민주주의에 끼친 영향은 대단히 크다. 그들이 펼친 활동의 중심은 변론술 교육이었다. 물론 그들이 현대의 민주주의자들과 같이 민주주의를 이념적인 이상으로 삼아 그 실현을 도모하고 옹호한 것은 아니지만 상대주의적 철학에 근거해 민주주의적 이념을 대변한 점은 높이 평가돼야 한다.[*]

그들은 인간의 도덕은 사회적 관습이라고 생각했다. 정의와 법은 사회의 생성과 함께 발생했고 사회는 그런 정의와 법 아래서 발전한다고 여겼다. 그러나 정의와 법은 일정한 인간의 행위와 태도에 붙여진 이름에 불과하고, 역사와 함께 거듭 변한다. 따라서 정의와 관련된 문제의 해결은 사람들 사이에 의견이 교환되고 변경되고 합의되는 과정을 통해서만 가능하며, 어떤 개인의 정신에 의해 정의가 무엇인지가 결정되는 것이 아니다.

민주주의의 기본적인 원칙은 모든 사람이 동등한 발언권을 인정

----

[*] The Sophistic Movement (G. B. Kerferd, Cambridge University Press, 1981).

받고 모든 의견이 대등하게 존중받아야 한다는 것이다. 민주주의에서 정치지도자는 도덕적 우월성을 요구받는 것이 아니라 사람들의 다양한 의견을 조정하고 그것을 정리해 합의를 형성하는 능력을 요구받는다. 바로 이런 맥락에서 변론술이 그 영향력을 발휘하게 된 것이다.

데모크리토스

흔히 원자론자로 불리는 데모크리토스도 소피스트의 생각을 공유했다. 그러나 플라톤은 그의 책 어디에서도 데모크리토스에 대해 언급한 바 없다. 이는 데모크리토스가 플라톤이 반대하는 민주주의자였기 때문일 것이다. 심지어 플라톤은 데모크리토스의 책을 모두 불태웠다(러셀1, 90). 이는 자기의 스승인 소크라테스가 프로타고라스의 책을 불태운 것을 모방한 행동이었는지도 모른다. 데모크리토스의 원자론은 고대 그리스의 다른 어떤 사상보다 현대적이지만(러셀1, 92) 여기서는 이에 대한 설명은 생략하고 그의 민주주의관만 간단히 살펴보자. 그 골자는 다음과 같다.

민주정 하에서의 가난이 귀족정나 군주정에 보통 수반된다고 하는 번영보다 낫다. 그것은 자유가 노예상태보다 좋은 것과 같은 이치다. 현자는 모든 국가에 속한다. 왜냐하면 위대한 영혼의 집은 전 세계이기 때문이다. (포퍼1, 254, 재인용)

또한 다음과 같은 구절도 눈길을 끈다.

우리는 두려워해서가 아니라 옳다는 생각에서 나쁜 짓을 삼가야 한다.
덕의 기초는 무엇보다도 타인을 존경하는 데 있다.
만인은 그 자신이 소우주다. 우리는 불의로 인해 고통 받는 자들을
　　최대한 도와야 한다.
선하다는 것은 나쁜 짓을 하지 않는 것이며, 또한 나쁜 짓을 하고자
　　원치 않는 것이다.
중요한 것은 말이 아니라 선한 행위다.
페르시아의 왕이 되기보다는 차라리 단 하나의 인과법칙을 발견하
　　고 싶다. (포퍼1, 254, 재인용).

페리클레스

그러나 그리스 민주주의를 대변하는 사람은 역시 페리클레스다. 펠
로폰네소스 전쟁이 터진 직후인 기원전 431~430년에 걸친 겨울에
페리클레스는 전몰장병을 위한 추도연설에서 그리스 민주주의의
정신을 가장 잘 보여주는 다음과 같은 말을 한다. 먼저 그는 아테네
인이라면 당연히 정치에 관심을 갖는다고 역설한다.

적어도 아테네 시민은 내 몸과 마찬가지로 국가에 대하여 관심이 없
는 자가 없다. … 대체로 정치에 관심이 없는 사람은 자기 일에 열성

광장에서 연설하는 페리클레스 (독일 화가 필립 폰 폴츠의 그림).

이 있는 사람이라고 말할 수 없다. 아니, 오히려 우리 아테네에서는 전혀 소용없는 자라고 나는 말하고 싶다. 비록 소수의 사람만이 정책을 발의할 수 있다고 해도 우리 모두 그것을 비판할 수는 있다. 우리는 논의를 정치적 행위에 대한 장애물로 보지 않고 현명한 행위를 위한 하나의 불가피한 예비행위로 본다. … 요컨대 나는 아테네는 그리스 세계의 학교이며, 아테네의 모든 개인은 적절한 재능을 기르고 위기에 대처하며 자립적일 수 있도록 길러져야 한다는 것을 주장한다. (포퍼1, 255 재인용)

앞에서도 설명했지만 고대 그리스인은 모든 방면에 관심을 갖고 자기 능력을 계발하고 발휘하는 것이 민주주의 시민으로서 바람직하다고 생각했다. 그들은 민주주의를 하나의 생활방식으로 이해했고, 어떤 시민도 민주정에 참가할 수 있다고 생각했다. 그들은 공사 양면에서 경험을 쌓아 스스로 유능해져야 했고, 정치생활에 참가할 수 없는 사람은 무능한 시민으로 간주됐다. 그런 자유인의 공동체인 폴리스는 자주를 기본으로 하는 자치체로서 시민의 그러한 생활방식을 보장하는 것이어야 했다. 페리클레스는 또한 다음과 같이 말했다고 포퍼는 전한다.

우리들이 행하는 정치를 민주주의라고 한다. 왜냐하면 우리들의 주권은 소수의 특권계급 사람들만의 것이 아니고 우리들 시민 자신이 장악하고 있기 때문이다. 우리들이 개인끼리의 분쟁을 해결하는 경우에 법 앞에 모든 사람이 평등한 권리를 갖고 있다. 어떤 인물을 사회적으로 책임 있는 지위에 오를 사람으로 선출할 경우 우리가 문제로 삼아야 할 것은 어디까지나 그 개인의 능력이지 결코 문벌 등이 아니다. 가난은 아무런 장애가 되지 않는다. (포퍼1, 254 재인용)

여기서 공직자를 선출할 때 문제 삼아야 하는 것은 개인의 능력이라고 한 부분에 대해서는 보충설명이 필요하다. 고대 그리스에서 공직자는 주로 추첨됐지 선출되는 경우는 매우 드물었고, 전문적인 능력보다는 훌륭한 덕성이 공직자의 미덕으로 간주됐다는 데 유의해야 한다.

그리스 민주주의에 대한 가장 멋진 설명은 한나 아렌트가 《인간의 조건》에 쓴 것이다. 나치의 전체주의를 경험한 아렌트는 전체주의를 극복하는 방법으로 모든 사람의 자유로운 판단과 행위를 보장해주고 장려하는 이상적인 정치의 모델을 수립하고자 했고, 그 전형을 그리스 민주주의에서 구했다.

아렌트는 페리클레스 시대의 이상적인 아테네 시민이 정치적 삶의 전형을 보여준다고 말한다. 자유로운 시민은 처에게 가계의 관리를, 피고용인과 노예에게 논밭의 경작을, 외국인에게 상업을 맡기고 자신들은 도시국가의 공적 장소에 가서 공적 행위를 하고 토론을 했다. 그 도시국가의 공적 장소에 모인 시민은 자유의 공기를 만끽하고 공적 이익을 추구하면서 공적 행복을 누렸다는 것이다.

자유시민은 정치의 전문주의를 부정하고 스스로 입법, 사법, 행정의 책임을 진다. 그러나 그러한 공무는 '참으로 정치적인' 활동인 담화가 이루어지는 공간을 창설하고 유지하는 데 필요한 절차일 뿐이다. 즉 공무의 궁극적인 의미는 공적 공간의 영속화, 안정화를 도모하는 데 있다. 즉 공적 공간에서 모든 공적 문제가 개개인에 의해 자유롭게 표출되어 폭력이나 무력이 아닌 발언과 설득을 통해 결정되고 해결될 수 있도록 보장해주는 점에 공무절차의 정치적 의미와 가치가 있다. 아렌트는 고대 그리스의 폴리스가 바로 그러한 공적 공간의 효시이자 전형이라고 본다.

그러나 그리스 민주주의는 명백한 한계를 갖고 있었다. 노예제를 기반으로 하고, 여성은 제외한 것이다. 거듭 말하는데 그리스는 노예제를 기반으로 한 사회였다. 그 정당성에 대한 의문은 소크라테스 시대에 와서 처음으로 제기됐다. 하지만 소크라테스가 그러한 문제제기를 한 것은 아니었다. 소크라테스의 제자인 플라톤도, 플라톤의 제자인 아리스토텔레스도 노예제를 부정하지 않았다.

소크라테스와 그의 제자들이 민주주의에 비판적이었던 것은 당시의 그리스 민주주의가 그러한 한계를 갖고 있었기 때문이 아니다. 만일 그들이 그러한 한계를 비판하고 노예제 없는 남녀평등의 민주주의를 주장했더라면 아마도 그들은 가장 위대한 민주주의의 성인이 됐으리라. 그러나 그들은 노예제를 인정했고, 여성을 멸시했으며, 민주주의 그 자체에 대해 반대한 국가주의자, 전제주의자, 반인권주의자였다.

이와 관련해 소크라테스와 플라톤이 아테네의 식민지 경영 문제를 비판적으로 보았기에 그 민주주의에 반대했다고 주장하는 견해가 있다. 가령 우리나라에 일찍이 소개된 헤어는 플라톤의 생애를 설명하면서 페리클레스를 민주주의 정치가로 보기는커녕 "아테네가 바야흐로 속국으로 굴복시킨 동맹국들을 정당하게 대우하고 있는가라는 문제보다는 이제 막 부상하는 아테네 제국의 멋진 모습을 부각시키는 데 더 큰 관심을 가지고 있었다"고 비판하고, 이런 점이 플라톤의 아테네 민주주의 비판에 전제가 됐다고 말한다(헤어, 22). 그러나 플라톤은 물론이고 당대의 어느 누구도 그런 제국주의를 문제 삼지는 않았다. 아테네가 제국으로서 식민지를 무자비하게 통치했다는 점이 플라톤의 아테네 민주주의 비판에 근거가 된 것은 아니다.

고대 그리스의 반민주주의 사상가들

고대 그리스 철학이 모두 반민주주의적인 것은 아니었지만 유감스럽게도 플라톤을 비롯해 반민주주의적인 철학을 내세운 자들이 우리에게는 더 유명하다. 플라톤에 대해서는 뒤에서 다시 다룰 터이니 여기서는 그에게 선구자였다고 할 수 있는 철학자 헤라클레이토스에 대해 살펴보자.

기원전 500년경에 활약한 헤라클레이토스는 만물이 유전한다는 역사주의적 주장과 변증법으로 유명하고 플라톤, 아리스토텔레스는 물론이고 헤겔, 니체, 하이데거 등 여러 현대 반민주주의자들의 스승이 됐다. 그는 민중을 철저히 멸시하고 민주주의를 정면으로 반박하는 다음과 같은 글을 남겼다.

> 군중은 금수처럼 배를 채운다. … 그들은 음유시인과 대중적인 미신을 그들의 길잡이로 삼는다. 왜냐하면 그들은 대부분이 나쁘고 오직 소수만이 선하다는 것을 알지 못하기 때문이다. … 법도 역시 일인의 지배에 복종해야 함을 요구할 수 있다. (포퍼1, 32 재인용)

헤라클레이토스는 선과 악이 동일하다는 가치상대주의에 서면서도 전쟁은 곧 정의라는 입장에서 "전쟁에서 죽은 자는 신과 인간에 의해 찬미된다"며 "위대한 몰락일수록 그 운명은 더욱더 영광스러운 것이다. 위대한 인간이라면 그는 만 명의 인간들보다 더 가치가 있다"(포퍼1, 37 재인용)고 주장했다.

또한 우리에게 《펠로폰네소스 전쟁사》의 저자로 유명한 투키디데스는 역사학의 아버지로 불리지만 그가 반민주주의자로서 조국인 아테네에 적대적이었던 점은 그리 잘 알려져 있지 않다.

스파르타

플라톤을 이해하려면 아테네뿐만 아니라 스파르타에 대해서도 먼저 이해해야 한다. 특히 플라톤의 저작인 《법》에서 설명되는 법의 내용이 스파르타의 체제와 거의 같기 때문이다. 이런 맥락에서 가장 탁월한 책은 앞에서도 언급한 러셀의 《서양철학사》다. 러셀은 스파르타에 대해 하나의 장을 별도로 할애해 상세히 설명한다.*

스파르타에서는 귀족, 평민, 천민(노예)이 철저히 구분됐다. 토지는 귀족과 평민에게 분배됐지만, 농사일은 그들에게는 금지되고 천민에게만 허용됐다. 농사일은 시민(귀족과 평민)을 타락시키며, 시민은 오로지 전쟁에 복무하기 위해 자유로워야 한다는 이유에서였다. 법에 의해 상속된 토지나 노예의 매매는 금지됐고, 노예는 토지에 예속됐다. 노예는 매년 지주에게 약 20가마니의 곡식을 바쳤고, 지주에게 아내가 있는 경우에는 그 아내의 몫으로 3가마니 정도를 더 바쳤다. 이를 두고 러셀은 지주가 아내보다 6배나 많이 먹었나보다 하고 빈정대지만(러셀1, 126), 오늘날 우리나라 노동자의 월급 가운데 가족수당의 비율은 그보다 훨씬 낮다. 여하튼 이러한 스파르타의 계급구분을 플라톤은 그대로 받아들였다.

노예는 자주 반역을 도모했지만 성공한 적은 없다. 시민은 비밀경찰을 두고 1년에 1회씩 노예와의 전쟁을 벌였으며, 이에 반항하는 청년은 합법적으로 죽였다. 전쟁에서 특별히 용감하게 싸운 노예는 국가에 의해 해방되었으나 이런 경우는 극히 드물었고, 시민에게는 노예를 해방시킬 권한이 없었다. 전쟁으로 얻은 식민지의 주민에게는 참정권이 허용되지 않았다.

....

* 더 상세한 설명은 《스파르타》(험프리 미첼, 윤진 옮김, 신서원, 2000)를 참조하라.

귀족과 시민은 태어나면서부터 전쟁을 위한 훈련을 받았다. 아내가 아이를 낳지 못하면 그 남편은 아내에게 다른 남자와의 성관계를 허용했다. 《플루타르크 영웅전》에 의하면 이른 좋은 씨를 찾아 가축의 새끼를 얻는 것과 같다고 했다. 또한 남녀 모두에게 동성애가 허용됐고, 사춘기 교육에도 동성애가 이용됐다. 동성애 상대의 행위에 따라 신뢰도가 결정되기도 했다. 어떤 소년이 싸우다가 상처를 입고 울면 그가 비겁하다는 이유로 그 소년의 동성애 상대가 처벌을 받았다.

아이를 셋 낳으면 병역이 면제됐고, 넷 이상 낳으면 모든 의무에서 면제됐다. 태어난 아이는 모두 족장의 검사를 받았다. 그 검사에서 병약하다는 판정을 받은 아이는 유기됐고, 튼튼하게 태어난 아이만이 살아남아 20세까지 군사훈련을 받았다. 24세부터는 군대에 복무해야 했고, 20세가 넘으면 결혼이 허용됐으며, 독신은 불명예로 규정됐다. 최근에 영화 〈300〉으로 소개되기도 했지만 스파르타인은 용감했던 것으로 유명하다.

스파르타는 가문이 다른 두 명의 세습 왕이 통치했다. 전쟁이 터지면 그중 하나가 지휘했고, 평화 시에는 왕의 권력이 제한됐다. 두 명의 왕과 60세 이상의 세습귀족으로 구성된 원로원이 재판을 하고 법률안을 만들었다. 원로원의 법률안은 모든 시민으로 구성된 민회가 통과시키고 장관이 그것을 선포해야 법률로서 효력을 발휘할 수 있었다. 5명의 장관은 민회에서 추첨으로 선출됐다. 왕은 매월 헌법에 대한 지지를 서약했고, 장관은 왕이 서약을 지키는 한 왕을 지지

한다고 서약했다. 왕이 전쟁에 나가면 장관이 따라가 감시했다. 5명의 장관이 대법원을 구성했고, 그 대법원은 왕에게도 사법권을 행사할 권한을 갖고 있었다.

포퍼는 스파르타의 정치를 다음과 같이 여섯 가지로 요약하고, ⑥을 제외한 나머지는 모두 현대의 전체주의와 일치한다고 지적했다(포퍼1, 250).

① 통제된 부족주의를 보호하기 위한 배타성

② 평등주의, 민주주의, 개인주의의 배척

③ 자급자족

④ 반보편주의 및 순수혈통주의

⑤ 이웃나라의 지배와 노예화

⑥ 성장 제한(너무 비대한 국가가 되지 않도록 하는 것)

이상은 스파르타에 대한 전형적인 설명이다. 이는 플라톤과 투키디데스*에 의해 이상화되고 플루타르코스가 《영웅전》에서 찬양한 스파르타의 모습이다. 2400여 년 동안 수많은 젊은이들이 플라톤과 플루타르코스의 저작을 읽었고, 그 결과로 그들이 이상화하고 찬양

....

* 역사학의 아버지라는 투키디데스가 반민주주의자였다는 점은 철학의 아버지라는 플라톤이 반민주주의였다는 점과 함께 서양의 인문학에 치명적인 반민주주의 전통이 수립되게 했다.

한 철인이나 영웅이 되려는 야심을 품었다. 러셀은 이렇게 지적한 바 있다. "이상주의가 권력에 대한 애착과 결합하면서 사람들이 점점 빛나섰다. 오늘에도 이런 현상을 볼 수 있다. (러셀1, 133) 스파르타를 모범국가로 찬양한 플라톤의 사상은 그 제자인 아리스토텔레스의 사상과 함께 서양에 깊은 영향을 끼쳤다. 그 둘 중에서도 특히 플라톤이 더 큰 영향을 미쳤다. 13세기까지는 기독교 사상도 그러한 영향을 크게 받았다.

그러나 스파르타의 실상은 달랐다. 스파르타가 전성기였던 시대를 산 역사가 헤로도토스는 스파르타인들이 뇌물 앞에서 완전히 무력했고, 국가를 팔아먹으려고 한 스파르타 왕도 있었다고 했다. 또 여성들은 정숙하지 않았고, 왕권 상속자가 사생아라는 이유로 왕이 되지 못한 경우가 여러 번 있었다고 했다. 아리스토텔레스도 스파르타는 재산이 불공평하게 분배되어 탐욕이 넘치는 곳이라고 했다.

고대 그리스 민주주의의 한계

앞에서도 강조했듯이 고대 그리스의 민주주의, 그중에서 특히 아테네의 민주주의는 완전한 것이 아니었다. 그것은 무엇보다 성년남성 시민만이 참여한 민주주의라는 점에서 여성이나 다수의 노예는 제외된 폐쇄적인 것이었다. 성년남성 시민 대중이 언제나 옳은 것은 당연히 아니었고, 그들의 전횡은 언제나 비판의 대상이 됐다. 플라톤이 그러한 비판의 선봉이었음은 물론이다.

현대의 학자 중에도 마찬가지로 비판적인 사람들이 많다. 가령 사회주의자인 하우저는 고대 그리스의 민주주의에 대해 "온갖 세력의 경쟁을 자유롭게 방임하고, 모든 인간을 그 개인으로서의 가치에 따라 평가하여 각자가 그 최고의 능력을 발휘하게 하려고 한 점에서는 개인주의적이었지만, 동시에 신분의 차이를 평준화하고 출생에 따른 특권을 폐지했다는 점에서 반개인주의적이기도" 했다고 지적한다(하우저1, 96). 그는 또 이런 평가를 하기도 했다. "도시의 시민계급은 일면으로는 민주적 평준화의 경향을 환영하고 다른 한편으로는 자본가들의 새로운 특권을 만들어내는 데 열중하고 있었는가 하면, 귀족계급은 또 그들대로 화폐경제에 의존하게 된 결과 옛날과 같은 통일성과 일관성을 가진 행동기준을 잃고 시민계급의 비전통적이고 합리적인 사고방식에 접근해간 것이다." (하우저1, 97)

하우저에 의하면 민주제가 확립된 뒤에도 귀족계급의 영향력은 여전히 막강했다. 페리클레스 등도 귀족출신이었고, 정치적 민주제가 성립된 뒤에도 경제적 민주주의는 요원했다. 즉 "기껏해야 혈통 위주의 귀족에 대신하여 재산에 의한 귀족이 등장한 것과 씨족 단위로 구성돼있던 귀족국가가 금리생활자가 지배하는 화폐경제 중심의 국가로 이행된 것 정도"(하우저1, 98)에 불과했다는 것이다.

게다가 당시의 시인이나 철학자들은 소피스트와 에우리피데스 외에는 모두 귀족 편이었다. 민주제에 호의적이었던 아이스킬로스도 만년에는 당시의 변화가 너무 급격하다고 비판했다. 신화나 영웅전설이 그들에게 가장 일반적인 소재로 이용됐다는 점에서도 그들의 귀족주의가 드러난다. 민중연극도 존재했으나 그 작품은 지금 남아있지 않다.

고대 그리스 민주주의의 파탄

지금까지 유럽인들은 기원전 5세기의 페리클레스 시대 이후에, 정확하게 말하면 기원전 429년에 페리클레스라는 천재 정치가가 사망한 이후에 그리스가 쇠퇴했다고 보았고, 이는 우리나라에서도 그대로 상식으로 통해왔다. 이런 견해가 뿌리내린 것은 19세기에 제국주의 시대가 시작된 뒤였다. 제국주의 시대의 역사학자들은 열강과의 경쟁에서 패배한 아테네에는 매력을 느끼지 못했다. 그래서 페리클레스가 사망한 뒤 그리스가 쇠퇴해버렸다고 보고 더 이상 관심을 두지 않은 것이다. 그들은 그 뒤로 알렉산더 대왕이 동방정복에 나선 다음의 그리스는 찬양했지만 그 사이 1세기 동안의 그리스에 대해서는 무관심했다. 이런 점은 그동안 서구에서 알렉산더 대왕이 여러 차례 영화화되는 등 인기를 누려온 것으로도 짐작할 수 있다.

페리클레스 이후에 천재나 거물이 등장하지 않은 것은 사실이다. 30인 정권이 타도된 것도, 민주정이 부활된 것도 어느 한 사람의 위대한 지도자에 의해서가 아니라 많은 지도자들과 민중에 의해 이루어졌다. 그 지도자들은 과거와 같이 혈연이나 문벌을 토대로 한 지도자가 아니라 민회에서 변론을 통해 정책결정에 참여하면서 부각된 정치가라는 점에서 새로운 유형의 지도자였다. 특히 정치장군들이 사라졌고 장군들은 군사에만 전념했다.

민주주의의 관점에서 보면 이런 변화는 바람직한 것이었다. 특히 인치로부터 법치로 지배원리가 바뀜에 따라 아테네의 민중은 페리클레스와 같이 카리스마를 가진 지도자를 더 이상 필요로 하지 않게 됐다. 대신 재무관을 비롯한 각 분야의 전문가들이 등장하기 시작했다. 이러한 전문가 집단의 등장은 아마추어리즘이라는 아테네 민주정의 원칙에 어긋나는 것이므로 나중에 민주정을 파탄시키는 원인의 하나가 되기도 했지만, 그것만이 민주정 파탄의 원인이었다고 할 수는 없다. 다른 외부적 요인들도 있었다는 데 주의해야 한다.

여하튼 소크라테스가 재판을 받기 4년 전인 기원전 403년에 부활한 민주정은 그 뒤로 80년간 안정적으로 유지됐다. 아테네는 국제적으로는 과거의 힘을 회복하지 못했지만 국내적으로는 과거보다 더욱 충실한 민주주의를 이루었고 경제도 부흥됐다. 아테네의 민주적 제도는 더욱 내실 있게 정비됐고, 특히 민회 회의장은 더욱 넓어져 시민의 민회 참여가 더욱 확대됐다. 경제적인 어려움에도 불구하고 민회에 출석하는 시민에게 수당이 지급됨으로써 참여자가 늘어나게 된 것도 민주정이 부활한 직후의 일이었다. 이와 동시에 연극관람 수당도 지급됐다. 그리스에서 연극이 성행했음은 널리 알려져 있으나, 당시에 연극관람이 민주정에 참여하는 방식의 하나로 중시됐다는 사실은 그다지 잘 알려져 있지 않다.

알렉산더는 세계제국을 최조로 이룩한 대왕으로 유명하지만, 고대 그리스의 민주주의와 관련해서는 민주주의 파괴자로 불리는 게 옳다. 마케도니아는 알렉산더의 아버지 시대부터 국력이 커졌고, 그리스의 폴리스들은 마케도니아에 홀로는 대항할 수 없어 연합으로 대항했다. 그러나 결국은 패배하여 모든 폴리스가 독립성을 상실했다.

폴리스의 존립에 전제가 된 것은 자치였다. 자치는 폴리스 시민의 가장 큰 자랑거리였고 폴리스의 근거였다. 그런 자치가 부정되자 민주정 자체가 부정됐다. 알렉산더가 죽은 뒤에 아테네 시민은 민주파를 중심으로 반란을 일으켰지만 기원전 322년 여름에 항복해야 했고, 이때 민주정이 결정적으로 폐지됐다.

참정권은 2천 드라크마 이상의 재산을 가진 시민 9천 명에 한정됐고, 정치는 과두정으로 변했으며, 민중법원을 비롯해 공무원 추첨제, 복수대표제, 민회수당 등이 모두 폐지됐다. 빈민에게는 민회 참가도 금지됐다. 그 뒤로 약 80년 동안 아테네에서는 정변이 여덟 차례 일어나고 민주정이 세 차례 부활됐으나 어느 것이나 헬레니즘 세력의 지원을 받은 것이었다. 따라서 기원전 322년이 사실상 그리스 민주정의 마지막 해였음이 틀림없다.

그렇게 아테네 민주주의는 사라졌다. 아테네 민주주의는 알렉산더라는 외세에 의해 망했다. 따라서 세계사 교과서에 나오는 상투

적인 설명, 즉 그리스가 펠로폰네소스 전쟁에서 패배한 뒤에 중우
정에 빠져 망했다는 설명은 옳지 않다. 아테네 민주주의는 민주정
때문에 망한 것이 아니다.

3장 │ 소크라테스, 플라톤, 아리스토텔레스

소크라테스

소크라테스의 출생연도는 분명하지 않으나 대체로 기원전 469년으로 추정되며 사망연도는 기원전 399년이 확실하다. 나는 소크라테스가 당시 그리스의 다른 시민들처럼 6세부터 18세까지 학교교육을 받은 뒤 2년간 군대에 복무했으리라고 짐작한다. 그는 사회에 나와 처음에는 아버지의 직업을 이어받아 조각가로 일했으나, 얼마 안 가 아버지가 죽으면서 유산을 남기자 조각가 일을 그만두고 평생을 장돌뱅이 또는 철학자로서 무위도식하게 된 것 같다. 소크라테스는 매우 못생겼고, 평생 제대로 씻지 않아 더러웠으며, 사시사철 모직외투를 걸치고 맨발로 다녔던 것으로 유명하다.

소크라테스와 플라톤은 둘 다 동성애자였다는 추측이 일반적이다. 플라톤은 평생 독신으로 살았으나 소크라테스는 나이 오십에 결혼을 해서 세 아들을 두었다. 그러나 동성애자인 그가 아내를 사랑했을 것 같지는 않다. 대화의 철학자라는 소크라테스는 적어도 아내와는 대화를 즐기지 않았던 것이 틀림없다. 게다가 아리스토텔레스에 의하면 소크라테스는 정지가의 딸 또는 매순부늘 부처도 두었고, 그녀와의 사이에서도 두 아들을 낳았다고 한다. 그러나 이것을 이유로 소크라테스를 비난할 수는 없다. 왜냐하면 당시의 그리스에서는 여러 명의 첩을 두는 것이 국가적으로 장려됐기 때문이다. 여하튼 소크라테스의 두 여자는 자주 싸웠고, 소크라테스는 싸움을 말리기는커녕 언제나 부추기기만 했다고 한다.

소크라테스라고 하면 당장 떠오르는 것은 '너 자신을 알라', '나는 아무것도 모른다'라는 무지의 자각에 대한 강조, 그리고 그것을 가능하게 해주는 문답식 대화를 통한 토론의 방법, 그런 방법에 의해 밝혀졌다는 '덕은 지식이지만 결코 가르쳐질 수 없다'는 말 등이다. 그의 철학을 이렇게 간단하게 말하는 것에 대해 철학자들이 분노할지도 모르겠지만, 사실 그의 철학은 그런 정도다.

무지의 자각이나 문답식 대화가 중요하다는 점을 부정할 사람은 없을 것이다. 플라톤이 남긴 저서의 대부분은 소크라테스를 주인공으로 한 대화로 돼있다. 그러나 그것을 과연 대화라고 할 수 있을까? 실제로는 대화가 아니라 소크라테스가 상대방을 어떤 방향으로 유도하려고 일방적으로 던지는 질문에 상대방이 "훌륭한 말씀입니다"라고 맛장구치는 식이다. 따라서 형식만 대화이고 실질은 대화가 아니다. 이에 대해 러셀은 다음과 같이 말한다.

그에게는 매우 심각한 결함이 있었다. 그는 토론에서 정직하지 못하고 궤변적이었다. 그는 사색에 있어서도 지식에 대하여 공정하게 탐구하지 않고 언제나 자기 생각에 맞는 결과만을 증명하기 위해 지능을 사용했다. 그에게는 좋지 못한 부류에 속하는 성직자를 연상케 하는 일종의 가식과 과장이 있었다. (러셀1, 187)

그러나 더욱 강한 소크라테스의 이미지는 아마도 독배를 마시고 죽어간 그의 최후 모습이리라. 그런 모습을 상상으로 그린 그림들 탓으로 그가 철학 또는 진리의 순교자라고 생각되는 것이리라. 그의 죽음에 대해서는 다음과 같은 견해가 있다.

결론적으로 말해, 소크라테스의 죽음은 한 철학자의 일생에 걸친 철학적 작업에 대한 당대 사람들의 그런 몰지각과 부질없는 시기심, 그리고 당대 아테네의 정치지도자들의 그런 이기적 적대심이 영합하여 빚은 어이없는 결말이었던 셈이다. (변론, 93)

이 구절에서 당대 사람들의 '몰지각'은 아테네인들이 소피스트와 소크라테스를 구별하지 못한 점을 가리키는 것이다. 그러나 과연 소크라테스를 소피스트와 구별하지 못한 당대 그리스인들의 몰지각으로 인해 소크라테스가 죽은 것일까? 당시에 소크라테스처럼 죽은 소피스트는 없는데 왜 그가 소피스트로 혼동되었기에 죽었다고 하는 것일까? 당시의 어떤 기록을 보아도 소크라테스를 소피스

소크라테스의 죽음을 슬퍼하는 제자들(이탈리아 조각가 안토니오 카노바의 부조).

트라는 이유로 죽였다고 말해주는 것은 없다. 그런데 왜 우리나라의 학자들은 그런 소리를 하는 것일까? 게다가 그 내용은 설명되지도 않은 당대 사람들의 '부질없는 이기심'이란 무슨 뜻일까?

위 구절에서 정치지도자들의 '이기적 적대심'은 소크라테스가 민중의 지도자들을 참된 지도자들이 아니라 민중을 오도하는 자들로 여겨 그들의 반감을 산 점을 가리키는 것이다. 이에 대한 위 구절의 필자가 해설해놓은 것을 보면 다음과 같다. 소크라테스를 고발한 아니토스는 테미스토클레스와 페리클레스를 숭배했다. 그런데 그 두 사람에 대해 소크라테스는 그들 자신은 훌륭했으나 자식들을 훌륭한 인물로 만들지 못했다고 비난했고, 이에 아니토스가 화를 냈다(변론, 90). 그 뒤로 아니토스는 자기처럼 "한창 잘 나가는 정치지도자를 대수롭지 않게 보는 소크라테스"를 '눈엣가시 같은 인물'로 여겼다. 이런 점으로 미루어볼 때 "소크라테스라는 성가신 존재를 자기의 눈앞에서 사라지게 하는 것, 그것은 정치지도자로서의 아니토스 자신의 위상을 손상시키지 않고 유지할 수 있게 해주는 하나의 중요한 방편이었을 것"(변론, 91쪽)이라는 것이다.

이런 해설을 우리는 어떻게 이해해야 하는가? 소크라테스가 "한창 잘나가는 정치지도자"인 자기를 "대수롭지 않게 보"았기 때문에 아니토스가 소크라테스를 혐오했다는 것은 터무니없는 이야기다. 이는 당대의 민주주의 지도자인 아니토스에 대한 전혀 근거 없는 비난이다. 뿐만 아니라 이런 해설을 한 번역자가 아니토스에 의해 민주주의가 회복된 뒤에 소크라테스가 그 전의 비민주주의 정권의 잔당과 관련됐던 것을 전혀 설명하지 않은 점도 이해할 수 없다.

소크라테스가 처형을 낭한 진짜 이유에 대해 러셀은 소크라테스가 귀족주의 정당과 관련됐기 때문이라고 말하지만(러셀1, 114), 나는 소크라테스가 아테네의 민주주의에 반대하고 적국인 스파르타에 동조했기 때문이라고 본다. 당시에는 아테네의 민주주의가 위기에 처해 있었기 때문에 그러한 소크라테스를 처형한 것은 어쩔 수 없는 선택이었다고 나는 본다. 그런데 플라톤은 민주주의자로서 소크라테스의 죽음에 항의했던 것이 아니라 반민주주의자로서 반민주주의자인 그의 처형에 항의했다. 소크라테스의 죽음에 대해 러셀이 다음과 같이 말한 것도 기억해둘 만하다.

그가 죽음에 직면하였을 때의 용기도 만일 사후에 신들의 반열에 참여하여 영원한 축복을 누릴 것을 믿지 않았던들 더 훌륭한 것이 되었을 것이다. 그는 자기 이전의 철학자들과는 달리 사고에 있어서 비과학적이었으며, 우주를 자기의 윤리적 표준과 부합되는 것임을 입증하려고 했다. 그것은 진리에 대한 배반이요, 철학에 있어서 가장 큰 죄악이다. (러셀1, 187)

소크라테스의 죽음에 대한 이상의 두 가지 견해 중 어느 견해를 택할지는 독자들의 판단에 맡길 수밖에 없겠다. 나는 이하에서 플라톤을 이해하기 위해 플라톤에 대한 설명과 함께 소크라테스의 기본적인 생각들을 몇 가지 살펴보도록 하겠다. 물론 앞에서도 말했 듯이 그것을 전한 사람은 플라톤이니 어디까지가 플라톤의 생각이 고 어디까지가 소크라테스의 생각인지는 정확하게 알 수 없다. 여 기서는 소크라테스의 초기 대화와 크세노폰 등의 견해에 따라 소크 라테스의 생각이라고 할 만한 것들을 간추려보는 수밖에 없다. 그 러나 독자들은 소크라테스의 생각은 동시에 플라톤의 생각이기도 하다고 보아도 무방하다.

플라톤

플라톤은 기원전 427년에 태어났다고들 하지만, 이것이 반드시 정 확하지는 않다. 플라톤과 같은 시대를 살았던 이소크라테스는 편 지와 연설문에서 플라톤을 한 번도 언급한 적이 없고, 소크라테스 의 전기를 쓴 크세노폰은 플라톤에 대해 단 한 번만 언급했으며, 플 라톤의 제자인 아리스토텔레스도 그 스승의 사람됨에 대해 철저히 침묵했다. 위작시비가 있는 플라톤의 편지를 제외하면 플라톤이 스스로 자신에 대해 언급한 부분도 거의 없다. 지금 우리가 아는 그 에 대한 지식은 몇 세기가 지난 뒤에 디오게네스 라에르티오스와 플루타르코스가 전한 바에 의한 것인데 그마저도 정확하지 않다. 이런 불충분한 정보를 종합해본다면 그의 삶은 대충 다음과 같다.

플라톤의 부모는 모두 아테네의 오랜 귀족 출신이었고, 특히 어 머니의 가계는 "솔론의 친척이자 친구"인 사람을 조상으로 둔 명문가였다(티마이오스, 20e). 아버지는 플라톤이 어렸을 때 죽었고, 어머니는 그 뒤에 자기 숙부와 재혼했다. 그 숙부는 페리클레스의 측근으로서 중요한 외교관 직책을 맡았다. 플라톤이 태어났을 때 아테네는 스파르타와 전쟁 중이었다. 즉 그가 태어나기 4년 전인 기원전 431년에 시작된 펠로폰네소스 전쟁이 한창인 때였다. 전쟁이 터진 지 2년째인 기원전 429년에 페리클레스가 페스트로 죽었다. 이 전쟁은 30년 가까이 계속되다가 플라톤이 23세가 된 기원전 404년에 아테네의 패배로 끝났다.[*]

패전국인 아테네에는 승전국인 스파르타의 괴뢰정권이 수립됐다. 그것은 플라톤의 외가 친척들도 포함된 30인의 귀족정이었는데, 수립 1년 만인 기원전 403년에 민주정에 의해 무너졌다. 플라톤은 소크라테스가 죽기 8년 전인 기원전 407년, 즉 20세 무렵에 60세가 넘은 소크라테스의 제자가 됐다. 그때 플라톤은 비극 경연대회에 참가하고자 디오니소스 극장을 찾아갔다가 소크라테스의 충고에 따라 자신의 작품을 불태우고 그의 제자가 됐다고 한다. 플라톤의 여러 친척들이 그 전부터 소크라테스와 친했기 때문에 플라톤은

....

[*] 플라톤이 이 전쟁의 마지막 5년간 군무에 종사했고, 그 뒤에 두 차례에 걸쳐 정치입문을 시도했으며, 다시 그 뒤에 군무에 종사했다고 보는 견해(필드, 12)가 있으나 확실하지는 않다. 이 견해는 플라톤이 현실생활과 동떨어져 서재에서 이론을 짜내는 비세속적 학자로 여기는 일반인의 생각과 달리 사실은 세속인이자 노련한 군인이었고, 다양한 지역을 여행하면서 각지의 지도급 인사들과 친밀한 관계를 맺었으며, 언제나 사회개혁의 실천에 관심을 갖고 있었던 사람(필드, 14)으로 부각시킨다.

이미 소크라테스에 대해 잘 알고 있었다.

플라톤이 28세였던 기원전 399년에 스승인 소크라테스가 처형당했다. 플라톤은 스승의 재판을 지켜보았으나 그의 임종에는 병으로 참석하지 못했다(파이돈, 59b). 그 뒤에 플라톤은 소크라테스 추종자들과 함께 외국으로 갔다. 20대를 그렇게 보낸 플라톤이 민주정에 대해 적대감을 품었으리라는 것은 누구나 쉽게 짐작할 수 있다. 아니 그는 정치 자체에 환멸을 느끼고 아예 철학으로 돌아선 것으로 보인다.

소크라테스의 죽음을 다룬 《소크라테스의 변론》이나 《크리톤》 등은 소크라테스가 처형된 뒤에 30대의 플라톤이 쓴 것으로 짐작되는 그의 초기 작품이다. 이들 작품은 물론 실제의 소크라테스를 충실하게 재현한 것이 아니라 상당한 정도로 플라톤의 창작이라고 보는 것이 옳다. 플라톤은 스승인 소크라테스의 죽음이 억울한 죽음, 아니 부당한 죽임이라고 생각했다. 플라톤은 소크라테스를 "박해에 시달린 당시의 인물 중에서 가장 탁월한 인물이자 가장 현명하고 정의로운 인물"(파이돈, 118a)이라고 찬양한다. 지금도 많은 사람들이 소크라테스에 대해 그렇게 말한다. 아니 그의 죽음을 성스러운 죽음이었다고 생각한다. 다시 말하지만, 그런 일반적인 생각과 달리 나는 소크라테스가 아테네 민주주의에 반대하고 그 적국인 스파르타에 동조했기 때문에 처형을 당했다고 본다.

《프로타고라스》, 《고르기아스》, 《메논》 등도 플라톤의 초기 작품으로 분류된다. 이런 초기 작품들에 등장하는 주인공 소크라테스는 그의 실제 모습을 반영하지만 그 뒤 중기와 후기 작품들에 등장하는 주인공은 여전히 소크라테스라고 해도 사실은 플라톤이 자기의 사상을 수상하기 위해 능상시킨 배우에 불과하고 실제의 화자는 플라톤 자신이라고 말하는 사람들이 많다. 그러나 나는 이런 견해에 반대하며, 플라톤의 작품 전부가 소크라테스와 플라톤 두 사람의 공통된 생각을 보여준다고 생각한다. 물론 이에 대해서는 논쟁이 있는 만큼 확실하다고 장담할 수는 없다.

외국으로 갔던 플라톤은 다시 아테네로 돌아와 35세(기원전 394년)에 전쟁에 참가했고, 40세경(기원전 388~387년)에는 이탈리아와 이집트 등을 방문했다. 당시에 그가 남부 이탈리아에서 만나 평생의 친구가 된 아르키타스는 피타고라스학파의 중심인물인 뛰어난 수학자이자 정치지도자로서 플라톤이 말하는 철인정치가를 연상하게 한다. 플라톤은 또한 시칠리아 동해안의 시라쿠사를 여행하며 독재자 디오니시오스 1세와 교분을 맺은 뒤 42세 무렵인 385년경에 아테네로 돌아왔다.

아테네로 돌아온 플라톤은 그 다음해인 386년경에 오늘의 대학과 같은 학문기관인 아카데미아를 세웠다. 그래서 그를 대학의 아버지라고도 한다. 아카데미아에서 어떤 교육과 연구가 어떻게 이루어졌는지는 알 수 없으나 수학이 대단히 중시된 것은 분명하다. 이는 플라톤이 수학은 엄밀한 사색을 통해 지성을 함양하는 중요한 학문이라고 생각했기 때문이다. 또한 우수한 정치지도자의 양성도 아카데미아의 중요한 목적 가운데 하나였으리라고 짐작된다. 아카데미아는 아테네가 망한 뒤 기원후 529년에 동로마제국의 유스티니아누스 황제에 의해 기독교에 배치되는 이교활동이라는 이유로 폐쇄될 때까지 9백 년 넘게 존속했다. 그 아카데미아에서 플라톤은 죽기까지 제자들을 기르고 책을 썼다.

　아카데미아를 창설한 뒤 50대 중반이 되기까지 플라톤은 《향연》, 《국가》, 《파이돈》, 《파이드로스》, 《파르메니데스》 등의 책을 쓴 것 같다. 이 시기를 두고 흔히 플라톤이 소크라테스의 틀을 벗어나 자신의 이데아론을 정립한 시기라고 한다. 이데아란 이 세상과는 다른 세계의 실체를 말한다. 그중에서도 최고의 것을 플라톤은 '선 또는 좋음의 이데아'라고 했고, 정의를 포함한 모든 것은 그것에 입각해야 유용하고 이롭게 된다고 했다. 그리고 그것을 아는 철학자들이 생산계급을 지배하는 이상국가를 세워야 한다고 주장했다. 《국가》에서 그가 말하는 철인정치가 바로 그런 이상국가다.

　플라톤은 기원전 367~366년에 다시 시칠리아의 시라쿠사를 방문했다. 그곳의 디오니시오스 1세가 죽고 그 아들인 디오니시오스 2세가 취임한 것을 철인정치를 실시할 기회로 보았기 때문이다. 그러나 디오니시오스 2세와 그 부하들은 플라톤을 유폐시켰다. 그는 몇 달 뒤 풀려나 아테네로 돌아왔으나 디오니시오스 2세의 요청으로 다시 기원전 361~360년에 그곳을 찾았다. 이번에도 플라톤은 여러 사건에 연루되어 생명의 위협까지 당했으나 무사히 탈출했다. 그 후 시라쿠사는 내란으로 파멸했다. 《국가》의 철인왕은 디오니시오스 2세를 본뜬 것이라고 보는 견해도 있다.

플라톤이 만년에 쓴 《티마이오스》, 《소피스트》, 《정치가》, 《법》 등에는 이런 그의 쓰라린 경험이 반영돼있다. 그중에서 《법》은 《국가》에서 논의된 정치문제를 더욱 광범하게 다루고 있으나 그다지 체계적이지 못해 플라톤의 책이 아니라고 보는 학자들도 있다. 그런가 하면 최근에는 《국가》에서 개진된 이데아론이 《법》에서는 근본적으로 다르게 바뀐다고 보는 학자들도 있다. 즉 이데아가 완전한 진리체계에서 가치문제에 대한 기본방향을 담은 추상적 실체 정도로 조정됐다는 것이다. 또한 《법》에서는 플라톤이 철인왕에 대한 기대를 버리고 법에 의한 지배를 국가원리로 삼았다고도 한다. 그러나 뒤에서 보듯이 《국가》에서 전면에 부각된 철인왕이라는 것이 《법》에서 숨어있을 뿐이고, 《법》의 내용이 《국가》의 내용과 원리적으로 다른 것도 아니다.

플라톤 이전의 철학자들이 쓴 책이 대부분 단편으로만 남은 반면에 플라톤의 책은 거의 완전한 형태로 남아있다. 모두 35편에 이르는 대화편과 13편의 서간이 그것이다. 그중에는 위작일지도 모른다고 생각되는 것들도 있다. 나는 이 책에서 그런 위작의 의심이 가는 것들은 일체 다루지 않았다. 플라톤은 80세인 기원전 347년에 독신으로 죽었다.

소크라테스와 플라톤

소크라테스는 글 한 줄 남긴 것이 없고, 우리가 아는 소크라테스는 플라톤이 대화로 전한 소크라테스다. 따라서 소크라테스와 플라톤의 사상을 엄밀하게 구분하기 어렵다. 우리는 소크라테스가 쓴 자료는 직접 보지 못하고 그를 주인공으로 한 플라톤의 대화편을 통해 그를 이해해야 하므로 어디까지가 소크라테스이고 어디부터가 플라톤인지 알 수 없다. 그러나 여러 학자들이 나름의 기준(대부분 주관적인 기준이지만)에 의해 두 사람의 사상을 구분했다. 둘의 사상이 대체로 같다고 본 입장도 있으나 다르다고 본 입장도 있다.

가령 그리스의 직접민주주의를 좋아한 한나 아렌트는 소크라테스는 평화적 설득이라는 방법에 의존했으나 그가 사형당한 뒤에 플라톤은 설득을 불신하고 정치에 진리를 도입해 타인을 자기 생각에 맞춰 고치려고 했으며, 그러한 플라톤에서 시작된 탓에 이성 중심의 서양 정치철학이 의견의 다양성에 대해 늘 부정적이 되었다고 한다. 그러나 나는 아렌트와 달리 소크라테스부터가 이성 중심이었다고 본다. 또 아렌트에 의하면 소크라테스 재판은 철학자와 폴리스 사이의 긴장을 반영한 것이며 그 내용은 폴리스에 대한 당시 철학자의 적대감을 보여준다고 말한다. 즉 플라톤이 철학자의 왕국을 주장한 이유는 정치와 폴리스 자체를 위한 것이라기보다도 철학과 철학자의 안전을 위한 것이었고 본다.

포퍼는 아렌트보다 소크라테스와 플라톤을 더 분명하게 구분한다. 《열린 사회와 그 적들》에서 포퍼는 소크라테스는 열린 사회의 대변자인 '훌륭한 민주주의자'인 반면에 그 제자인 플라톤은 열린 사회의 반대인 닫힌 사회의 대변자인 전체주의자로 본다. 포퍼가 소크라테스를 그렇게 본 이유 가운데 하나는 30인 귀족정 아래서 그가 취한 행동이라지만, 그 행동이라는 것은 장군들을 재판에 회부하는 조치가 개별적으로 되지 않고 집단적으로 되었다는 이유로 말없이 집에 가버린 행동이다. 그러나 나는 그런 행동은 결코 민주주의자의 행동이라고 보지 않는다.

포퍼는 소크라테스의 주지주의는 평등주의적이고 반권위주의적인 것이었지만 동시에 권위주의적인 경향을 야기할 수 있는 측면도 갖고 있었는데 그런 측면이 소크라테스의 지적 겸손과 과학적 태도에 의해 최소한으로 줄여진 반면에 플라톤의 주지주의는 전혀 그렇지 않았다고 비교한다(포퍼1, 179~184). 포퍼의 이러한 주장과 관련해서는 주로 그의 플라톤관이 비판을 받았지만, 나는 그의 플라톤관은 옳고 오히려 그의 소크라테스관에 문제가 있다고 생각한다. 소크라테스는 플라톤 이상으로 권위주의적이고 반민주주의적이었다고 보기 때문이다.

나는 소크라테스 재판에서 폴리스의 원리인 말에 의한 설득이 배심원들에게 통하지 않는 것을 본 플라톤이 설득과 토론이란 확실성과 불가항력성을 결여하여 사람들의 정신을 계도할 수 없다고 생각하게 되어 자명한 진리라는 더욱 강력한 무기에 의존하게 됐다고 본다. 이리하여 플라톤은 설득과 토론을 동굴 안에 비친 그림자와 같은 의견(독사)의 차원에서만 유효한 것으로 보고 이것을 참된 지식(에피스테메)에 대치시켰다.

이어 플라톤은 《국가》에서 선한 국가란 영원한 진리에 의해 질서

재판에서 자신을 변론하는 소크라테스(이탈리아 조각가 안토니오 카노바의 부조).

가 잡히고 통치가 돼야만 실현가능하다고 주장하고, 영원한 진리에 따른 철인의 지배는 철인 자신에게 이익이 된다기보다는 모든 사람에게 이익이 된다고 주장한다. 그리고 이성만이 이데아를 이해할 수 있는 최고능력이므로 그 능력에 따른 사람의 등급화를 주장한다. 따라서 플라톤은 완전히 비민주주의적인 닫힌 사회를 구상한 것이었다.

그러나 《국가》 등에 나타나는 이러한 사상이 플라톤의 것인지, 아니면 소크라테스가 주인공으로 나오는 만큼 소크라테스의 것인지는 아무도 정확하게는 모른다. 나는 아렌트나 포퍼와 달리 그것을 플라톤의 생각인 동시에 소크라테스의 생각이라고 본다. 그렇지 않다면 왜 플라톤이 소크라테스를 자기 책의 주인공으로 삼았겠는가? 그러나 대부분의 학자들은 플라톤이 초기에 쓴 소위 '소크라테스의 대화'와 중기나 후기에 쓴 '플라톤 자신의 사상을 전개한 대화'를 구별한다. 그러나 크세노폰의 《소크라테스 회상》을 보면 플라톤의 대화에 나오는 사상은 모두 소크라테스의 사상과 유사하다.

정치에 관한 소크라테스의 사상은 세이빈이 지적했듯이 "전반적으로 도덕을 지식과 동일시하려는 의도"(세이빈1, 81)를 바탕에 깔고 있는 것이 분명하다. 곧 다시 보게 되겠지만, 이런 점은 소크라테스의 사상이 누구나 공직을 맡을 수 있게 하는 아테네의 민주주의를 비판한 주지주의였음을 말해준다. 《국가》가 상당부분 그러한 소크라테스의 생각이 기술된 것이라고 본 세이빈의 판단이 옳다고 나는 본다.

플라톤과 소크라테스는 사상은 거의 같았지만 생애는 매우 달랐다. 특히 소크라테스는 평생 거리의 철학자로 살았지만 플라톤은 유럽 최초의 대학이라고 하는 아카데미아를 세운 사람이다. 말하자면 사립대학 설립자이니 지금이라면 이사장이라고 불리겠지만, 지금 우리의 이사장들이 총장이나 교수도 겸하듯이 플라톤도 그랬는지는 모르겠다.

여하튼 아카데미아는 신을 숭배하는 종교공동체라는 점에서도 오늘날의 대학과는 다르다. 그 주신은 아폴론이었으나 숭배대상에 소크라테스도 들어있었고, 플라톤도 죽은 뒤에 숭배대상에 들어갔다. 지금 우리의 대학에 있는 동상이나 비석을 생각해보면 그 의미가 이해될 것이다. 이렇게 해서 신은 물론이고 플라톤의 비민주주의도 숭배하는 대학이 생겨났으니 비민주주의와 대학이 지금까지도 깊이 관련되는 것인지도 모르겠다.

덕은 지식이다

세이빈의 《정치사상사》는 우리나라에서 오랫동안 정치사상사의 표준 교과서로 읽힌 책이다. 1937년에 나온 원저가 1963년에 처음 우리말로 번역됐고, 원저의 수정판이 1983년에 나오자 그것도 번역됐다. 이 책은 전반적으로 보수적이라고 할 수 있다. 그러나 플라톤의 지적 발전에 소크라테스의 "도덕은 지식이다"라는 명제가 계기가 됐고, 그것이 플라톤의 귀족주의를 결정했다고 보는 점(세이빈1,

85)은 정확하다.

"도덕은 지식이다"라는 명제는, 깨우쳐야 할 어떤 객관적 선이 존재하며 그것은 직관이나 추측, 혹은 요행이 아니라 합리적이고도 논리적인 탐구에 의해서만 파악될 수 있음을 뜻한다. (세이빈1, 88)

따라서 그런 파악이 가능한 사람인 철학자가 나라를 지배해야 한다는 것이다. 그런데 소크라테스가 본래 한 말은 "훌륭함은 지식이다"이다. 여기서 '훌륭함'의 그리스어 원어인 아레테(arete)를 도덕이나 덕으로 번역해 이 말을 "도덕(또는 덕)은 지식이다"라고도 한다. 그러나 이 번역은 사람에게만, 그것도 윤리적으로만 적용된다는 점에서 문제가 있다. 왜냐하면 아레테는 모든 종류의 사물에 두루 적용되는 말이기 때문이다. 그러나 여하튼 사람의 경우에는 "도덕(또는 덕)은 지식이다"라는 번역을 택할 수 있겠다.

플라톤에 의하면 소크라테스는 델포이 신전에 새겨진 "너 자신을 알라"라는 말의 뜻이 사람은 누구나 혼을 갖고 있으며 그 혼은 각자에게 가장 귀한 것이니 저마다 자신의 혼이 훌륭하게 되도록 보살펴야 한다는 것이라고 말했다(변론, 30b). 여기서 혼은 현대적인 의미에서는 정신이나 자아나 인격을 가리킨다고 생각해도 좋으리라. 그렇다면 "너 자신을 알라"는 훌륭한 정신이나 자아나 인격을 갖추도록 하라, 즉 도덕(또는 덕)을 갖추도록 하라는 말이 된다.

지금까지 나는 도덕과 덕을 함께 말했다. 이는 우리나라에서 아레테가 도덕이 아니라 덕이라고 번역되는 경우가 많기 때문이다. 우리말에서 덕과 도덕이 반드시 같지는 않다. 덕이란 말은 "마음이 바르고 인도에 합당하며 포용성 있는 품성"이라고 국어사전에 해설돼있지만, 가령 "덕이 있는 사람"이라고 하는 경우와 같이 일반적으로는 매우 애매하게 사용된다. 덕성이란 말도 같다. 이에 비해 도덕이란 말은 그런 품성으로서의 덕을 넘어 "사람으로서 마땅히 지켜야 할 도리 및 그에 준하는 행위"를 뜻하는 것이므로 윤리라는 말과 비슷하다. 따라서 덕과 도덕은 구별되므로 이 책에서는 개인적인 품성을 가리키는 경우에는 덕으로, 사회적 윤리를 가리키는 경우에는 도덕으로 아레테를 구분해 부르기로 한다.

덕과 지식에 대한 소크라테스와 소피스트의 논쟁을 담은 책으로 플라톤의 대화 가운데 하나인 《프로타고라스》가 유명하다. 여기서 프로타고라스는 소피스트인 프로타고라스를 가리키며, 《프로타고라스》는 그와 소크라테스의 대화를 담고 있다. 프로타고라스는 페리클레스의 친구이자 페리클레스가 기원전 443년에 세운 새로운 도시국가의 법전을 편찬하는 일에 종사하기도 한 사람이다. 소크라테스는 그에게 아테네 민회는 어떤 사업을 하려는 경우에는 그 분야의 전문가를 부르고 비전문가가 말하면 받아들이지 않고 비웃지만 일반적인 국사를 논의하는 경우에는 그렇지 않다고 말한다.

그렇다고 그에게, 앞의 경우처럼, 어떤 선생 밑에서 배우지도 못한 놈이 건방지게 의견을 말하다니 하고 비난하는 사람은 전혀 없어요.

그 이유는 명백하지 않습니까? 이것은 분명히 사람들이 그런 것은 가르쳐질 수 있는 것이 아니라고 생각하기 때문이죠. (프로타고라스, 319d)

여기서 덕이라는 것이 전문적인 지식으로 이해되고 있어서 우리가 상식적으로 이해하는 바와 매우 다르다는 데 주의할 필요가 있다. 이처럼 소크라테스는 덕은 개인적으로 가르쳐질 수 없다고 주장하고는 페리클레스가 그 아들에게 덕을 가르치지 못했음을 보기로 든다. 프로타고라스는 소크라테스가 이처럼 자기의 친구인 페리클레스를 비난하는 동시에 약 2세기 전부터 인정돼온 '민회에서 발언할 수 있는 모든 사람의 권리'를 비판하자 다음과 같이 답한다.

사람들이 행하려는 토론의 제목이 국민으로서 가져야 할 덕성에 관계되고, 그 모두가 정의와 절제에 의하여 규제되어야 할 경우에는 어떤 사람의 의견이라도 받아들이네. 이것은 당연한 것일세. 그렇지 않겠나? 사람들이란 덕성에 관한 한 본시 누구나 그 덕을 나누어 가졌으니까! 그래야만 국가가 성립되지 않겠는가? (프로타고라스, 322b~c)

이어 프로타고라스는 인간이 처음 창조됐을 때 고립된 존재였으므로 그대로는 자신과 가족을 야수로부터 방어할 수 없어서 서로 모여 도시를 건설하게 되었으나 서로 평화롭게 살아가는 데 필요한 정치술을 갖고 있지 못해 건설된 도시가 모두 붕괴할 수밖에 없었고, 이에 제우스가 인간 모두에게 정치술을 주어 모두가 시민적 기술의 자기 몫을 갖도록 했다(프로타고라스, 322b~c)고 말한다.

이에 대해 소크라테스는 '질과 양이 풍부하고 당당한 웅변'이라면서 더 이상 논박하지 않고 덕은 지식이기 때문에 가르쳐질 수 있다는 결론을 내린다(프로타고라스, 328d). 이처럼 덕이 가르쳐질 수 있는 것임을 인정한다면 평민도 교육을 통해 덕을 길러 스스로 통치할 수 있다는 결론에 이르러야 하지만 이 부분의 대화는 그렇게 발전하지 못한 채 끝난다(프로타고라스, 361c).

《프로타고라스》의 속편인 《메논》에서는 소크라테스가 다시 입장을 바꾸어 덕은 가르쳐질 수 없으며 신이 주는 것이라고 주장한다. 그러나 신이 덕을 준다면 소수만 덕을 갖춘다고 할 수 없게 되므로 이 경우에도 역시 평민도 덕을 갖출 수 있다는 주장으로 나아갈 수 있게 된다. 그러나 소크라테스는 그런 주장으로 나아가지 않고 대화를 끝낸다.

덕은 과연 지식인가?

그리스에서 사용된 덕이라는 말이 지금 우리가 사용하는 덕이라는 말과 다를 수도 있다는 점에 주의해야 한다. 하지만 중요한 것은 덕은 가르쳐질 수 있는 것이자 누구나 배울 수 있는 것이라고 보는 것이 상식이라는 점이다. 아테네의 민주주의자 시민이라면 당연히 그렇게 생각했을 것이고, 소피스트들은 실제로 그렇게 주장했다.

그러나 소크라테스는 반대로 생각했다. 즉 참된 지식은 절대적인 정의(定義)를 통해서만 얻을 수 있고, 그런 지식은 소수만이 얻을 수 있다고 생각했다. 그는 "덕이란 타고나는 것도 아니고, 가르쳐 질 수 있는 것도 아니며, 오히려 덕을 갖춘 사람이 있다면 그것은 지성과 관계없이 신의 은혜로 얻은 것"이며 신은 "받는 사람들이 이해할 수 없게" 덕을 주기 때문에 일반인은 덕을 갖지 못한다고 말했다(메논, 99e). 이는 제한적 천부덕설(天賦德說)이라고 할 만하다. 제한이 없는 천부덕설이라고 하면 그것은 누구나 덕을 갖게 된다는 말이 되지만, 소크라테스나 플라톤은 특별한 사람인 철학자만이 신으로부터 덕을 부여받는다고 생각했다.

이와 달리 그리스인들은 시민은 철학의 대가는커녕 철학자일 필요도 없고, 이성을 가진 상식인이면 누구나 충분히 덕을 가질 수 있다고 생각했다. 이처럼 소크라테스와 그리스인들은 덕과 지식에 대해 근본적으로 서로 다른 견해를 갖고 있었다. 덕은 지식이라는 소크라테스의 명제는 가령 용기라는 덕의 경우에 문제가 된다. 그리스어에서 덕이라는 말은 '용기'라는 뜻도 포함한다. 소크라테스도 용기를 덕의 하나로 보았고, 덕으로서의 용기도 지식이라고 생각했다. 그러나 그리스인들은 용기는 반드시 지식에서 나오는 것이 아니고, 지식이 용기를 약화시킬 수도 있으며, 용기는 지식을 넘어설 수도 있다고 보았다.

이러한 철학적 견해차이를 우리는 상식을 기준으로 이해할 필요가 있다. 소크라테스가 말하듯이 덕은 지식인데 지식은 아무나 얻을 수 있는 것이 아니라면 가령 범죄자의 경우에 무지로 인해 본의 아니게 죄를 지었다고 주장하면 그 죄는 성립하지 않게 된다. 이런 결과는 현실적으로 용납될 수 없는 비상식적인 것이지만, 뒤의 8장에서 보게 되듯이 플라톤은 《법》에서도 이런 결과로 이어질 수밖에 없는 주장을 되풀이한다.

소피스트는 자신들이 지식과 덕의 교사라고 주장했다. 그러나 소크라테스와 플라톤은 지식과 덕은 가르쳐질 수 없다는 이유에서 그렇게 주장하는 소피스트를 사기꾼이라고 욕했다. 그리고 이로 인해 소피스트는 그 뒤로 두고두고 그런 비난을 받게 됐다. 그런데 소크라테스와 플라톤이 지식과 덕은 가르쳐질 수 없다고 주장한 이유는 무엇이었을까? 무엇보다 그들의 반민주주의 때문이었다. 만약 덕과 지식이 가르쳐지고 배울 수 있는 것이라고 한다면 이는 '아는 자'가 통치하고 나머지는 무조건 그에게 복종해야 한다는 그들 자신의 주장과 모순된다.

그러나 소크라테스가 소피스트를 욕한 더욱 기본적인 이유는 소피스트가 인간의 평등을 주장하고 더 나아가 노예제도를 부정하기까지 한 데 있었다. 소피스트와 달리 소크라테스와 플라톤, 아리스토텔레스는 빈민을 멸시하고 노예제도를 긍정했다. 물론 그 뒤로도 노예제도에 대한 긍정은 스토아학파, 성 바울, 로마의 법률가들, 심지어는 미국의 헌법 기초자들 대부분에 이르기까지 역사적으로 길게 이어졌다. 그러나 이런 점을 이유로 소크라테스, 플라톤, 아리스토텔레스를 변호할 수는 없다. 그들이 적대시한 소피스트는 앞에서 보았듯이 당대에 이미 노예제도를 부정했기 때문이다.

나는 소크라테스나 플라톤처럼 덕이 만드시 지식에 의해 얻어지는 것이라고 생각하지 않는다. 만일 덕이 지식에 의해서만 확보되는 것이라면 지식인, 특히 철학자야말로 덕이 높은 사람이리라. 그러나 우리가 상식으로 알듯이 지식인 중에는 덕이 낮거나 아예 없는 사람도 많다.

따라서 누군가가 요사이 유행하는 '아는 만큼 보인다'라는 말을 덕에 적용해서 '아는 만큼 덕이 있다'라고 말한다면 나는 동의할 수 없다. 나는 지식이란 인간이면 누구나 다 볼 수 있는 것을 보는 정도를 조금 더 높여줄 뿐이라고 생각하므로 '아는 만큼 본다'는 말도 일부만 인정하지만 '아는 만큼 덕이 있다'는 말은 더욱 그렇다고 생각한다. 물론 지식이 덕성의 함양에 어느 정도 기여할 수는 있으리라. 그러나 지식이 없다고 해서 덕이 없다고는 할 수 없다. 그런데 소크라테스는 명백히 도덕을 지식이라고 했다.

소크라테스의 독재주의

이처럼 그리스인들의 생각과 소크라테스의 생각은 매우 달랐다. 무엇보다 중요한 차이는, 인간사회를 그리스인들은 폴리스라는 자유도시로 생각했으나 소크라테스는 양떼와 같은 집단으로 보았다는 점이다. 자유도시란 그 시민이 자신의 삶과 도시에 영향을 미치는 사항에 대해 토론하고 투표할 권리를 갖는다는 것을 뜻했다. 이는 바로 지금 우리가 믿는 민주주의의 원리다.

앞에서도 말했듯이 폴리스는 단순한 '도시' 이상의 것, 곧 독립된 주권국가이자 자유인의 자율적 자치공동체를 뜻하는 것이었고, 거기서 누가 다스리느냐 하는 것이 중요한 문제였다. 소크라테스는 소수의 부자도, 다수의 빈자도 아닌 철인이 다스려야 한다고 주장했다.

당시의 그리스인들에게 그러한 소크라테스의 주장은 절대왕정으로의 복귀를 의미하는 것이었으므로 너무나도 이상한 것이었다. 왜냐하면 그 누구도 절대왕정으로의 복귀를 원하지 않았기 때문이다. 소크라테스는 당시 그리스와 대조되던 전체주의 독재국가 스파르타를 이상국가로 동경했다. 이런 점에서 그는 20세기까지도 거듭 나타난 전체주의나 독재주의의 선구자다. 크세노폰이 전하는 바를 들어보자. 아래 인용에서 그란 소크라테스다.

그는 왕자와 치자란 권장을 손에 든 자를 말하는 것이 아니고, 또 대중에 의해 선출된 자도 아니며, 제비를 뽑아 선출된 자도 아니고, 사기수단을 쓴 자도 아니라 오직 다스리는 길을 터득한 자를 말하는 것이라고 했다. (회상, 3.9.10)

여기서 '권장을 손에 든 자'란 전통적인 군주정의 군주, '대중에 의해 선출된 자'나 '제비를 뽑아 선출된 자'란 민주정에서 선거나 추첨으로 뽑힌 지도자, '사기수단을 쓴 자'란 독재정의 독재자를 가리킨다. 그리고 '오직 다스리는 길을 터득한 자'란 플라톤이 《국가》에서 순수한 존재 또는 존재 자체를 관조할 수 있는 자' 또는 '철인'이라고 한 자(국가, 537d)를 가리킨다. 따라서 여기서 소크라테스는 《정치가》에 나오는 이상화된 절대군주제, 《법》에 나오는 입법자인 철학자나 철학회의와 같은 것을 내세우고 있는 것이다. 《국가》, 《정치가》, 《법》에 나오는 소크라테스의 말은 소크라테스의 생각이 아닌 플라톤의 생각이 서술된 것이라고 보는 견해가 많지만, 그렇게 본다고 해도 두 사람의 생각이 완전히 다른 별개가 아니었다는 데 주의해야 한다.

크세노폰은 소크라테스가 사람들은 각각 자신이 속한 직업분야에 대한 지식을 갖고 있는 자에게 복종해야 한다고 주장했다고 전한다. 그러나 당시의 그리스인이라면 누구나 다 언제든지 전문가를 선택해 일을 맡길 수 있고, 그렇게 선택된 전문가에게 문제가 있으면 그를 버리고 다른 전문가를 선택해야 한다고 생각하여 공직자의 주기적인 교체를 희망했다. 또한 당시의 그리스인들은 선출된 통치자가 권력을 남용하지 못하도록 권력과 임기에 제한을 가해야 한다고 믿었다. 그러나 소크라테스는 그러한 제한을 전혀 생각하지 않았다.

크세노폰에 의하면 누군가가 "다스리는 자의 직분은 해야 할 일에 대해 명령하는 것이며, 피통치자의 할 일은 이에 복종하는 것"(회상, 3.9.11)이라고 말하자 소크라테스가 그 말에 동의하고, 지식이 있는 자에게 복종하는 것은 당연하다는 식으로 대답했다. 이것은 플라톤이 《국가》에서 말한 철인정의 원리와 같다. 즉 그는 피통치자의 동의를 요구한 것이 아니라 피통치자의 복종만을 요구한 것이다. 이러한 소크라테스의 주장은 당시의 그리스인들에게 절대적인 왕정의 독재를 주장하는 것으로 비쳤을 게 당연하다.

그러나 소크라테스는 왕정을 독재와 구별했다. 왕정은 "사람들이 승복하고 국법에 의해 다스려지는 것"이나 독재는 "사람들의 의사를 무시하고 법에 의하지 않으며 위정자의 멋대로 다스리는 것"이라고 그는 구별했다(회상, 4.6.12). 그러나 이런 구별은 사실 무의미하다. 어느 경우든 지배자가 비합법적인 행동을 하면 어떻게 되는가? 이에 대해 소크라테스는 지배자가 올바른 조언을 무시하거나 성실한 백성을 죽이면 '벌이 내리기' 때문에 비합법적인 행동을 할 수 없다고 답한다(회상, 3.9.11~13).

그러나 그런 독재자를 수없이 보아온 당시 그리스인들에게 소크라테스의 '벌이 내린다'는 식의 주장은 대단히 실망스럽거나 독재를 합리화하는 말로 들렸을 것이 틀림없다. 소크라테스와 같은 입장을 취하는 사람들은 지금도 있다. 가령 어떤 독재자를 비난하는 말이 나오면 그가 벌을 받지 않았으니 독재자가 아니라고 하거나 그가 실제로 독재자라면 언젠가는 벌을 받을 것이니 그때까지 기다리자고 하는 주장은 우리 주변에서도 얼마든지 들을 수 있다. 사실 쿠데타로 집권한 독재자도 벌을 받게 돼야 비로소 독재자로 불리고 그 전에는 성공한 정치가로 여겨지곤 한다.

이처럼 군주정을 지지하는 소크라테스의 사상은 그가 '훌륭한 군주'에 대해 설명하면서 호메로스가 아가멤논을 '백성의 목자'라고 부른 것을 예로 드는 데서도 엿볼 수 있다. 그가 말하는 진정한 목자란 "양떼를 무사하게 지키고 식량을 마련하여 양을 치는 목적이 달성되도록 배려"하는 자다(회상, 3.2.1). 이처럼 소크라테스는 인간 사회를 시민의 자치기구로 보기보다는 목자나 왕을 필요로 하는 무리로 보았다. 이런 그의 관점은 플라톤에게 전수됐다. 반면에 아테네인들의 일반적인 생각은, 인간은 다른 동물과 달리 이성을 갖고 있고 폴리스에서 자치를 하는 정치적 시민이 될 수 있다는 것이었다.

소크라테스의 민주주의 멸시

소크라테스가 아테네를 싫어하고 스파르타를 좋아한 불평분자들의 우상이었음은 당시에 아리스토파네스가 쓴 희곡 《새》에 나오는 다음과 같은 묘사에서 알 수 있다.

스키아포데스의 국가 가까이

늪지가 있어

그곳에서 남루한 모습의

소크라테스가 혼을 부른다.(새, 3-209)

그런데 이 번역으로는 무슨 말인지 도무지 알 수가 없다. 마찬가지로 영어를 통한 중역이지만 다음의 번역이 훨씬 더 분명하게 그 뜻이 전달된다.

스파르타에 미친 자들, 그들은
긴 머리에 반쯤 굶은 듯이, 씻지도 않고
소크라테스화해서
손에 막대기를 들고 다녔다. (스톤, 219 재인용)

이러한 소크라테스의 태도는 플라톤의 초기 저작에 속하는 《고르기아스》에서 소크라테스가 네 명의 저명한 아테네 정치가들을 비판하는 대목에서도 볼 수 있다. 그는 그리스 정치사에서 가장 위대한 네 명의 정치가를 '입맛에 맞는 것만을 고려하는 사람'이라는 의미에서 요리사에 비유하고, 특히 민주주의 개혁자인 페리클레스를 "공무원에게 급료를 지불하는 제도를 처음으로 제정함으로써 아테네인들을 게으르고 비겁하고 말이 많고 돈을 탐내는 인간으로 만들어버렸다"고 공격한다(고르기아스, 515e~f). 이런 그의 태도는 《국가》에서 크레타와 스파르타의 제도를 최상의 정치형태로 찬양하고, 그 다음은 과두정이며 제일 못한 것이 민주정이라고 말하는(국가, 544c) 것으로 이어진다. 나아가 크세노폰의 《회상》에서 소크라테스는 아테네인들을 '낙후된 자들'이라고 비난하고, 특히 아테네는 스파르타보다 군사훈련이 낙후되었다고 비판한다(회상,

3.5.13~15).

그러나 사실은 스파르타와 크레타가 당시의 그리스에서 가장 낙후된 지역이었고, 해외여행이 규제되는 폐쇄사회였다. 그런데 그 해외여행 규제에 대해 소크라테스는 "청년들이 고국에서 배운 것을 잊지 않도록 하기 위해 다른 도시로 여행하는 것을 금한다"고 변호한다(프로타고라스, 342d). 해외여행 금지는 소크라테스의 이상이기도 했다. 플라톤은 《법》에서 40세가 넘은 소수의 정보요원에게만 외국여행이 허용돼야 한다고 주장한다(법, 950).

플라톤의 또 다른 초기 작품인 《크리톤》에서는 의인화된 법이 감옥의 소크라테스에게 "당신이 항상 잘 통치되었다고 말한 크레타와 스파르타에 당신은 가지 않았다"라고 지적한다(크리톤, 52b). 그 이유는 그곳에서는 철학자를 환영하지 않음을 잘 알았기 때문이었다. 그러나 소크라테스는 "철학은 그리스의 어느 지역보다도 크레타와 스파르타에서 가장 먼저 왕성한 발전을 이룩했으며, 소피스트들이 이 지역에 가장 많이 있다"라고 주장한다(프로타고라스, 342A). 그리고 그는 스파르타가 폐쇄적인 것은 철학을 얼마나 높이 평가하는지를 바깥세상에서 알아채지 못하게 하기 위한 것이라고 변호한다.

소크라테스가 아테네의 일반 사람들과 현저히 다른 또 하나는 폴리스와 시민의 관계에 대한 생각이었다. 아리스토텔레스가 인간을 사회적 동물이라고 한 것은 사실 폴리스에 적극적으로 참여하는 인간을 뜻한 것으로서 이는 그리스인들의 상식이었다. 그러나 소크라테스는 그것을 부정하는 것이 영혼을 완성하는 것이라고 말했다. 그리스인들은 도시의 운영에 참여하는 것은 시민은 권리이자 의무라고 생각했으나 소크라테스는 그것을 부정한 것이다.

그리스 민주주의의 상징인 솔론은 혁명의 시기나 정치적 투쟁의 시기에 중립적인 입장을 취하는 시민들에게서 시민권을 박탈하는 법을 제정했다. 페리클레스도 그렇게 해야 한다고 주장했다. 소크라테스는 솔론의 법이 일찍 폐기된 덕분에 시민권을 박탈당하지는 않았으나 나이 70이 될 때까지 시민으로서 해야 할 일을 거의 하지 않은 반사회적 인간이었다. 그의 생전에 두 차례나 민주주의가 전복되는 아테네 역사상 최악의 일이 벌어졌으나 소크라테스는 전혀 그 일과 무관하게 지냈다. 그는 《변론》에서 자신이 그렇게 했기 때문에 오래 살 수 있었다고 말한다. 이는 장수하기 위해 비정치적인 반시민의 인간으로 살았음을 합리화하는 소리다.

반민주주의자 소크라테스는 민주주의 아테네에서 70세가 되기까지 그 누구보다도 아테네가 부여한 언론의 자유를 한없이 누렸다. 소크라테스는 70세가 될 때까지 민주주의 아테네에서 반민주주의를 마음껏 설교하며 명성과 인기를 누렸다. 시민이면 누구나 그를 고발할 수 있었는데도 그가 70세가 되기까지 아무도 그를 고발하지 않았다. 그러다가 70세의 노인이 되어서야 그는 고발됐다. 왜 그랬을까? 그때 무슨 사정이 갑자기 생겼던 것일까?

그것은 기원전 411년과 404년에 적국 스파르타와 공모한 불만세력이 민주정을 전복시키고 독재정권을 수립해서 공포정치를 실시한 데 이어 소크라테스 재판이 열리기 2년 전인 기원전 401년에 그 불만세력이 또 다시 민주정의 전복을 기도한 탓이었다. 그리고 그 세 번의 반민주 책동에 소크라테스와 가까운 젊은이들이 주동 돌격대로 가담한 탓이었다. 소크라테스를 고발한 사람들이 재판에서 소크라테스가 젊은이들을 선동했다고 한 말은 바로 이 점을 가리킨 것이었다.

첫 번째 반민주 책동으로 기원전 411년에 수립된 400인 독재는 4개월 만에 끝났고, 두 번째 반민주 책동으로 404년에 수립된 30인 독재는 8개월간 지속됐다. 이 두 차례의 독재는 적국 스파르타와 내통한 귀족 모반자들에 의해 민주주의가 전복된 결과였다. 크세노폰에 의하면 소크라테스는 당시에 다음과 같은 비유로 30인 독재를 비판했다고 한다.

소를 치는 사나이가 소의 수를 감소시키고 질을 저하시키면서도 자기가 서투른 소몰이인 것을 인정하지 않는다면 기묘한 이야기임에 틀림없는데, 하물며 국가의 지도자가 된 자가 시민의 수를 감소시키고 질을 저하시키고도 수치로 알지 않으며, 또 자기가 저열한 국가지도자라는 것을 알지 못한다면 기묘한 이야기다. (회상, 1.2.32)

이런 소크라테스의 비판을 전해들은 30인 폭정의 크리티아스 등은 소크라테스를 불러 청년들에게 더 이상 말의 기술을 가르치지 말 것을 지시했고, 소크라테스는 그 지시가 구체적으로 무슨 뜻인지를 따져 물었다고 크세노폰은 전한다(회상, 1.2.33~38). 그러나 소크라테스가 그런 사실을 지적하며 자신이 30인 폭정의 희생자라고 주장했다는 기록이 플라톤의 《변론》에는 나오지 않는다. 따라서 크세노폰의 이야기는 그 진위가 의심된다.

그러나 여하튼 크세노폰은 크리티아스가 에우튀데모스라는 청년을 유혹하는 것을 소크라테스가 비판하여 크리티아스의 미움을 샀고, 이 때문에 크리티아스는 "말의 기술을 가르치는 것을 금하는" 조항을 법률에 넣었다고 기록한다(회상, 1.2.29~31). 만일 이것이 사실이라면 소크라테스는 이것을 재판에서 자신을 변호하는 근거로 사용했을 법하다. 그러나 플라톤이 《변론》에서 이를 거론하지 않은 것은 그가 《국가》에서 변증법의 가르침을 엄격하게 제한해야 한다고 한 것과 그러한 사실이 상치되기 때문이었을 것으로 짐작된다.

플라톤이 《변론》에서 소크라테스가 30인 폭정에 대해 반대한 사례로 든 것은 그 폭정에 의한 탄압의 하나로 소크라테스를 포함한 5인에 대한 체포명령이 내려졌을 때 소크라테스만은 그 명령의 집행에 응하기를 거부하여 "집으로 갔"고 "만일 당시 정권이 바로 붕괴하지 않았더라면 나는 살해되었을 것"이라고 소크라테스가 법정에서 말했다는 점이다(변론, 32d). 즉 소크라테스는 정치적인 행위 대신 "집으로 갔"다는 개인적 차원의 최소한의 저항을 했을 뿐이었다. 이는 명령에 저항한 것이 아니라 그저 말없이 집으로 돌아간 것에 불과했다. 소크라테스 재판의 고발자 아니토스는 당시에 독재자

타도를 위한 계획을 세우고 있었으나 소크라테스는 그러한 저항자들의 모임에 가지 않고 단지 "집으로 돌아갔"던 것이다. 이것을 불의에 저항하는 시민적 의무의 수행이라고 볼 수 있는가?

당시에 소크라테스가 살해를 면한 진짜 이유는 30인 정권의 수령인 크리티아스가 과거에 소크라테스의 제자였던 점에 있었다고 짐작된다. 말하자면 권력의 비호 덕분에 그는 무사할 수 있었던 것이다. 여하튼 30인 정권은 크리티아스가 전사함에 따라 8개월 만에 끝났다. 그러나 아테네에서 민주제가 회복되기까지는 2년이 더 지나야 했다. 그리고 그로부터 다시 2년이 더 지난 뒤에 소크라테스가 고발됐다.

고발을 주도한 아니토스는 30인 정권에 의해 추방됐다가 고된 내전을 거쳐 민주정을 회복한 자였다. 따라서 그에게 소크라테스는 민주주의의 적으로 보였다. 앞서 보았듯이 소크라테스는 체포명령에 불복하긴 했지만, 민주정이 회복된 뒤에 소크라테스의 제자인 카이레폰은 망명을 한 반면에 소크라테스 자신은 아테네를 떠나지 않고도 무사했으므로 30인 정권의 잔당으로 여겨졌던 것이다.

그러나 민주정이 회복되기 전에 내전의 책임을 묻지 않는다는 내용의 대사면 협약이 체결됐기 때문에 크리티아스와 관련해 소크라테스를 처벌할 수는 없었다. 또한 당시에 아테네는 스파르타와 동맹관계에 있었기 때문에 소크라테스를 반민주적 과두파나 친스파르타주의자로 처벌할 수도 없었다. 그래서 만들어낸 혐의의 죄목이 애매한 내용의 '불경죄'였다고 짐작된다. 그러나 소크라테스는 무신론자가 아니었기 때문에 보통의 불경죄로 처벌하기도 쉽지 않아 '귀신의 신호'라는 소크라테스의 심리현상을 갖다 붙였고 나아가 청년타락죄도 부가했다.

당시 귀족정에 대한 시민들의 혐오가 강렬했는데 그것을 해소하기가 쉽지 않았다. 따라서 다른 수단을 통해 그러한 혐오가 표출되도록 했다. 그중 하나로 공무원 자격심사가 특히 기원전 403년의 민주정 회복 후 강조됐고, 당연히 민주정에 대한 충성심이 그 중요한 심사기준이 됐다. 당시의 자격심사와 관련된 변론으로 남아있는 사료에 의하면 피고 전원이 30인 정권과의 관련 여부와 귀족정에 대한 적극적 협력 여부가 문제가 되었다. 특히 민주와 반민주 양파의 내전에서 도피하여 30인 정권 시대에 망명하지 않고 아테네에 머물렀다는 점은 충분히 고발의 이유가 됐다.

피고들은 자신들에게 씌워진 혐의가 대사면 협약 위반임을 이유로 물리칠 수 있었을 터인데도 불구하고 그러한 항변을 일체 하지 않았다. 도리어 그들은 자신들은 귀족정과 무관했다면서 민주정에 대한 충성심을 강조했다. 이처럼 자격심사에 의한 공직추방이 강조된 시기에 소크라테스 재판이 이루어졌다는 점은 그의 혐의가 30인 정권과의 관련성에 있었음을 말해준다.

소크라테스 처형 전후

그리스에서는 사형확정 판결이 내려지면 보통은 바로 그 다음날에 사형이 집행됐지만 우연한 사정 때문에, 다시 말해 재판 전날에 델로스 섬에 파견된 제사선이 아테네에 돌아오기 전에는 사형이 집행될 수 없다는 이유가 생겨서 소크라테스는 약 30일간 감옥에 갇혔다(파이돈, 58a~c). 그동안 소크라테스의 오랜 친구인 크리톤을 비롯한 많은 사람들이 소크라테스에게 탈출을 권유했다(파이돈, 44b~45c). 소크라테스가 처형되기 전날에 크리톤이 마지막으로 소크라테스를 찾아가 탈옥을 권유한 이야기를 담은 것이 《크리톤》이다.

소크라테스가 탈옥을 거부하자 크리톤은 그에게 어린 자식들을 생각해보라며 탈옥을 간청하다시피 한다(크리톤, 45c). 심지어 크리톤은 소크라테스가 재판을 피할 수도 있었다고 불평하는데(크리톤, 45e), 이는 재판을 피하는 방법으로 망명을 할 수도 있었는데 소크라테스가 그렇게 하지 않았다는 이야기인 것으로 짐작된다. 크리톤은 법정에서 소크라테스가 취한 태도에 대해서도 비판하고(크리톤, 45e), 탈옥을 거부하는 것은 "고약하고도 창피스러운 것"이라고 말하기도 한다(크리톤, 46a).

《크리톤》은 감옥에서 소크라테스가 크리톤과 나눈 대화를 플라톤이 기록한 책이지만, 그 대화의 자리에 기록자인 플라톤을 비롯해 제3자가 있었다는 증거가 없으므로 그 대화 자체가 사실인지 아닌지를 알 수 없다. 게다가 《변론》의 경우에는 재판을 방청한 사람이 그 책이 발간된 무렵에 많았을 것이므로 플라톤이 허위사실을 기록했을 가능성은 낮다고 볼 수 있으나, 감옥 안에서 소크라테스와 크리톤이 대화를 나누는 것을 직접 본 사람은 아무도 없었을 것으로 추정되므로 전해진 대화의 내용이 플라톤의 창작과 무관하다고 보기 어렵다.

여하튼《크리톤》은 네 부분으로 구성돼있다. 그것은 대화의 시작(43a~44b), 크리톤의 탈옥 권고(44b~46a), 소크라테스의 대답(46b-49e), 국가와 법에 대한 가공의 대화(50a~54d)다.《크리톤》의 의의에 대해 박종현은 다음과 같이 말한다.

방임에 가까운 자유와 중우정치로 전락한 민주주의의 나라, 그래서 나무랄 것이 너무나 많은 조국을 그럼에도 불구하고 끔찍이 사랑한 당대 최고의 현자가 아테네라는 시민공동체 및 법률과 관련해서 지키려 했던 원칙과 신념들이 고스란히 담겨있는 것이 이 대화편이다. (크리톤, 194)

여기서 박종현이 "방임에 가까운 자유와 중우정치로 전락한 민주주의의 나라, 그래서 나무랄 것이 너무나 많은 조국"이라는 표현을 어떤 근거에서 사용한 것인지 의문이다. 또한 소크라테스가 지키려고 했다는 '원칙'에 대해 박종현이 다음과 같이 말하는 점도 의문이다.

판단의 기준, 행위의 준칙, 지켜야 할 원칙, 이런 것들을 확보하기 위해 그 기초적인 정지작업을 벌이다가, 이 작업의 지성사적 의의에 대한 당시 정치지도자의 무지로 인해 그 희생양이 되고 만 소크라테

스…. (크리톤, 194~195)

즉 소크라테스가 원칙을 확보하기 위한 정지작업을 하다가 그로 인해 처형당하게 됐다는 설명이다. 이런 설명은 소크라테스가 철학활동을 하다가 그로 인해 처형당하게 됐다는 주장과 같은 것이지만, 앞에서도 말했듯이 이런 설명이나 주장은 당시의 재판 자체를 너무나도 무시하는 것이라고 하지 않을 수 없다.

소크라테스는 법정에서 '원칙'의 하나로 전문가의 의견을 존중해야 한다고 주장한다. 그렇다면 소크라테스는 재판의 전문가인 배심원들에게 복종했는가? 그가 탈옥을 거부한 것에 대해 여러 가지 설명이 있다. 특히 배심원에 대한 '불복종 선언'(변론, 29c~d)과 그의 탈옥 거부가 모순된다는 설명이 있다. '불복종 선언'이란 소크라테스가 철학활동을 포기하는 조건으로 배심원이 무죄 결정을 내리는 경우에 그가 그것에 불응한다는 것이었다. 하지만 실제로 그런 결정이 내려질 수가 없었으므로 그것은 어디까지나 가정에 불과할 뿐 어떤 의미에서도 '불복종'이라고 할 수 없다.

먼저 크리톤은 소크라테스에게 탈옥을 권하면서 '세상의 평판'을 하나의 근거로 내세운다. 가령 돈을 쓰면 친구인 소크라테스를 구할 수 있었는데 그러지 않아 친구를 죽게 했다는 평판이 부끄럽다는 것이다(크리톤, 44c). 소크라테스가 크리톤에게 그런 평판에 신경 쓸 필요가 없다고 하자 크리톤은 "당면하여 있는 바로 이 사태"가 바로 대중이 재판에서 소크라테스에게 최대의 해를 끼칠 수 있음을 보여준 사례이니 무시할 수 없다고 답한다(크리톤, 44d). 그러자 소크라테스는 "그들은 그저 그렇게 하게 되어서 하는 것뿐"이지 "슬기롭게 만들 수도 또한 어리석게 만들 수도 없"는 존재라고 말한다(크리톤, 44d).

여러 가지 이유를 들며 탈옥을 권하는 크리톤에게 소크라테스는 다음과 같은 자신의 행동원칙을 선언한다. 즉 "추론해보고서 내게 가장 좋은 것으로 판단되는 원칙(logos) 이외에는 내게 속하는 그 어떤 것에도 따르지 않는다"는 것이었다(크리톤, 46b). 그리고 그 원칙에 근거하여 '세상의 평판'이 아니라 '전문가'의 의견을 존중해야 한다고 주장한다(크리톤, 47b~48a).

이어 소크라테스는 자신의 생활신조를 밝힌다. 즉 "가장 중히 여겨야 할 것은 사는 것이 아니라 훌륭하게 사는 것"이고 "'훌륭하게'는 '아름답게' 및 '올바르게'와 동일"하다는 것이다(크리톤, 48b). 그리고 소크라테스는 탈옥은 그런 '훌륭하게 사는 것'이 아니라고 말하고서(크리톤, 48d) 그 다음으로 정의의 원칙에 대한 논의로 넘어간다.

정의의 원칙

소크라테스는 정의의 원칙을 다음 세 가지로 제시한다.

첫째, "어떤 식으로든 고의로 올바르지 못한 짓을 해서는 안 된다."(크리톤, 49a) 그리고 "올바르지 못한 짓을 하는 것은 그 올바르지 못한 짓을 하는 자에게 모든 면에서 나쁘고 부끄러운 것이다."
(크리톤, 49b) 이 원칙에 대해서는 동서고금의 누구도 이의를 제기
할 수 없으리라.

둘째, "올바르지 못한 일을 당했다고 해서 앙갚음으로 올바르지
못한 짓을 해서는 안 된다."(크리톤, 49b) 이 두 번째 원칙에 대해서
는 얼마든지 이의를 제기할 수 있다. 왜냐하면 이 원칙은 모든 보복
을 부정하는 것이기 때문이다. 이 원칙에 내포된 보복부정론은 소
크라테스에 의한 도덕의 혁신이라고 평가되기도 하지만, 범죄자에
대한 처벌을 부정하는 주장으로 연결될 수도 있고, 올바르지 못한
일을 계속 허용하는 논리가 될 수도 있다.

셋째, "어떤 사람이 누군가와 합의한 것이 올바르다면 그는 그것
을 이행해야 한다."(크리톤, 49e) 여기서 '올바르다면'이라는 조건
이 중요하지만 무슨 일에 대해서든 그 일이 그런 경우에 해당되는
지에 대한 판단은 대단히 어려울 텐데 소크라테스는 이 점에 대해
서는 명확하게 말하지 않는다.

여하튼 소크라테스가 주장하는 정의의 3원칙은 올바르지 못한
일은 하지 말아야 하고, 앙갚음을 해서는 안 되며, 올바른 합의는 지
켜야 한다는 것이다. 소크라테스 자신의 경우에 이 3원칙을 적용하
면 탈옥은 올바른 일이 아니고, 설령 잘못된 판결이라고 해도 그것
에 대한 앙갚음으로 탈옥을 하는 것은 올바른 일이 아니며, 자신은
법을 지키기로 합의했으니 탈옥은 더더욱 부당하다는 것이다.

이러한 원칙에 의하면 장발장이나 파피용의 탈옥을 비롯한 모든

탈옥은 옳은 것이 아니고, 적어도 소크라테스나 플라톤의 정의관에 의하는 한 탈옥을 미화하는 영화는 모두 정의롭지 않다. 그곳이 나치의 수용소이든 어디든 마찬가지다. 뿐만 아니라 불의에 대한 모든 저항도 옳지 못한 일이 된다. 그렇다면 그러한 원칙은 정의의 원칙이 아닌 불의의 원칙이 될 수도 있다.

소크라테스는 국가와 법을 가공의 대화상대로 세워놓고 위 원칙들을 다시 설명한다. 먼저 국가와 법의 주장을 들어보자.

그대는 그대가 하려는 이 일로써 우리 법률과 온 국가를, 그대와 관련되는 한 망쳐놓으려는 생각을 하고 있는 게 아닌가? 혹시 그대가 생각하기엔 이런 국가가, 즉 국가에서 일단 내려진 판결들이 아무런 힘도 쓰지 못하고 개인들에 의해 무효화되고 손상되었는데도 그런 국가가 전복되지 않고서 여전히 존속할 수 있을 것 같은가? (크리톤, 50b)

이에 대해 소크라테스는 "그건 우리한테 올바르지 못한 일을 했으며 판결도 잘못 내렸기 때문이라고 반론할 수 있는가"라고 묻자 크리톤은 그렇다고 답한다(크리톤, 50c). 그러자 소크라테스는 다시 국가와 법이 다음과 같이 말하면 어떻게 하겠느냐고 묻는다.

그것 또한 우리와 그대 사이에 합의되었던가? 아니면 국가가 내리게 되는 판결들에는 따르기로 한 것인가? (크리톤, 50c)

이어 국가와 법이 다음 두 가지 논거를 제시한다면 어떻게 하겠느냐고 묻는다. 그 가운데 하나는 국가와 시민의 관계란 부모와 자녀, 또는 주인과 노예의 관계 이상이므로 시민이 국가에 저항할 수 없다고 주장하는 것이고, 또 하나는 시민이 그 국가에 사는 한 법에 따르겠다는 합의를 한 것이라고 주장하는 것이다.

먼저 "그대를 태어나게 한 것은 우리가 아니던가? 또한 우리를 통해 그대의 어머니를 아버지가 맞게 되고 그대도 낳은 것이 아니던가? 그렇다면 말하라. 우리 중에서 혼인에 관련된 법률이 무언가 잘못되었다고 하여 그것들에 대해 나무라는가?"라는 국가의 물음에 대해 소크라테스는 그렇게 나무랄 수 없다고 답한다(크리톤, 50d). 이어 국가는 "조국에 대해서는 설득을 하거나 조국이 명하는 것들을 이행해야만 한다"고 주장한다(크리톤, 50e~51b).

조국이 무엇인가를 묵묵히 치르도록 지시하면 치러야 한다는 것을, 두들겨 맞거나 투옥되거나 하는 것도, 싸움터로 이끌고 가서 부상당하거나 전사하게 하더라도 이는 해야만 한다는 걸, 그리고 또 올바른 것은 이런 것이라는 걸 말이야. 또한 굴복해서도 아니 되며 후퇴해서도 아니 되고 전열을 이탈해서도 아니 되며, 싸움터에서건 법정에서건 또는 어디에서고 국가와 조국이 명하는 바는 무엇이나 이행해야 된다는 걸, 아니면 올바른 것이 그 본성에 있어서 어떤 것인지를 국가에 납득시켜야만 된다는 것을 말이야. (크리톤, 51b)

소크라테스와 크리톤은 이를 옳다고 인정한다(크리톤, 51c). '조국을 설득해 납득시킨다'는 여지가 남아있기는 하지만, 소크라테스의 경우는 물론이고 대부분의 경우에 그런 여지는 존재하지 않는다. 따라서 위의 구절은 강권주의나 권위주의의 주장에 불과하다. 이러한 주장은 국가주의나 전체주의의 기본임을 부정할 수 없다. 그리고 여기서 '악법도 법'이라고까지 소크라테스가 말했다는 소문이 나오게 된 것도 당연하다고 이해된다.

소크라테스는 탈옥을 거부하는 또 하나의 근거로 시민이 어느 국가에 사는 한 그 국가의 법에 따르겠다는 합의를 한 것이라는 주장을 한다. 즉 18세로 성인이 되어 국정과 법을 지켜본 뒤에 그것이 마음에 들지 않으면 조국을 떠날 수도 있는데 그렇게 하지 않고 그대로 조국에 머문다면 국가가 시키는 것들은 이행하기로 사실상 합의한 셈이라는 것이다(크리톤, 51e).

마지막으로 법은 소크라테스에게 "자식들도, 사는 것도, 또는 그 밖의 어떤 것도 올바른 것보다 더 귀히 여기지 말라"라고 하고서(크리톤, 54b) 그가 법으로 인해서가 아니라 인간들에 의해 떠나는 것이라고 말한다(크리톤, 54c). 이는 법에 의해서도 그 재판이 부당한 것임을 소크라테스가 주장하는 것이라고 볼 수 있다.

소크라테스의 이러한 주장은 《변론》에서 만일 배심원이 그의 철학활동 포기를 조건으로 하여 무죄판결을 내려도 복종하지 않고 신에게 복종하겠다고 주장한 것(크리톤, 29d)과 모순이 아니냐는 점에 대해 많은 논의가 특히 1970년대에 성행했다. 그러나 그런 무죄

판결은 있을 수 없는 것이므로 《변론》에서의 주장은 철학활동의 포기를 거부한 주장에 불과하고, 따라서 그것은 《크리톤》에서의 주장과 모순되지 않는다고 보아야 할 것이다.

그러나 중요한 문제는 그 점이 아니다. 소크라테스가 비록 명시적으로 악법도 법이라는 말을 하지는 않았지만 그것과 유사한 말을 했고, 따라서 악법에 대한 모든 저항을 부정했음에도 불구하고 우리가 그를 인류의 4대 성인 가운데 한 사람으로 모신다는 점이다. 소크라테스는 먼저 조국을 납득시키고, 그것이 안 되면 조국을 떠나고, 그 어느 것도 하지 않았으면 조국의 명령에 복종해야 한다고 주장한다. 이는 조국을 납득시킬 수도, 더욱이 조국이 마음에 안 든다고 해서 떠날 수도 없는 대부분의 사람들에게는 사실 그냥 국가권력에 의해 죽으라고 하는 지시에 불과하다. 그렇다면 그것은 바로 히틀러나 박정희의 주장과 같지 않은가?

아리스토텔레스

이 장의 마지막 주제로 아리스토텔레스에 대해 간단히 살펴보자. 기원전 367년에 17세의 아리스토텔레스가 플라톤의 아카데미아에 입학했다. 아리스토텔레스는 아테네가 아닌 마케도니아 출신으로 어려서부터 소피스트에게 교육을 받았다. 그가 아카데미아에 입학한 때는 플라톤이 두 번째로 시라쿠사 여행을 떠난 직후였다. 몇 년 뒤에 플라톤이 아카데미아로 돌아옴에 따라 아리스토텔레스는 플라톤의 강의를 듣게 됐고, 이어 그곳에서 수사학을 강의했다.

그러나 아리스토텔레스는 처음부터 플라톤의 이데아론을 비판했다. 즉 그는 현상이 이데아를 모방하고 분유한다는 플라톤의 주장은 시적 비유에 불과한 것이라고 보고 플라톤의 이데아−현상 관계를 형상−질료 관계로 바꾸었으나 형상의 능동성을 인정한 점에서 플라톤을 완전히 벗어나지는 못했다.

기원전 348년에 36세의 아리스토텔레스는 소아시아로 가서 그곳 왕의 궁정에서 강의와 저술을 했다. 그런데 그곳의 왕이 기원전 345년에 페르시아 군에 의해 처형당하자 아리스토텔레스는 미텔레네로 가 거기서 2년을 보낸 뒤 마케도니아로 옮겨가 당시 13세였던 알렉산더를 가르쳤다. 알렉산더가 왕위에 오르자 아테네로 돌아온 그는 그곳의 동쪽에 있는 리케이온 숲 속에 학교를 세우고 12년을 지냈다. 아카데미아보다 50년 뒤에 세워진 그 학교에서 그는 오전에는 제자들에게, 오후에는 일반인에게 강의했다. 제자들은 스스로 지도자를 선출하고 규칙적인 생활을 했으며, 아리스토텔레스도 공동식사에 참여했다. 매월 한 번씩 열린 심포지엄은 한 사람이 발표를 하고 이어 함께 토론하는 것이었다.

기원전 323년에 알렉산더가 죽자 벌어진 반(反)마케도니아 운동으로 인해 61세의 아리스토텔레스는 무신론자라는 이유로 고발당했다. 그러나 그는 스승의 스승인 소크라테스와 달리 도망쳤다가 2년 뒤에 죽었다. 그는 100여 권의 책을 지었다고 하지만 지금은 강의록만 전해지고 있다.

그는 환상적이고 극적인 문체를 구사한 관념주의적인 플라톤과는 달리 냉철한 분석과 논증을 기초로 한 경험적이고 실증적인 학문을 세웠다. 귀족적이고 금욕적이었던 플라톤과 달리 그는 시민계층을 어느 정도 대변했고, 독신이었던 플라톤과 달리 두 번이나 결혼했다. 그러나 아리스토텔레스의 사상도 기본적으로는 귀족주의적인 것이었다.

아리스토텔레스가 《정치학》에서 개진한 사상은 노예제도에 토대를 둔 당시의 폴리스를 인간의 본성에 근거한 영원한 제도로 보는 것이라는 점에서 플라톤의 사상과 다르지 않다. 그의 주장은 그리스인은 야만인보다 우수하고, 그리스인 중에서도 정신력이 뛰어나 완전한 덕을 가진 자가 그리스를 통치해야 하고, 육체력이 뛰어나고 불완전한 덕을 가진 자는 복종과 봉사에 알맞게 태어난 것이며, '태어날 때부터 타인의 소유물'인 노예는 이성을 갖지 못한다는 것이다.

아리스토텔레스에 따르면 인간의 자연적인 욕망에 의해 발생한 국가의 목적은 윤리의 실현에 있다. 그는 국가의 기원을 신화나 위대한 정치가의 역량에서 찾지 않았고, 이 점에서 플라톤과 달리 비종교적이다. 또 플라톤이 이상국가를 통해 주장한 바와 달리 아리스토텔레스는 인간의 본성은 국가 속에서만 발전되고, 따라서 국가를 떠난 개인은 윤리적일 수 없다고 본다. 그에게 국가의 과제는 참된 인격의 도야와 개발에 있다. 아리스토텔레스는 플라톤의 이상국가처럼 가족과 사유재산제를 포기하는 것은 개인의 특성을 없애고 보편에 대한 복종을 요구하는 것이므로 국가의 참된 목표에 어긋난다고 본다.

또한 민주정을 비판한 플라톤과 달리 아리스토텔레스는 시민(물론 노예를 제외한)의 결정이 집단적으로 내려진 경우에는 옳을 수도 있으나 개인적으로는 시민이 올바른 판단을 할 수 없다는 이유에서 고위관직은 귀족계층에 한정돼야 한다고 주장한다. 또한 정치적 덕과 윤리적 덕은 지배자에게서만 일치하므로 법은 지배자의 의지에서 나와야 한다고 그는 주장한다.

플라톤이 《정치가》와 《법》에서 정체를 구분했듯이 아리스토텔레스도 정체를 구분한다. 그는 통치자의 수에 따라 시대순으로 군주정, 귀족정, 공화정으로 정체를 구분하고, 그 각각의 타락한 형태가 전제정, 부자정, 민주정이라고 한다. 플라톤과 같이 아리스토텔레스도 타락한 정체의 경우 소수의 지배보다 다수의 지배가 더 좋다고 한다.

플라톤처럼 아리스토텔레스도 각자가 소속된 직종에 열심히 종사하는 것에 의해 국가가 유지된다고 본다. 그가 말한 직종은 농민, 수공인, 군인, 사제, 통치자 등이다. 그리고 플라톤과 같이 그도 시민은 인격을 완성하는 데 방해가 되는 농사나 수공업에 종사해서는 안 된다고 본다. 토지는 공유지와 사유지로 나누어지고 공유지에서 나온 수확은 시민 공동의 식사나 종교적 목적에 사용돼야 한다고 그는 주장한다.

아리스토텔레스는 교육도 플라톤과 마찬가지로 국가주의 교육을 주장한다. 5세까지는 가정교육, 이어 2년간의 예비교육 후 7세부터 사춘기까지 1차교육, 이어 21세까지 2차교육을 받게 해야 한다는 것이다. 그는 플라톤처럼 교육의 내용에 대해 상세히 밝히지는 않았으나 체조는 신체단련과 함께 용기를 북돋우는 것이므로 일찍부터 교육돼야 한다고 보았고, 교양과목으로 문법, 미술, 음악을 중시했으며, 돈벌이 목적의 교육과 스포츠에 편향되게 교육하는 것은 피해야 한다고 주장했다. 아리스토텔레스의 《정치학》은 여기서 중단된다. 아리스토텔레스의 정치학은 플라톤의 《국가》는 물론 《법》보다는 좀더 현실적이지만 귀족주의적이고 국가주의적이기는 마찬가지다.

4장 ┃ 《국가》와 《정치가》

《국가》를 읽는 방법

《국가》는 플라톤의 중기 저작에 속한다. 중기 저작은 소크라테스의 사상을 중심으로 씌어진 초기 저작과 달리 소크라테스를 토대로 삼으면서도 소크라테스에게서는 볼 수 없는 플라톤 독자의 사상을 보여준다. 이런 중기 저작의 특징을 두고 포퍼나 아렌트는 플라톤이 소크라테스를 배반한 것으로 보지만 그 밖의 다른 학자들은 플라톤 독자의 사상이 발전한 결과로 본다. 어느 쪽으로 보든 간에 《국가》가 플라톤의 중심저서인 것은 분명하다. 최근에 《국가》를 미숙기의 작품으로 분류하고 플라톤이 만년에 쓴 《법》을 원숙기의 작품으로 간주해 더욱 중시하는 경향도 있으나, 60세 전후에 씌어진 것으로 짐작되는 《국가》를 미숙기의 작품으로 보기는 어렵다. 특히 그 구성으로 보나 논리의 전개과정으로 보나 《국가》는 《법》보다 완성도가 더 높다. 《법》은 그 체계가 뒤죽박죽이고 앞뒤가 맞지 않는 부분도 많다. 이를 두고 치매 탓에 그렇게 된 것인지도 모른다는 식으로 말할 생각은 전혀 없지만 그것이 위대한 작품이라고는 도저히 말할 수 없음은 분명하다.

《국가》의 주인공은 플라톤의 다른 대부분의 책에서와 같이 소크라테스다. 그러나 《국가》에 나오는 소크라테스가 실제의 소크라테스이고 그가 《국가》에 나오는 긴 대화를 직접 했는지에 대해서는 당연히 의문이 있다. 소크라테스가 실제로 대화를 한 것이라고 가정하면 《국가》에 나오는 그의 모든 주장은 당연히 그의 생각이 표현된 것이다. 그러나 학계에서는 아무도 그렇게 생각하지 않는다. 우리는 여기서 이 문제에 대해 새삼 시비를 걸 필요는 없으나, 적어도 상식의 차원에서 볼 때 설령 그것이 플라톤의 창작이라고 해도 그가 아는 소크라테스의 생각을 어느 정도로든 반영했으리라고 짐작할 수는 있겠다. 그러나 《국가》에 나오는 소크라테스의 말은 실제로는 그의 말이 아니라 플라톤의 창작이라는 것이 거의 굳어진 견해이므로 이 책에서는 소크라테스가 아닌 플라톤을 그 발언주체로 보도록 한다. 즉 《국가》에 소크라테스의 말로 나오는 내용을 이 책에서는 플라톤의 말로 설명하겠다.

그 전에 잠깐 《국가》 읽기의 역사를 살펴보자. 가령 영국에서는 《국가》가 오랜 세월 그리 주목받지 못하다가 19세기 빅토리아 왕조 때 관심의 대상으로 떠올랐다. 《국가》를 이성적인 국가의 건설을 추구한 책으로 보고 거기서 엘리트주의적인 국가운영의 모델을 발견하게 됐기 때문이다. 1871년에 새로운 대중적 영어 번역판이 출간된 뒤로 《국가》는 '국민적 철학서'가 됐고, 플라톤의 중심저서로 새롭게 평가됐다. 철인왕의 이상은 당시의 영국 엘리트들에게 공평무사와 헌신의 이념을 제시해주는 것이었고, 귀족주의 계급사회에서 교육과 능력평가에 토대를 둔 평등사회로 이행하는 것을 정당화해주는 것이었다. 《국가》의 내용 중 당시로서는 가장 유토피아적인 부분으로 평가된 남녀평등론은 여성에게 교육기회를 부여하고 여성의 사회진출을 촉진하는 역할을 했다.[*]

그러다가 20세기에 들어선 뒤에 《국가》가 별안간 볼셰비즘, 나치즘, 파시즘의 책으로 비판됐음은 이미 앞에서 본 그대로다. 물론 그 전인 19세기에 이미 J. S. 밀의 비판이 있었지만 본격적인 비판은 1920년대 러셀의 비판을 필두로 포퍼 등으로 이어진 비판이다. 그러나 영국을 비롯한 서양의 대세는 여전히 19세기 빅토리아시대적 찬양론이라고 할 수 있다. 그만큼 서양사회는 아직도 보수적이다. 특히 대학을 비롯한 학계가 그렇다.

한국의 경우는 어떤가? 앞에서 이미 보았듯이 한국 학계의 분위기는 거의 찬양일색이다. 1970년대 초에 어용학자들이 박정희의 독재를 플라톤식 철인정으로 찬양한 바 있지만 그 몇 줄의 구절을 학

....

[*] 19세기에 영국에서 플라톤이 부활한 과정에 대해서는 J. Annas, Ancient Philosophy, Oxford University Press, 2000, 2장을 보라. 그 당시에 영국에서 씌어진 책 가운데 한글로 번역된 것으로 R. L. 네틀쉽 지음, 김안중 옮김, 《플라톤의 교육론》, 서광사, 1989가 있다. 이 번역서의 원서는 1935년에 출간된 것이지만 그 영어 원문은 1880년에 씌어졌다.

문적인 것으로 평가할 사람은 없을 것이고 그럴 필요도 없다. 그러나 당시에 전개된 고전읽기 운동이 선정한 고전 가운데 《국가》가 유일한 서양 책이었다는 섬은 박성희 독재체제와 관련해 중요한 의미를 갖는다. 그 전후의 플라톤 책 번역서나 관련 연구논저가 비록 그런 독재와의 관련을 명시하지 않았다고 해도 간접적으로나 무의식적으로는 그런 관련을 가졌으리라고 나는 판단한다. 이런 점에서 플라톤 연구자 내지 철학자들은 분명히 반성해야 한다. 그런 실수와 과오를 반성하지 않고 인문학의 위기 운운하는 것은 그런 짓들이 인문학을 병들게 한 사실을 아예 모르거나 모르는 체하는 행위다.

우리나라에서 《국가》는 《국가·政體》라는 제목으로도 번역된 바 있다. 그러나 그 원래의 제목을 그대로 정확하게 번역하면 '정체 또는 정의에 대한 폴리스적(정치적) 대화'다. 즉 정체만이 아니라 정의도 주제로 삼고 있다. 여기서 정의라는 개념은 단순히 법적이고 정치적인 차원의 정의만이 아니라 사회윤리적이고 정신적인 차원의 정의도 포함한다. 플라톤은 그가 살았던 그리스 민주정에서 정의의 정신이 타락했다고 보았다. 그래서 민주정은 정의에 적합하지 않은 정체라고 그는 주장한다. 그는 대신에 오로지 철인정만이 정의에 적합한 정체라면서 국가의 정체는 모름지기 철인정이어야 한다고 주장하다. 이상이 《국가》의 핵심 내용이다.

그런데 영어권에서는 이 책의 제목을 'Republic', 즉 《공화국》이라고 흔히 번역하며, 우리나라에서도 이런 영어권 번역을 따르는 경우가 많다. 이에 대해서는 이미 포퍼가 다음과 같이 그 문제점을 지적한 바 있다.

이 제목을 들을 때 가장 먼저 떠오르는 생각은 그 저자가 혁명가가 아니라면 적어도 자유주의자임에 틀림없다는 것이다. 그러나 《공화국》이라는 제목은 그야말로 단순히 이런 종류와는 아무 관련이 없는 그리스 단어를 번역한 라틴어나 영어 형태에 불과하다. 그리고 그것의 적당한 번역은 '정치체제'(Constitution)나 '도시국가' 혹은 '국가'일 것이다. 《공화국》이라는 전통적인 번역은 의심할 나위 없이 플라톤이 반동적일 수 없었다는 일반적인 확신에 공헌해온 것이다. (포퍼131)

최근 한국에서도 '강도공화국', '도박공화국', '욕망공화국', '각개약진 공화국', '아파트공화국', '부자공화국' 등의 표현에서 보듯 공화국이라는 말이 단지 국가라는 의미만으로 사용되는 경향이 있는데 포퍼의 지적에 따르면 문제가 없지 않다. '공화국'이라는 말이 전제군주의 독재국가가 아닌 정체를 의미한다는 점에서, 그러나 플라톤이 《국가》에서 말하는 철인정은 철인이라는 전제군주의 정체를 가리키므로 '공화국'과는 반대되는 말이라는 점에서 포퍼의 지적은 옳다. 이 밖에 폴리스를 도시나 도시국가로 보기보다는 공동체, 영어로는 community(필드, 71)나 society(세이어즈, 25)로 보는 것이 적절하다는 주장도 있고,《국가》의 원래 그리스어 제목인

'폴리테이아(Politeia)'는 공화국과 함께 시민권, 시민적 삶도 의미한다고 보는 견해(남경희, 376)도 있다. 그러나 이 책에서는 그 제목을 지금까지의 일반적인 번역에 따라 《국가》라고 하겠다.

《국가》는 방대한 책이다. 번역본으로 700쪽이 넘는다. 그러니 그 전체 구성부터 살펴볼 필요가 있다. 《국가》는 모두 10권으로 구성돼있다. 그러나 그 각 권의 구분은 고대에 파피루스 한 뭉치에 들어갔던 양에 따른 것에 불과하다(헤어180). 따라서 각 권의 구분은 책 내용의 체계적인 구성과 일치하지 않는다. 따라서 각 권의 구분과 무관하게 전체의 내용을 조감할 필요가 있다.

《국가》의 주제는 정의다. 정의란 무엇인가? 국어사전에 의하면 '올바른 도리'다. 도리란 "사람이 지켜야 할 바른 길"이다. 그렇다면 '올바른 도리'라는 말은 동어반복이다. 우리 국어사전은 아직도 이 모양이다. 여하튼 정의라고 하면 우리는 먼저 사회원리를 생각한다. 《국가》도 사회원리로서의 정의에 대한 설명부터 시작한다. 그러나 사회원리로서의 정의에 대한 설명은 다양하다. 가령 지배자의 이익이 정의가 될 수도 있다. 플라톤은 몇 가지 정의관을 소개하지만 그중 어느 것이 반드시 옳다고 주장하지는 않는다.

이어 그는 폴리스를 문제 삼는다. 먼저 그는 최소한의 폴리스와 확대된 폴리스를 보여주고(2권 10장~16장), 최소한의 폴리스가 완성된 형태로 철인정을 설명한다(2권 17장~7권). 이어 철인정의 타락한 형태로 민주정을 포함한 네 가지 정체를 설명한다(8~9권). 그리고 마지막으로 다시 정의에 대한 고찰로 돌아온다(10장). 따라서 나는 그 내용을 다음과 같이 나누겠다.

   1. 정의에 대한 문제제기(1권~2권 368)

   2. 국가의 형성과 확대(2권 369~374)

   3. 정의의 정체 — 철인정(2권 375~7권)

   4. 타락한 정체 — 민주정 등(8~9권)

   5. 정의에 대한 해답 — 영혼불멸론(10권)

《국가》의 핵심인 철인정은 3에 나온다. 그 3의 앞뒤로 그것에 들어가기 위한 국가에 대한 설명이 2에 놓이고 그것이 타락한 민주정 등에 대한 설명이 4에 놓이며, 다시 2~4 전체가 앞뒤로 정의에 대한 문제제기와 그에 대한 대답으로 둘러싸여 있다. 따라서 《국가》는 마치 등산을 하듯이 3을 정점으로 하고 그곳으로 올라가는 길인 1~2와 그곳에서 내려오는 길인 4~5로 구성됐다고 볼 수 있다.

3에 나오는 철인정에 대한 설명이 《국가》에서 가장 양이 많다. 그리고 그 설명은 다시 다음과 같은 다섯 부분으로 나누어진다.

   1. 수호자 교육

   2. 공유제

   3. 정의

   4. 철학자

   5. 철학자 교육

여기서도 핵심은 3이다. 그 주제인 정의가 적용되는 핵심 주체는 1~2에서 설명되는 수호자이고, 그 수호자 가운데 핵심 집단은 4~5에서 설명되는 철학자다.

지금부터 우리는 《국가》라는 산을 올라가보려고 한다. 그 세세한 구절의 출처는 플라톤의 대화편 서적에 흔히 기재되는 스테파누스 인용번호로 표시하겠다. 스테파누스 인용번호는 《국가》의 경우 327에서 시작되어 621로 끝나며, 각각의 번호에 해당하는 구절이 다시 a, b, c, d, e로 구분된다. 아래에서 인용되는 구절을 다시 찾아 보고 싶은 독자는 어느 책에서든 이 인용번호를 찾으면 된다.

나는 독자들이 《국가》를 비롯한 플라톤의 여러 대화편 저작을 읽는 데 도움을 주기 위해 이 책을 쓴다. 따라서 가능한 한 그것을 함께 읽어가면서 해설을 하는 형식을 취한다. 다만 대화가 반드시 체계적으로 이어지지는 않기 때문에 가끔씩 건너뛰어 설명하는 경우도 있을 것이다.

정의에 관한 문제제기

《국가》는 플라톤이 쓴 책의 대부분이 그렇듯이 대화로 구성돼있다. 그 1권의 처음부터 '나'라는 사람은 대화의 주인공인 소크라테스이고, 그 외에도 그와 대화를 나누는 몇 사람이 등장한다. 그러나 2권 후반부터는 플라톤의 형제 두 사람만이 대화상대로 나온다. 대화가 이루어진 시기는 기원전 430년경이라고 보는 것이 일반적인 견해이지만 이에는 의문이 있다. 그때라면 소크라테스는 56세 전후, 플라톤은 14세 전후다. 14세 전후의 소년이 그 방대한 대화록을 작성했다고 보기는 힘들다. 그보다 더 이른 기원전 421년에 대화가 이루어졌다는 견해도 있으나, 그렇다면 소크라테스는 47~48세, 플라톤은 5~6세가 된다. 내가 보기에는 《국가》는 그보다 훨씬 뒤에 소크라테스가 죽은 다음에 플라톤이 창작한 것으로 여겨진다. 따라서 이 책에서 나는 《국가》에 나오는 소크라테스를 그대로 소크라테스로 부르기도 하고 플라톤이라고 부르기도 하겠다.

가장 먼저 등장하는 대화상대는 부유한 상인인 케파로스 노인이다. 플라톤이 노인에게 늙는 것에 대해 묻자 노인은 늙음이란 모든 욕망으로부터의 해방이라고 대답한다. 소크라테스는 노인에게 그런 해방은 돈이 많아야 가능하지 않느냐고 반문한다. 노인은 "진실을 말하고 빚을 갚기 위해 돈은 필요하다"고 답한다(국가, 331b). 이어 소크라테스는 위험한 광인에게 칼을 되돌려 주는 것이 정의라고 할 수 있느냐고 묻는다. 즉 특수한 종류의 행동은 상황에 따라 정의일 수도 있고 부정의일 수도 있다(국가, 331c)는 것이다. 그러니 그런 논의 대신 정의의 본질을 추구하자고 소크라테스는 말한다. 즉 정의의 이데아를 찾자는 것이다.

그러자 소피스트인 트라시마코스가 대화에 끼어들어 정의란 강자의 이익이라고 주장한다(국가, 338c). 어떤 정체의 국가에서나 강자가 자기 이익을 위해 법을 만들고, 그것이 그 국가의 모든 사람에게 의로운 것이라고 선언하며, 그것을 벗어난 사람은 범법자로 처벌한다는 것이다(국가, 338e). 이러한 트라시마코스의 주장은 당시 아테네에 상당히 유포된 주장이었고(헤어 154), 당시뿐만 아니라 지금까지도 상당히 유력한 주장이다.

이에 대해 플라톤이 어떤 통치자도 실수를 할 수 있다고 반박하자 트라시마코스는 "전문가나 현자가 그렇듯 그 어떤 통치자도 그가 통치자인 때에는 실수를 하지 않"(국가, 342e)는다고 논박하면서 자기의 주장이 옳다고 말한다. 그러자 플라톤은 의술이나 조타술(操舵術) 같은 기술을 예로 들어 비유로 설명한다. 그는 기술과 마찬가지로 통치술도 그것을 지닌 자를 위한 것이 아니며, 기술이 그 시혜 대상자를 위한 것이듯이 통치술도 피지배자를 위한 것이어야 정의라고 반박한다. 이상이 1권의 내용이다.

이와 같은 논의를 두고 현대사회에서 더욱 중요한 의미를 가진 논의라고 보는 견해가 있다. 이 논의가 "상업세력들과 자본주의에 대한 모든 인도적이며 도덕적인 비판의 기초를 자리매김하고 있다"(세이어스, 51)는 이유에서다. 이러한 주장을 굳이 부정할 필요야 없겠지만, 플라톤의 철인독재론에 적용해보면 철인독재자가 실수를 하지 않는다는 전제 위에서 그의 독재가 피통치자에게 이익이 되므로 정의라는 식의 주장으로 이어지지 않을까 하는 우려가 있다.

《국가》 2권에 등장하는 글라우콘은 플라톤의 둘째 형이다. 그는 먼저 사람들이 정의에 대해 다음과 같이 말한다고 한다. 이는 근대 초에 홉스가 말한 사회계약론을 방불케 하는 것이므로 조금 길지만 읽어볼 가치가 있다.

부정을 가하는 것이 선(좋은 것)이고, 부정을 당하는 것이 악(나쁜 것)이다. 그러나 부정을 당하여 입는 악이 부정을 가하여 얻는 선보다 크다. 서로 부정을 가하거나 당함에 의해 그 두 가지 모두를 경험하게 되면, 한쪽(부정을 당함)을 피하고 다른 한쪽(부정을 가함)을 선택할 힘이 없는 사람들은 서로 부정을 가하지도 당하지도 않기 위해 계약을 맺는 것이 유리하다고 생각한다. 그래서 서로 법을 정하고 계약을 맺게 되며, 법이 명하는 것을 합법적이고 옳은 것이라고 부르게 된다. 이것이 정의의 기원이자 본질이다. 즉 정의란 부정을 가하고도 처벌을 받지 않는다는 최선의 경우와 부정을 당하고도 복수할 힘이 없는 경우 사이의 중간에 있다. 그것이 환영을 받는 이유는, 그것이 결코 적극적인 선이기 때문이 아니라 부정을 가할 만큼의 힘이 없기 때문에 그것을 존중해야 하는 탓이다. (국가, 358e~359b)

이에 대해 플라톤의 큰형 아데이만토스는 사람들이나 신은 정의 자체를 찬양하지 말고 그것으로 인해 생기는 명성을 찬양하라고 가르친다고 말한다. 그 이유는 정의나 절제는 아름답기는 하나 힘들고 귀찮은 것인 반면에 방종과 부정의는 즐겁고 쉽게 얻을 수 있지만 단지 세평과 법적 인습에서만 나쁠 뿐이기 때문이라는 것이다. 그래서 그는 소크라테스에게 부정의보다도 정의가 더 강함을 입증해달라고 요구한다. 그러자 소크라테스는 개인의 정의를 '잘 보이지 않는 작은 글자', 국가(폴리스)의 정의를 '잘 보이는 큰 글자'에 비유하고 후자를 통해 전자를 찾아보자고 대답한다. 즉 큰 글자를 잘 읽고 나서 작은 글자가 그 큰 글자와 같은 것인지의 여부만 조사하면 작은 글자의 뜻을 읽어낼 수 있다는 것이다. 그리하여 논의는 국가의 형성에 대한 논의로 나아간다. 즉 플라톤은 정의를 국가에서 먼저 찾고 그것을 개인에게 적용하는 순서를 밟는다.

국가의 형성과 확대

《국가》 2권 11장(369)부터는 국가의 형성과 확대가 설명된다. 즉 '최소한도의 국가'(국가, 369d)와 그것이 확대된 국가다. 이를 각각 '건강한 국가'와 '병든 국가'로 보고 건강한 국가를 모델로 한 정체가 가장 좋은 국가이고 병든 국가를 모델로 한 국가가 민주정 등이며, 병든 국가를 정화한 국가가 플라톤의 '정의로운 국가'인 이상 국가라고 보는 견해(남경희, 390; 세이어스, 74)가 있지만 이에는 문제가 있다. 이러한 견해는 플라톤이 확대된 국가를 '염증 상태의 국가'(국가, 372e)라고 부르고 그것을 부정적으로 본 점에서 비롯된 것이다. 그러나 이는 '염증 상태'라는 것이 '염증으로 부어오른', 곧 '확대된'이라는 의미인 것을 제대로 이해하지 못한 것에 불과하다. 플라톤은 단순히 국가의 형성과 그 확대를 말했을 뿐이다. 이렇게 보지 않으면 '염증 상태의 국가'에 비로소 등장하는 수호자 등이 플라톤의 국가에서 가장 중요한 지배자층이라는 점을 설명할 수 없다. 플라톤이 '염증 상태의 국가'에 대해 상당히 부정적인 평가를 한 것은 사실이지만 그것을 '건강한 국가'에 대립하는 '병든 국가'로 본 것은 아니다.

플라톤이 설령 그러한 국가를 '병든 국가'로 보았다고 해도 그런 국가를 통치하기 위한, 그의 용어로는 '치유하기 위한' 통치자가 필요하다고 그가 생각했다고 보면 크게 문제될 것은 없다. 플라톤이 '병든 국가'의 가능성을 전면 부정하고 '건강한 국가'만을 이상시했다면 그의 이상국가는 에덴동산이나 순수한 공산사회일 뿐이었을 것이다. 그러나 플라톤은 '건강한 국가'나 '최소한도의 국가'를 에덴동산이나 공산사회와 같은 낭만적 이상향으로 생각하지 않았다. 그는 단지 국가의 기원을 설명하기 위해 그런 모델을 제시했을 뿐이다. 따라서 플라톤이 말한 국가는 기독교나 그 영향을 받은 근대 자연법론자들이 구상한 비현실적인 자연상태와 다른 것이다. 적어도 이런 점에서는 플라톤이 이상주의자이기만 했던 것이 아니라 현실주의자의 측면도 갖고 있었다고 볼 수도 있겠다. 그럼에도 플라톤이 결국은 가장 비현실적인 철인정을 주장하게 된 점에 플라톤의 비극이 있다. 플라톤은 자신의 철인정이 가장 현실적인 정체라고 착각했는지도 모른다. 사실 왕이 지배하는 체제를 합리화해주는 개념으로 플라톤의 철인왕만큼 매력적인 것이 있었을까?

플라톤에 따르면 국가가 형성되는 것은 "우리 각자가 자족하지 못하고 여러 가지 것이 필요하게 되기 때문"(국가, 369b)이다. 이런 진술을 두고 플라톤이 '인간은 사회적 동물'이라고 본 것이라고 해석한다고 해서 이상할 것은 없다. '인간은 사회적 동물'이라는 명제는 아리스토텔레스가 내세운 것(니코마코스 윤리학, 1097b)으로 흔히 알려져 있지만 플라톤도 그것을 충분히 인정했다. 이 명제는 앞에서 본 글라우콘의 사회계약론적 주장에 내포된 개인주의와 대립된다. 개인주의는 인간이 본래부터 사회적 동물임을 인정하지 않고, 각자의 동의와 선택에 의해 사회가 이루어진다고 본다. 따라서 개인주의는 "개인이 사회에 선행한다"고 보는 반면에 플라톤과 아리스토텔레스는 "사회가 개인에 선행한다"고 본다. 어느 경우나 사회와 개인이 직결되고 사회 속에 개인이 존재함을 부정하는 것은 아니지만, 만약 그 둘이 모순되는 경우에 어느 쪽의 가치를 우선시할 것인가에 따라 그 차이가 분명해진다. 플라톤과 같은 반민주주의자는 사회가 개인에 우선한다고 보겠고, 러셀이나 포퍼와 같은 민주주의자는 개인이 사회에 우선한다고 볼 것이다.

플라톤은 하나의 국가가 형성되는 기본을 '참된 국가'(국가, 372e), '작은 국가'(국가, 370d), '최소한도의 국가'(국가, 369d)에서 찾지만, 그런 국가를 '돼지들의 국가'(국가, 372d)라고 비난하기도 한다. 이는 농부, 목수, 직조공, 제화공, 상인 등이 사는 국가다. 그들이 각자 자신의 성향에 따라 다른 사람들을 위해 자기 전문의 일을 하는 '협력(공동)관계'(국가, 371b)를 맺는다. 가령 농부는 다른 사람들을 위한 식량을 생산해 제공하는 식이다. 이렇게 되는 이유에 대해 플라톤은 "우리 각자는 서로가 그다지 닮지를 않았고, 각기 성향에 있어서 서로가 다르게 태어나서 저마다 다른 일을 하는 데 적합하"(국가, 370a/b)기 때문이라고 설명한다. 그리고 그는 "많은 사람이 동반자 및 협력자들로서 한 거주지에 모이게 되었고, 이 '생활공동체'에다 우리가 '국가'(폴리스)라는 이름을 붙여주었다"(국가, 369c)고 말한다. 단 임금노동자인 노예에게는 공동체의 구성원이 될 자격이 없다(국가, 371e).

여기서 우리는 플라톤이 인간의 기본적인 욕망인 의식주에 대한 욕망이 국가를 만든 동기이고, 그 전제조건은 집중화와 전문화를 특징으로 하는 분업이라고 보았음을 알 수 있다. 누구든 분업의 효율성을 부정할 수는 없다. 그러나 여기서 주의할 것은, 플라톤이 말하는 분업은 현대의 노동분업과 다르다는 점이다. 즉 기술의 발전과 관련된 분업은 플라톤에게는 물론이고 당대 그리스의 누구에게도 문제가 되지 않았다(슈바르바티, 39).

그러한 분업의 결과로 교환이 생겨나고 "시장과 교환을 위한 표인 화폐"(국가, 371b)가 생겨난다. 여기서 우리는 플라톤이 화폐를 단순히 교환의 맥락에서 지불수단으로 파악함을 알 수 있다. 즉 플라톤에게 현대 경제학에서 말하는 화폐이론이나 가치이론은 없다. 그런 이론이 나오기 위해서는 상품은 시장에서 어떤 통일적인 가격을 갖는다고 볼 필요가 있다. 그러나 플라톤은 《법》에서도 재화는 가능한 한 제 가치대로 팔아야만 한다고 간단히 말할 뿐이다(법, 921a~b). "시장에서 무엇인가를 파는 사람은 결코 그 재화에 대해 두 가지 가격을 불러서는 안 된다"(법, 917b)는 것이다.

플라톤은 생산자와 상인이 존재하는 사회를 '최소한도의 국가'
로 설정했다. 플라톤은 《소피스트》에서 기술을 창조기술과 영리기
술로 나누고, 영리기술을 획득기술과 교환기술로 나누고, 교환기술
을 증여기술과 시장기술로 나누고, 시장기술을 판매기술과 거래기
술로 나누고, 거래기술을 도매기술과 소매기술로 나눈 바 있다(소
피스트, 219b, 223c~e). 그는 소피스트들이 허구적인 이론을 가지
고 상거래를 촉진한다고 비판하기도 했다(소피스트, 223b).

플라톤이 말하는 '최소한도의 국가'는 역사에서 실제로 볼 수는
없는 것이다. 하지만 그는 모든 국가의 속성으로 그 구성원들이 각
자 자신의 성향에 따라 다른 사람을 위해 자기 전문의 일을 하면서
'협력(공동) 관계'를 맺어야 한다고 주장한다.

이상이 생산자들이 분업을 하면서 살아가는 '최소한도의 국가'
에 대한 플라톤의 설명이다. 뒤에서 보듯이 플라톤은 사람들을 수
호자와 생산자(노예는 제외)로 구분하지만 '최소한도의 국가'에는
수호자가 등장하지 않는다. 수호자는 '확대된 국가'에서 등장하지
만, 플라톤은 '확대된 국가'에 대해서도 그 지배관계, 즉 수호자가
생산자를 지배하는 것을 분업의 원리로 설명한다.

'최소한도의 국가'가 확대된 '사치스러운 국가'(국가, 372e)에
는 "모든 부류의 사냥꾼과 모방가(예술가)"(국가, 373b)를 비롯한
여러 종류의 사람들이 등장한다. 또한 '최소한도의 국가'에서는 충
분했던 영토가 부족하게 되어 전쟁이 일어나게 되고, 따라서 군인
과 통치자가 필요하게 된다(국가, 374e).

여기서 기술적인 분업이 사회적 계급을 정당화하는 근거가 된다. 물론 우리의 전통사회에서도 사농공상이 분화된 것 자체는 적어도 분업의 원리에서 보면 반드시 부당하다고 볼 수 없다. 문제는 그것이 지배의 계급원리가 되었기 때문에 생겨났다. 즉 사(사대부)가 지배자가 되어 나머지 농공상을 지배하고 농공상 사이에도 우열이 생겼기 때문에 그것을 부당하다고 보는 것이다. 그런데 플라톤은 이런 점을 무시함으로써 부당한 논리에 빠지게 된다.

국가의 형성과 확대에 대한 이런 논의에 이어 플라톤은 지배자인 수호자의 교육에 대해 설명한다. 여기서 주의할 것은 《국가》에서는 교육이 법을 대신하는 역할을 한다는 점이다. 《국가》에는 통치구조를 규정하는 헌법은 물론이고 인권이나 기타 개인의 권리에 관한 그 어떤 법도 존재하지 않는다. 플라톤은 수호자의 교육을 통해 그 모든 것을 대체하고자 한다. 즉 그는 지배자를 훌륭하게 교육하는 것을 통해 훌륭한 통치를 실현하는 것이 가능하다고 본 것이다. 그리고 훌륭하게 교육받은 통치자에게 피통치자인 생산계층은 당연히 복종해야 하며, 이렇게 하면 훌륭한 나라를 건설할 수 있다는 것이다. 소피스트들은 개인주의라는 기본적인 관점에서 인간은 서로 갈등한다고 보았지만, 플라톤은 그런 본질적 갈등은 존재하지 않으며 통치자를 잘 교육하면 사회적 협동이 저절로 이루어질 수 있다고 본 것이다. 아테네의 교육은 소피스트가 교사로 있는 사적인 학교에서 이루어졌지만, 플라톤은 국가가 책임지는 스파르타식 국가주의 교육을 통해 통치자를 길러야 한다고 주장한 것이다.

정체와 계급

철인정에 대한 플라톤의 설명은 《국가》 2권의 375~404와 4권 427~7권에 나온다. 또 수호자의 교육에 대한 설명은 2권 375~3권 404에 나온다.

플라톤은 4권의 마지막 부분에서 정체에는 다섯 가지가 있다고 말하지만 그 구체적인 내용은 8권에서 설명한다. 그 다섯 가지는 철인정, 귀족정, 부자정, 민주정, 독재정이다. 플라톤은 정체가 이 다섯 가지를 차례로 거친다고 주장한다(국가, 544c).

철인정이란 종래 이상국가, 완전국가, 최선국가로 번역되었으나 여기서는 철인이 다스린다는 의미에서 철인정으로 번역하도록 한다. 귀족정이란 timokratia의 번역어로서 종래 명예지배정체나 금권정체로 번역되었으나 이 책에서는 귀족이 다스린다는 의미에서 귀족정으로 번역하도록 한다. 부자정이란 oligarchia의 번역어로 종래 과두정체나 소수지배체제로 번역되었으나 과두라는 말이 소수의 부자를 가리킨다는 점에서 부자정라고 번역하도록 한다. 독재정이란 tyrhannos의 번역어로 종래 참주정체로 번역되었으나 이 책에서는 독재체제로 번역하도록 한다.

그러나 플라톤의 정체론에 대해서는 뒤에서 상세히 설명하도록 하고, 여기서는 다시 《국가》의 순서에 따라 수호자 교육에 대해 살펴보자. 먼저 수호자가 무엇인지에 대해 간단히 설명하고 넘어가야겠다. 수호자란 철인정의 지배계급을 말한다. 그 지배계급의 기원과 관련해 플라톤은 《정치가》에서 다음과 같이 말한다.

그 시절에는 신 자신이 목자로서 마치 오늘날 인간들이 더 신적인 생
물로서 그들보다 하찮은 다른 부류들을 먹여 키우듯 몸소 인간들을
관장하면서 먹여 키웠네. 하지만 … 모든 사람들은 앞선 일들을 기억
하지 못한 채 다시금 땅에서 태어났기 때문에 정체도 개인의 처자 소
유도 없었네. (정치가, 271e)

이 구절은 가부장적 유목민 사회를 묘사하고 있고, 그 사회의 목
자가 지배자인 수호자의 기원이다. 플라톤은 《법》 3권에서는 그러
한 사회가 "부모로부터 그 권위를 물려받은 최연장자의 지배로 발
생했고, 다른 사람들은 마치 새떼처럼 그를 따름으로써 가부장적인
권위와 모든 왕권 중에서도 가장 정당한 왕권에 의해 지배되는 하
나의 단일한 집단을 이루었다"(법, 680e)고 설명한다.

그러한 유목민 집단은 펠로폰네소스의 여러 도시들, 그 가운데서
도 특히 스파르타에 도리아족이라는 이름으로 정착했다. 그들에 대
해 플라톤은 《국가》 3권에서 다음과 같이 말한다.

우리는 이들 흙에서 태어난 자들을 무장시켜서 통치자들의 지도 하
에 인도해 가도록 하세. 이들이 나아가면서, 이 국가에서 주둔하기
에 가장 좋은 곳을 이들로 하여금 살피도록 하세나. 즉 혹시 누군가
가 국법에 복종하지 않으려 할 때는 내국인들을 가장 잘 통제할 수

있는 거점이면서, 또한 어떤 적이 마치 이리가 양떼에 대해 하듯 습격해올 경우에는 외적을 막아낼 수 있는 거점을 말일세. (국가, 415d~e)

따라서 철인정에서는 보조자들을 마치 개들처럼 "통치자에게 순종하는 자들"로 간주한다(440d). 여기서 보조자란 수호자의 보조자인 군인들을 말한다. 철인정에서 교육은 지배계급의 상징이자 특권이며 지배의 안정을 위해 필요한 것이다. 뒤에서 다시 보겠지만, 플라톤의 교육이란 이처럼 서민을 통솔하고 지배계급을 단합시키는 정치적 무기이자 유용한 수단이다.

수호자(그 보조자를 포함하여)는 생산자에 대응되는 계급이다. 플라톤은 통치자(철학자, 왕)와 수호자(군인과 경찰)를 나누기도 하고 그 둘을 합쳐 수호자로 부르기도 한다. 보조자가 수호자에 포함될 수 있는 것은 보조자도 "지혜를 사랑하기 때문"이라고 플라톤은 설명한다. 여기서 플라톤이 말하는 '지혜'가 무엇인지는 다음 구절에 잘 나타나 있다.

그건 개가 친한 사람의 모습과 적의 모습을 식별함에 있어서 다름이 아니라 그 모습을 자기가 알아보는가 또는 모르고 있는가 하는 것에 의해서 한다는 점에 있어서일세. 그리고 그게 실로 앎과 무름에 의해서 친근한 것과 낯선 것을 구별할진대, 어찌 배움을 좋아하지 않을 수 있겠나? (국가, 376b)

요컨대 개도 적과 동지를 구별한다는 점에서 지혜롭다는 주장이다. 이런 것을 지혜라고 보는 플라톤의 애지(지혜사랑), 즉 철학이라는 것의 본질이 몹시 의심스럽긴 하지만 그것이 플라톤의 철학이려니 생각하고 넘어가자. 수호자(보조자를 포함하여)에 대응되는 생산자는 농공상, 즉 농민, 수공업자, 상인이며 인구의 다수를 차지하는 노예는 당연히 여기서 제외된다.

플라톤이 말하는 세 가지 계급은 인간 영혼의 세 가지 요소인 이성, 의지, 욕망에 각각 대응된다. 이성은 수호자의 본성, 의지는 군인의 본성, 욕망은 생산자의 본성이라는 것이다. 그리고 이성이 욕망을 지배하듯이 통치자가 생산자를 지배해야 하고, 의지가 이성과 우호관계에 있듯이 군인과 경찰은 통치자의 명령에 따라야 한다는 것이다.

플라톤은 철인정을 설명하면서 노예에 대해 언급하고 있지 않아 그가 철인정에서는 노예가 허용되지 않는다는 견해도 생겨났다. 하지만 철인정에서 노예제도가 폐지된다는 식의 언급은 어디에도 없고, 오히려 플라톤은 노예라는 말을 피하면서 교묘하게 노예제를 긍정하는 의미로 다음과 같이 말한다.[*]

그 밖에도 다른 봉사자(심부름꾼)들이 또한 있는데, 이들은 지적인

....

[*] 인용구절 외에 431c, 433d, 469c도 참조하라.

일에서는 이 나라 사람들의 동반자 관계에 그다지 어울리지 않는 사람들이지만 힘든 일을 능히 감당해낼 수 있는 체력을 지니고 있네. 그런데 세력의 사용을 파는 사람들은, 그 대가를 우리가 임금이라 부르므로 임금노동자(피고용인)로 부를 수 있다고 나는 생각하네. (국가, 371e)

플라톤은《국가》8권에서 부자정을 설명하면서 그 통치자가 "노예들에 대해 가혹한 사람일 것이니, 족히 교육받은 사람이 그러하듯 그들을 단순히 얕보기만 하지는 않을"(국가, 549a) 것이라고 한다. 여기서 "족히 교육받은 사람"이란 철인정의 통치자이며, 그는 노예를 가혹하게 대하지는 않으나 철저히 무시한다는 것이다.

수호자의 교육

플라톤의 수호자란 "가문 좋은 젊은이"(국가, 375a)이자 "훌륭하디훌륭한"(국가, 376c) 자들이며, 주로 귀족을 가리킨다. 플라톤의 수호자는 순수하게 능력에 근거해 선발된다고 보는 견해가 일반적이지만 이는 근거가 없는 견해다. 수호자는 태어나면서부터 특별하게 관리되어 그 순수한 혈통을 유지하게 된다는 것을 우리는《국가》5권의 다음 구절에서 볼 수 있다.

관리들은 빼어난 자들의 자식들을 받아서는, 이 나라의 특정지역에

떨어져 거주하는 양육자들 곁으로, 보호구역 안으로 데리고 갈 것으로 나는 생각하네. 반면에 열등한 부모의 자식들은, 그리고 다른 부류의 사람들의 자식으로서 불구상태로 태어난 경우에는 그렇게 하는 것이 적절하듯, 밝힐 수 없는 은밀한 곳에 숨겨둘 걸세. (국가, 460c)

이 구절에 나오는 영아 유기에 대해 한글 번역판에서는 그것이 당시에 헬라스에서 아주 일반화된 관행이라는 내용의 주석을 달았으나(국가, 339쪽, 주27), 그것은 아테네가 아니라 스파르타에서 일반적인 관행이었다는 점에 주의해야 한다.

이처럼 어려서부터 선택된 수호자 중에서 특히 보조자는 개처럼 "예민해야 하고, 감지된 것을 추적하는 데 날렵해야 하며, 그리고 또한 붙잡힌 것과 싸워야 할 때는 힘이 세어야만" 하고 "용감"하고 "맹렬"해야 한다고 플라톤은 말한다(국가, 375a). 또한 "친근한 사람들에 대해서는 온순해야 되겠지만, 적들에 대해서는 거칠어야만"한다고도 말한다. 그렇지 못하면 "그들은 다른 사람들이 자기들을 파멸시키길 기다릴 것도 없이, 오히려 먼저 자신들을 스스로 파멸시키고 말 것"이기 때문이라는 것이다(국가, 375c).

여기서 플라톤은 다시 개를 끌고 온다. "혈통 좋은 개들의 경우에 있어서 이것들의 기질은 천성적으로 낯익은 사람들이나 아는 사람들에 대해서는 최대한으로 온순하지만, 모르는 사람들에 대해서는 정반대"다(국가, 375e). 따라서 플라톤은 수호자의 이중적 자질은 '자연에 어긋나는' 것이 아니라고 주장한다. 이런 식으로 플라톤은 계속 개를 분석하면서 수호자는 "격정적"이면서도 "지혜를 사랑해야"(국가, 376e, 376b) 하고, "배움을 좋아"(국가, 376b)해야 한다고 주장한다. 개가 모르는 사람을 보면 공격하고 아는 사람을 보면 반기는 것을 개가 "지혜를 사랑"하고 "배움을 좋아"하는 것이라고 보는 플라톤의 개철학에 대해 우리는 의문을 제기할 수도 있지만 여기서는 일단 넘어가도록 하자.

플라톤은 수호자가 될 어린이에게는 몸을 위한 체육과 마음을 위한 학예를 가르쳐야 한다고 주장한다(국가, 376e). 즉 수호자를 거칠게 만들기 위한 체육과 유순하게 만들기 위한 학예를 가르쳐야 한다는 것이다. 플라톤은 《국가》 3권에서 "순전히 체육만 해온 사람들은 '필요' 이상으로 사나워지게 되는 반면에 학예만 해온 사람들은 자신들을 위해 좋은 정도 이상으로 부드럽게"(국가, 410d) 되지만 "이 양면이 조화를 이룬 사람의 혼은 절도 있고 용감"(국가, 411a)해지기 때문이라고 한다.

이는 실은 플라톤이 당대의 아테네와 스파르타 내지 크레타의 교육을 비교한 것이다. 즉 아테네에서는 학예만을 강조하고 스파르타에서는 체육만을 강조했다는 것이다. 따라서 플라톤의 견해는 그 둘을 조화시켜야 한다는 것이라고 볼 수 있을지 모르지만 사실은 스파르타 쪽으로 그의 견해가 훨씬 기울어져 있다. 가령 플라톤은 설화(說話)의 경우에 문제가 있다고 지적하는데 그것은 바로 당대 아테네의 학예에 대한 비판이다.

플라톤은 설화는 미리 검열을 해서 "우리가 생각하고 있는 것들"(국가, 377c)과 반대가 되지 않도록, 가령 신과 영웅을 "나쁘게"(국가, 377e) "경솔하게"(국가, 378a) 묘사하지 않도록 해야 한다는 것이다. "아이들로 하여금 아무나 지어낸 아무 이야기든 닥치는 대로 듣게끔 이토록 경솔하게 내버려둠으로써, 그들이 성장했을 때 그들이 가져야만 하는 것으로 우리가 생각하는 것들과 대개 반대되는 생각들을 그들의 마음속에 지니게끔" 해서는 안 된다는 것이다(국가, 377b).

그래서 "진실이라 할지라도 철없고 어린 사람들을 상대로 그처럼 경솔하게 들려줄 것이 아니라 침묵하는 것이 상책"이라고 하고, "혹시 이야기할 불가피한 사정이 있다면, 되도록 극소수의 사람만이 비밀리에 듣도록 하되", "가급적이면 최소한의 소수만이 듣도록 해야만"(국가, 378a) 한다고 플라톤은 주장한다. 이런 입장에서 플라톤은 3권의 거의 마지막에 이르기까지 여러 가지 예를 든다. 이 부분은 아테네의 문화에 대한 플라톤 나름의 검열관적 판단이다. 플라톤은 이 부분의 주장에서 더 나아가 《국가》 10권에서는 극단적인 시인 추방론을 편다.

수호자의 교육은 《국가》 7권의 마지막 부분에서 다시 나타난다. 20세가 되기 전 2~3년간의 군복무 기간에 "모든 노고와 교과, 그리고 두려운 일들을 통해서 언제나 가장 민활한 것으로 드러나는 자를 선발"(국가, 537ab)해야 한다. 20세부터 30세까지는 수학, 기하학, 천문학을, 35세까지는 철학적 논변을 배우고, 50세까지는 군사와 행정에 관한 실무경험을 해야 한다(국가, 535~541).

검열

문학과 음악의 검열에 대한 플라톤의 주장을 살펴보자. 이는 러셀이 그의 《서양철학사》에서 두 쪽 이상에 걸쳐 상세히 소개하기도 한 부분이다. 러셀 이전에 밀은 검열의 전제가 되는 무오류성의 가정에 대해 비판한 바 있다.[*] 즉 자신이 항상 진실과 거짓, 선과 악에 대한 절대적인 지식을 갖는다는 가정은 잘못이라는 것이다. 진리에 대한 진정한 이해를 위해서는 모든 것에 대해 이의를 제기하고 실수를 할 권리가 인정돼야 한다.[**] 그러나 플라톤은 이와 반대되는 주장을 하며, 공격의 대상은 주로 호메로스와 헤시오도스의 문학이다(국가, 377d).

첫째, 플라톤은 신과 영웅에 대해 나쁘게 말하면 안 된다고 주장한다. "신들끼리 전쟁을 일으키고 서로들 음모를 꾸미며 싸움질을 하는 것으로 이야기해서도"(국가, 378c) 안 된다. "신은 참으로 선하므로 그렇게 이야기해야만" 한다(국가, 378b). 왜냐하면 "어린 사람은 뭐가 숨은 뜻이고 뭐가 그렇지 않은지를 판별할 수도 없으

----

[*] J. S. Mill, On Liberty, Fontana, 1962, p. 143.
[**] 위의 책, pp. 180~181.

려니와, 그런 나이일 적에 갖게 되는 생각들은 좀처럼 씻어 내거나 바꾸기가 어렵기 때문"이라는 것이다(국가, 378e).

국가를 수립한 자들이 볼 때는 시인들이 거기에 맞추어 설화를 지어야만 하는 규범들을 아는 것이 합당하다네. 국가의 수립자들로서는 시인들이 이것들에 어긋나게 설화를 지을 경우에 이를 허용치 않아야만 하는 것이지.(국가, 379a)

둘째, 저승에 대해 험하게 묘사하거나(국가, 386b) '울부짖음의 강', '말라빠진 송장들'과 같은 무섭고 두려운 이름도 사용해서는 안 된다고 플라톤은 주장한다. 왜냐하면 "수호자들이 이와 같은 몸서리로 해서 정도 이상으로 조급해지거나 나약해지지 않을까 염려"(국가, 378c)해서다. 마찬가지로 "이름난 인물들의 통곡이나 비탄"(국가, 387)도 지워야 한다. 왜냐하면 그래야 "죽는다는 것이 무서운 일이 아니라고 생각할 것"이기 때문이다.

셋째, 그렇다고 해서 젊은이들이 웃음을 좋아하게 해서도 안 된다(국가, 388e)고 플라톤은 주장한다. 이에 대해 러셀은 호메로스의 작품에 자주 나오는 "축복받은 신들 사이에 언제나 크게 웃는 소리"를 인용하는 교사가 학생에게 그것이 나쁜 것이라고 말할 수 있느냐고 반문한다(러셀1, 145).

넷째, 상관에게 대드는 것을 묘사하거나 푸짐한 연회를 묘사해서도 안 된다고 플라톤은 주장한다. 절제에 의해 "통치자들에 대해서는 순종하는 반면, 주색이나 먹는 것과 관련된 쾌락에 대해서는 자신들이 다스리는 자가 되는"(국가, 389e) 것이 옳다고 생각하기 때문이다. 마찬가지로 욕정이나 겁탈과 관련된 묘사도 제외돼야 한다(국가, 390c). 또 착한 자가 불행하게 되고 악한 자가 행복하게 되는 묘사도 해서는 안 된다(국가, 392b). "사악함에 대한 무신경이 생기게"(국가, 392a) 해서는 안 되기 때문이다.

플라톤은 희극과 비극은 사람들로 하여금 "용감하고 절제 있고 경건하며 자유인다운 사람들을" 어릴 때부터 모방하게 해야 하며 비굴한 짓, 창피한 짓을 모방하게 해서는 안 된다고 주장한다(국가, 395b). 그리고 노래에서도 비탄과 한탄은 금지돼야 하고(국가, 398d), 유약한 것이나 술자리에 관한 것들도 금지돼야 한다(국가, 398e). 대신 용기와 절제의 음악만이 허용돼야 한다(국가, 399a). 또 하나 허용되는 음악은 다음과 같은 것이다.

평화적이며 강제적이지 않고 자발적인 행위를 하는 사람으로서, 누군가에게 뭔가를 설득하며 요구를 할 때에는 신께는 기도로써 하되 사람한테는 가르침과 충고로써 하고, 반대로 남이 자신에게 요구를 해오며 가르쳐주거나 변화하도록 설득을 해오면 귀를 기울이는, 그래서 이런 까닭으로 그의 마음에 들게 행동하며 거만하게 굴지 않고, 이 모든 경우에 절제 있고 전도 있게 행동하며 결과에 만족하는 그런 사람의 어조와 억양을 적절하게 모방하게 될 그런 선법.(국가, 399b)

교육론

《국가》 7권에서 플라톤은 학예는 아이들에게 강제로 가르쳐서는 안되고 "놀이 삼아"(국가, 537a) 하게 해야 한다고 주장한다. "자유인은 어떤 교과도 굴종에 의하여 배워서는 아니 되기 때문"이다(국가, 536a). "신체적인 노고는 강제에 의한 것일지라도 그 신체를 조금도 더 나쁘게 만들지 않지만, 그 어떤 강제적인 배움도 혼(마음)에 머물지는 않"(국가, 536e)기 때문이다.

그러나 위에서 본 검열에 의한 교과조정을 전제로 한 교육이 주입식 교육이 아닌 대화식 교육이라고 할 수 있을까? 플라톤은 철저한 국가 주도의 주입식 교육을 주장한 것이다. 그런 견해는 현대에까지 이어진다. 마키아벨리, 흄, 르낭, 니체, 오펜하이머, 카우츠키, 토인비 등을 그런 계열로 볼 수 있다.

플라톤은 "신체적인 노고는 강제에 의한 것일지라도 그 신체를 조금도 더 나쁘게 만들지 않"는다고 한다. 그러나 이런 플라톤의 체육교육론을 듣고 오늘날 한국의 강제적인 체육교육을 상상해서는 안 된다. 소크라테스는 군인으로서의 훈련을 요구한 것이다. 그는 아이들을 전쟁에 데려가 "전쟁의 관찰자로"(국가, 467c) 만들어야 하고, "아이들을 말 등에 태워서 참관자로서 싸움터로 데려가야만" 되며, 안전하기만 하다면 가까이로 데리고 가서 "마치 사냥개 새끼들처럼 피맛을 보게 해야 한다"(국가, 537a)고 주장한다. 《국가》 3권의 마지막 부분에서 플라톤은 그런 교육을 담당할 수호자,

감독자, 통치자, '가장 훌륭한 사람'에 대해 언급하고 그들의 선발에 대해 설명한다. 하지만 그 기준은 애매하다.

플라톤은 국민을 교육하기 위한 '거짓말'로 다음과 같은 건국신화를 만들어야 한다고 제안한다. 즉 사람들 "자신이 땅속에서 만들어져서 양육되고 있었고, 또 이들의 무장과 그 밖의 장비도 그 속에서 만들어지고 있었는데, 이 일이 완벽하게 완결되고서야, 이들의 어머니인 대지가 이들을 지상으로 올려보냈"(국가, 414d/e)으며, 그중 지배자는 황금, 보조자는 은, 농부나 장인은 쇠와 청동(구리)을 섞어 만들었다는 것이다(국가, 415a). 또 그들의 후손은 가끔 섞일 수도 있지만 기본적으로는 금은동이라는 혈통을 유지하므로 그 혈통에 따라 대우해야 한다는 것이다. "쇠나 청동의 성분을 지닌 수호자가 국가를 지키게 될 경우에는 국가가 멸망"(국가, 415c)하기 때문이라는 것이다.

여기서 플라톤은 예외를 이야기한다. 즉 동의 혈통을 갖는 부모에게서 금은의 혈통으로 태어나면 수호자가 될 수도 있다는 것이다. 그러나 다음 구절을 보면 플라톤은 그러한 예외가 생겨서는 안 된다고 생각한 것이 틀림없다.

철과 은, 동, 그리고 금이 함께 섞임으로써 변종과 불합리한 상태가 생기게 되고, 이것들이 일단 생기게 되면 … 언제나 전쟁과 적대심을 낳느니라. (국가, 547a)

또한 그 혈통의 유지를 위해 거짓말도 동원된다. 플라톤은 "통치자들이 다스림을 받는 사람들의 이익을 위해서 많은 거짓말과 속임수를 써야만 될 것"(국가, 459d)이라고 말하면서 또 하나의 거짓말을 정당화한다. 즉 철인정에서는 성관계가 추첨에 의해 이루어지는 것으로 돼있으나 이는 거짓말에 불과하고 실제로는 우생학적으로 사전에 은밀히 조작되어 우수한 남녀와 저능한 남녀는 각각 그들끼리만 성관계를 맺게 하고 우수한 남녀 사이에서 나온 자녀만 양육해야 한다는 것이다. "그리고 수호자 집단이 최대한 분쟁 없는 상태로 있으려면 이 모든 일은 통치자들 자신을 제외하고는 아무도 모르게 행해져야만"(국가, 459e) 한다고 그는 주장한다. 이런 끔찍한 인종주의를 플라톤은 정당한 것이라고 본다. 이러한 거짓말 건국 신화는 앞에서 본 '건강한 국가'의 분업을 사회적 계급으로 변화시키는 계기가 된다.

이에 대해 포퍼는 "모든 형태의 자유 중 가장 고귀한 자유인 지적 자유를 위태롭게 할지도 모르는 조치를 옹호하기 위해 함부로 국가이익에 호소해서는 안 된다"고 반박한다. 또한 그는 다음과 같이 말한다.

권위주의적인 정책은 안심하고 믿기가 어려운 전문가의 권위를 국가의 권위로 뒷받침하고, 학문을 어떤 권위주의적 원리처럼 관례적으로 가르침으로써 망쳐놓고, 학문적 탐구의 정신, 즉 진리의 소유에 대한 믿음과는 반대되는 진리를 탐구하고자 하는 정신을 파괴하는

것이다.(포퍼1, 183)

플라톤식의 권위주의적 교육은 가장 뛰어난 지도자를 선발하기 위한 것이라는 점에서 엄청난 경쟁교육과 출세지향적 교육을 요구한다. 그 결과에 대해 포퍼는 다음과 같이 지적한다.

교육체제를 경기코스로 변형시키고, 학업과정을 장애물 경기로 바꾸어 놓는다. 학생이 연구 자체를 위한 연구에 스스로 몰두할 수 있게 고무하는 대신에 개인적 경력을 쌓기 위해 연구하도록 고무하며, 그가 앞으로 나아가려면 치워야 하는 장애물을 넘는 데 도움이 될 수 있는 그런 지식을 얻도록 요구한다.(포퍼1, 187)

이런 포퍼의 비판과 달리, 플라톤은 교육을 "인간 가축을 통솔하고 지배계급을 단합시키는 데 유용한 수단"으로 생각한 적이 없고 플라톤의 국가는 "개인이 자기실현을 도모할 수 있는 도장으로서의 교육국가"이자 "영혼의 고차적 필요에 알맞은 주위환경을 구성해주는 제도"라는 식의 주장(이상인, 441)도 있다. 나로서는 도저히 수긍할 수 없는 주장이다.

현대 영국의 교육학자인 베로는 플라톤이 대중교육에 대해서도 언급했다면서 그 근거로《국가》414d와 420d를 든다(베로69). 그러나 그가 든 구절 가운데 어디에서도 플라톤은 대중교육을 말하고 있지 않다. 베로는 피지배층을 철인의 지배에 따르게 하려면 대중

역시 최소한이라도 교육을 받아야 하며, 이런 관점에서 보면 플라톤이 말하는 학예와 체육 교육은 모두에게 두루 적용되는 것이라고 주장한다(베로69). 그러나 플라톤은 대중은 자기 직업에만 충실해야 하고 그렇게 하는 것이 정의라고 말했을 뿐 그들이 교육을 받아야 한다고 주장한 적은 없다.

베로는 플라톤이 계급교육을 주장한 것은 아니라면서 그 근거로 플라톤이《국가》374c에서 "각자에게 한 가지 일만 허용한" 이유가 각자가 타고난 적성에 맞는 일을 해야 한다고 생각했기 때문이라는 점과《국가》415a에서 수호자의 자녀가 수호자에게 맞지 않는 천성을 가지고 태어나면 비수호자 집단으로 옮겨져야 한다고 말한다는 점을 들고 있다(베로, 76). 그러나 이는 위에서 본 바와 같이 출생에 따른 계급을 전제하고서 각자의 일이 그 계급의 적성에 맞아야 한다고 주장한 것에 불과하고 계급 간 이동은 어디까지나 예외적인 것으로 취급되고 있으므로 플라톤이 계급교육을 주장하지 않았다고 볼 근거가 될 수 없다.

공유제와 전쟁교육

플라톤에 따르면 수호자들은 자신의 신체와 혼 외에는 어떤 재물이나 처자도 사적으로 소유해서는 안 된다. 그들은 용병과 달리 어떤 화폐도 가져서는 안 된다. 그들이 수호자의 역할을 하는 대가로 생산자로부터 받는 것은 "절제할 줄 알고 용감한 전사들이 필요한 정도만큼의" "필수품"(국가, 416de)에 한정돼야 한다. 그들은 스파르타와 크레타에서처럼 "공동식사를 하면서, 마치 야영하는 군인들처럼 공동으로 생활해야" 한다. 그 이유는 "자신의 혼 안에 신들이 준 신성한 금은을 언제나 지니고 있어서 이에 더하여 속인의 금은이 전혀 필요하지 않으며, 또한 신에게서 받은 그 소유물을 사멸하는 인간의 소유물과 섞음으로써 더럽히는 것은 경건하지 못한 짓"(국가, 416e)이기 때문이다.

이에 대해 마르크스는 《경제학 철학 초고》에서 "야만적인 무사상의 공산주의"라고 비판했으나, 플라톤의 공산주의는 어디까지나 수호층에 한정된 공산주의라는 점에 주의해야 한다. 이상의 설명으로 《국가》의 3권이 끝나지만, 공유제에 대한 설명은 4권에서도 이어진다. 4권의 처음 부분에서 소크라테스는 부와 빈곤은 장인을 타락시킨다고 말한다. 즉 부는 "사치와 게으름 및 변혁(불만)"을, 빈곤은 "변혁(불만)에 더하여 노예근성과 '기량의 떨어짐'"(국가, 422a)을 초래한다는 것이다. 이어 전쟁과 재산에 대한 설명이 이어지나 여기서는 생략하자.

플라톤은 철인정에서 가장 중요한 입법인 "신전의 건립과 제물, 그리고 신과 수호신 및 영웅에 대한 섬김"(국가, 427b)에 관한 법은 델포이의 신인 아폴론이 제시하는 것이라고 하여 아폴론에게 절대적인 입법자의 권위를 부여한다. 이처럼 아폴론을 최고 입법자로 보는 플라톤의 종교적 법기원론은 《법》에서도 반복된다(법, 624a, 632d). 이어 《국가》 5권에서 플라톤은 수호자층의 처자 공동소유에 대해 설명한다.

이들 모든 남자의 모든 여자는 공유하게 되어 있고, 어떤 여자도 어떤 남자와 개인적으로는 동거하지 못하게 되어 있다네. 또한 아이들도 공유하게 되어 있고, 어떤 부모도 자기 자식을 알게 되어 있지 않으며, 어떤 아이도 자기 부모를 알게 되어 있지 않다네. (국가, 457cd).

수호자층의 여성들은 수호자층의 남성들과 함께 학예교육은 물론이고 체육교육도 받으며 공동주거와 공동식사도 하게 되어 "자연적 필연성에 의해 상호의 성적 관계로 유도"(국가, 458d)되지만 결코 무질서하게 되지는 않는다. 단 최선의 남녀와 최악의 남녀는 각각 그들끼리만 성관계를 가져야 하고, 최선의 남녀 사이에서 태어난 아이만 키우고 최악의 남녀 사이에서 태어난 아이는 키우지 말아야 한다. 물론 이는 앞에서도 말했듯이 통치자들만 알고 일반인에게는 비밀에 붙여야 한다(국가, 459de).

자녀를 낳을 수 있는 나이도 여자는 20~40세, 남자는 25~55세로 정해진다(국가, 460e). 그 밖의 연령인 남녀는 원하는 상대와 자유롭게 성적 관계를 갖지만 자녀를 낳아서는 안 되고, 만일 낳게 되면 그 자녀는 죽여야 된다. 남자는 딸과 어머니, 딸의 자식과 어머니의 선대 여자와는 관계를 맺을 수 없다. 여자도 아들과 아버지, 그들의 선후대 남자와는 관계를 맺을 수 없다(국가, 461b~c). 그러나 누가 자신의 아들이고 딸인지, 부모인지를 모르지 않는가? 왜냐하면 아이들이 태어나면 최선의 남녀 사이에서 태어난 자녀는 관리에게 양도되어 양육자나 보호구역으로 보내어지고, 최악의 남녀 사이에서 태어난 자녀나 불구자는 "밝힐 수 없는 은밀한 곳에 숨겨"(국가, 460c)지기 때문이다. 이는 곧 최악의 남녀 사이에서 태어난 아이는 죽게 내버려 둔다는 것이다. 산모는 보호구역으로 보내어 제 자식을 알아보지 못하게 모든 방책을 강구하고, 산모는 자기 아이가 아닌 다른 아이에게 젖을 먹이게 한다(국가, 460d).

그러나 부모와 자식 사이의 관계는 맺어진다. 즉 신랑이 된 날로부터 7~10개월 사이에 태어난 자녀는 모두 그를 아버지라고 부르기 때문이다. 그리고 그 자녀는 모두 형제자매가 된다(국가, 461d). 따라서 모든 수호자의 자녀는 형제자매가 된다. 플라톤은 특별한 경우에는 형제자매 사이에도 결혼이 가능하다고 하지만(461e) 실제로는 모든 결혼이 형제자매 사이에 이루어지는 것이다. 이렇게 기술된 것은 플라톤이 충분히 생각하지 않은 탓이라고 러셀이 비판(러셀1, 148)했는데 이런 비판은 지극히 당연한 것이다.

플라톤은 처자를 공유하는 것을 "최대선"(국가, 464b)이라고 하고 "올림피아 경기에서의 우승자들이 사는 가장 축복받는 삶"(국가, 465d)이라고 찬양한다. 처자를 공유하면 "소송이나 서로에 대한 고소가 거의 사라지"고 "강제행위나 폭행으로 인한 소송도 없"(국가, 464e)어진다는 것이다.

플라톤의 국가에서 아이들은 어려서부터 전쟁에 참전한다(국가,

467e). 전쟁에서 공을 세운 젊은이들은 찬양된다(국가, 468e). 플라톤은 전쟁과 내란을 구분하고, 그리스인 사이의 내란에서는 패자를 노예로 삼거나(국가, 469b) 수확물을 뺏는 것(국가, 470e) 외에 잔인한 짓을 해서는 안 된다고 주장한다. 그러므로 그리스인이 아닌 다른 민족과의 전쟁에서는 그런 짓을 하는 게 허용된다는 이야기다.

플라톤의 처자 공동소유론과 전쟁교육론은 그의 극단적 집단주의를 단적으로 보여주는 것이다. 이 두 가지는 《법》에서도 반복되는데 여기서 관련 구절 두 개를 살펴보도록 하자.

최선의 국가, 최선의 정체, 최선의 법이란 "친구들은 그들이 가진 모든 것을 공동으로 소유한다"는 옛 격언이 가장 널리 실현되는 국가를 말합니다. 즉 처자와 재산은 모두 공유입니다. 사적이고 개인적인 모든 것을 어디서든 우리 생활로부터 뿌리째 뽑아버리기 위해 가능한 모든 방법이 동원됩니다. 그렇게 되면 본래 사적이고 개인적인 것들까지도 모든 사람의 공동소유가 됩니다. 우리들의 눈과 귀, 손까지도 개인에게 속하는 것이 아니라 공동체에 속하는 것처럼 보고 듣고 행동하게 됩니다. 모든 사람이 칭찬하고 비난할 때에도 완전히 만장일치로 하도록 길들여지며, 심지어 그들은 똑같은 일에 대해 동시에 기뻐하고 슬퍼합니다. 그리하여 모든 법은 국가를 철저히 통합시킬 때 완벽해집니다. (법, 739c)

가장 중요한 원칙은 남자건 여자건 모두 언제나 지도자가 없어서는 안 된다는 것입니다. 어느 누구도 진지한 때이든 장난하는 때이든 전적으로 자기 스스로 무언가를 하게끔 마음이 습관화되어서는 안 됩니다. 전쟁 시이든 평화 시이든 언제나 지도자에게 눈을 돌려 그를 따라야 합니다. 아무리 사소한 일도 지휘를 받아야 합니다. 예컨대 그렇게 하라는 명령이 떨어지면 정지하고, 전진하고, 체조하고, 씻고, 먹고, 야간감시나 전령근무를 할 경우에는 밤새도록 정신을 차려야 하며, 반대로 어떤 위험이 없다고 해도 지도자의 지시가 없는 한 추격도, 후퇴도 해서는 안 될 것입니다. 한마디로 말하면 사람들은 오랜 습관에 의해 독립적인 영혼을 꿈꾸지 말아야 하고, 전혀 그런 짓을 할 수 없게 되도록 자신의 영혼을 길들여야만 합니다. 모든 사람이 이런 식으로 전체 공동체 속에서 일생을 보내게 될 것입니다. 이보다 더 강력하거나 이보다 더 효과적으로 전쟁에서 안전을 확보해주고 승리를 확신시켜주는 길은 없으며, 앞으로도 없을 것입니다. 남을 지배하고 남에게 지배당하는 습관은 평화 시에도, 그리고 유년 시절부터 계속해서 육성되어야 합니다. 지도자가 없는 무질서는 전인류의 전 생애에서 뿌리째 근절되어야 합니다. 그것은 심지어 인간에 예속된 야수의 생활에서도 근절되어야 합니다. (법, 942a~d)

위 두 구절에 대해 그동안 여러 학자들이 "이기주의에 대한 강력한 탄핵"으로서 "국가이익과 개인이익의 조화"를 주장하는 것으로 보아왔다. 즉 반이기주의이자 반개인주의의 주장이라는 것이다. 그러나 포퍼가 지적하듯이 이기주의는 이타주의에 반하는 것이고,

개인주의는 집단주의에 반하는 것이므로 이기주의와 개인주의는 다른 것이다. 즉 계급적 이기주의, 집단적 이기주의, 단체적 이기주의, 당파적 이기주의라는 것이 일반적으로 존재하듯이 집단주의와 이기주의는 결코 반대되는 것이 아니라 쉽게 결합하는 것이다. 또 반집단주의자인 개인주의자도 얼마든지 이타주의자일 수 있다.

그러나 플라톤에게는 이타적 개인주의가 존재할 수 없었다. 즉 그에게 집단주의의 반대는 이기주의일 뿐이었다. 그는 모든 이타주의를 집단주의로 보았고, 모든 개인주의를 이기주의로 보았다. 이러한 관점은 오늘날에도 볼 수 있다. 특히 한국에서 그렇다. 이기주의와 개인주의를 동일시하는 것은 개인주의를 공격하고 집단주의를 방어하는 데 강력한 무기가 된다. 왜 플라톤은 개인주의를 공격했을까? 인도주의를 지키는 데 개인주의가 강력한 무기였기 때문이다. 개인의 해방은 부족주의의 붕괴를 초래하고 민주주의를 일으키는 거대한 정신혁명으로 이어지기 때문이었다. 이런 점이 그리스 민주주의의 아버지인 페리클레스에 의해 부각됐기 때문에 플라톤은 개인주의에 반대한 것이다. 개인주의와 이기주의를 동일시한 플라톤의 사고방식은 전체주의로 이어진다. 이런 맥락에서 포퍼는 다음과 같이 지적했다.

우리는 이러한 동일시와 그럴듯하게 들리는 말에 기만당한 자들이 플라톤을 도덕의 스승으로 추앙하고 플라톤의 윤리가 그리스도 이전의 기독교 정신에 가장 접근된 것이라고 세상에 공포하여 전체주의에로의 길을 준비하고 있고, 특히 기독교를 전체주의적으로, 반기독교적으로 해석하려 하고 있음도 또한 인식해야 한다. 그리고 기독교가 전체주의적 이념의 지배를 받던 시절이 있었던 만큼 이것은 위험한 일이다. 과거에 있었던 종교재판이 다른 형태로 다시 나타날지도 모른다. (포퍼1, 148)

플라톤의 극단적 집단주의는 개인들의 상호대립하는 요구를 공정하게 평가하는 정의나, 개인의 요구와 국가의 요구를 조정하는 정의를 철저히 무시하는 것이다. 플라톤은 이렇게 말했다. "나는 국가 전체나 일족 전체를 위한 최선의 길에 목표를 두고 법을 제정하려 하고, 당연히 개인의 이익은 전체보다 낮은 가치수준에 두려고 합니다."(법, 923b) 즉 플라톤은 집단적 전체에만 관심을 가졌고, 그에게 정의란 집단의 건강, 통합, 안정뿐이었다.

플라톤의 처자 공유제 주장에 대한 최초의 비판자인 아리스토텔레스는 사적 차이를 제거하여 사회적 통합을 이루려는 플라톤의 시도는 국가통합에 본질적인 요소인 더 많은 다양성(정치학, 1261a/b)을 해쳐서 정반대의 결과를 초래할 수도 있다고 비판했다. 아리스토텔레스는 "아내와 자녀가 공유되는 국가에서는 애정의 감정이 필연적으로 엷어질 것"(정치학, 1262b)이라고 말했다.

결혼을 통제해야 한다는 플라톤의 주장도 많은 비판을 받았다. 그러나 아리스토텔레스는 이에 대해서는 비판한 바가 없다. 그 이유는 당시에는 결혼이 재산을 승계하고 정치적 동맹을 확고히 하기 위한 정략혼으로 이루어졌기 때문이다. 따라서 이를 두고 현대의 학자들이 인간의 영혼에 가해진 폭력이라고 비판하는 것은 문제가 없지 않다.

정의

《국가》1권에서 정의에 대해 문제제기를 한 플라톤은 《국가》4~5 권에서 예비적 답을 제시한다. 그는 더 명확한 답이 6권의 이데아론 으로 밝혀진다고 하지만 세이어스도 말하듯이 그것은 정의에 대한 규명으로는 별 소용이 없다(세이어스, 115). 《국가》4~5권에서 설 명되는 플라톤의 정의이론은 둘로 나누어진다. 그것은 사회의 정의 (국가, 427d~434d)와 개인의 정의(국가, 434d~449a)다.

사회의 정의에 대해 플라톤은 지혜, 절제, 용기, 정의라는 네 가지 덕을 설명하는데 그 내용을 검토해보자. 이런 검토를 하는 이유는 플라톤의 정의이론이라는 것이 얼마나 허구적인지를 보이려는 데 있지만, 이와 동시에 플라톤이 《국가》를 비롯하여 여러 책에서 말하 는 소위 소크라테스식 산파술의 대화라는 것이 얼마나 반대화적인 지를 보이려는 데도 있다. 《국가》의 4권 중간쯤에서 플라톤은 수호 자의 덕성인 지혜와 보조자의 덕성인 용기에 대해 말한 뒤에 생산 지의 덕성인 절제와 정의에 대한 논증이 남아있다면서(국가, 430c) 절제에 대한 논의는 제외하자고 제안한다. 그래도 상대가 절제에 대해 설명해달라고 요청하자(국가, 430d) 그것을 설명해주는 것이 정의라고 답하며 절제에 대해 설명한다(국가, 430e).

이에 대해 포퍼는 플라톤이 "정의를 다시 등장시켜" 자신이 "정의를 '발견'할 방법을 갖고 있음을 암시하고, 나아가 상대가 자신의 지적 정직성을 세심하게 감시하고 있다는 것과, 그 논의를 전개하는 데 대해 독자 자신은 전혀 경계할 필요가 없다는 것을 독자에게 확신시키고 있다"고 본다(포퍼1, 142). 또 플라톤이 절제에 대한 논의를 제외하자고 한 것은 생산자의 덕목인 그것을 무시한 탓이라고 볼 수 있다.

여하튼 플라톤은 절제란 "쾌락과 욕망의 억제"라고 말한다(국가, 430e). 그리고 절제는 지혜나 용기와 달리 "국가 전체에 걸치는 것"(국가, 432a)이라고 하면서도 그것은 "한 국가에 있어서나 한 개인에 있어서 한결 나은 쪽과 한결 못한 쪽 사이에 어느 쪽이 지배를 해야만 할 것인지에 대한 합의"(국가, 431a~b)라고 주장한다. 결국은 "한결 나은 쪽"이 "한결 못한 쪽"을 지배하는 것에 대한 합의가 피지배자의 덕목인 절제가 되고 있다.

이어 정의를 찾아가는 길을 플라톤은 꽤나 길게, 그리고 매우 신비롭게 사냥을 하는 과정에 비유하여 설명한 뒤에 다음과 같이 말한다. "이미 오래전에, 아니 처음부터 그게 우리 발 앞에 굴러다니고 있었던 것 같은데, 그런데도 우리는 그것을 목격하지 못하고 지극히 우스꽝스러운 꼴을 보이고 있었네."(국가, 432d) 이를 두고 포퍼는 "독자들의 비판능력을 약화시키고, 그리고 재치 있는 언변을 극적으로 전개시켜 이 대화편에서 나타나는 지적 빈곤으로부터 독자의 주의를 다른 데로 돌리기 위한 하나의 시도"로 해석한다(포퍼 143). 여하튼 플라톤은 이어서 정의를 다음과 같이 설명한다.

첫째, 플라톤은 모든 계급이 자기 일을 하는 것이 정의라고 주장하고는 "내가 무엇을 근거로 이런 추단을 하는지 알고 있는가?"(국가, 433b)라고 상대에게 물은 뒤 각 계급의 덕성(지혜, 용기, 절제)과는 다른 것이 정의라고 말한다. 그러자 상대는 그렇게 되는 것이 '필연적'(국가, 433c)이라고 맞장구친다. 그러나 이는 추단이나 논증이 아니라 일방적인 주장과 그것에 대한 무조건적인 추종에 불과하다.

둘째, 플라톤은 재판의 목표란 "각자가 남의 것을 취하지 않도록 하고, 또한 제 것을 빼앗기지도 않도록 하는 것"이라고 정의하고, 그것이 옳다면 "'제 것의 소유'와 '제 일을 함'"이 정의라고 주장한다(국가, 433e). 그러나 재판의 목적이 되는 '제 것의 소유'와 플라톤이 정의라고 주장하는 '제 일을 함'은 결코 동일한 것일 수 없다. 이에 대해 한글판 주석은 "'제 일'이야말로 참된 '제 것'이라 봄으로써 종래의 법적인 정의와 자신이 의미하는 정의를 절묘하게 통합하여 이런 의미규정을 내리고 있다"고 설명한다(국가, 288쪽, 주 34). 이는 전통적인 해석인데, 이에 반해 포퍼는 이를 '조잡한 속임수'라고 본다(포퍼, 141). 나도 포퍼와 같이 보지만, 독자 여러분은 어떠하신가?

셋째, 플라톤은 각 계급은 각자에게 주어진 일을 하는 것이 정의이고 그 반대는 부정이라고 주장한다(국가, 434a~b). 이는 곧 정의의 판단기준은 국가이익이라는 주장으로서 도덕이나 법에 대한 전체주의 이론이다. 이런 전체주의 이론에 따르면 국가 자체는 어떤 잘못도 범할 수 없고, 그 이익을 위해서는 개인에게 폭력을 가할 수도 있다.

러셀이나 포퍼가 지적하듯이 이러한 정의관은 오늘날 우리가 생각하는 정의관, 특히 평등주의와 무관하다. 따라서 권력이나 재산의 불평등은 플라톤에게는 불의가 아니다. 따라서 철인정에서 모든 권력이 통치자인 권력자에게 집중되는 것이 정의가 된다. 플라톤의 경우 불의란 통치계급에 속한 사람들보다 더 현명한 사람이 다른 계급에 속하는 경우에 생길 뿐이다. 플라톤이 통치계급의 자녀들이 출생이나 교육에서 다른 계급 자녀들보다 더 우수하다고 하면서도 계급의 승진이나 강등을 예외적으로 허용한 것은 이 때문이다. 그러나 여기서는 누가 더 우수한가를 판단하는 것이 문제된다. 또 설령 우수하다고 판단되는 자가 자기 계급을 떠나 공정하게 모두를 위해 공헌할지도 의문이다.

플라톤은 결국 훌륭한 국가에는 지혜, 용기, 절제, 정의가 필요하다고 주장한 셈이다. 이 네 가지가 왜 필요한가에 대해 플라톤은 위에서 본 억지소리 외에 아무런 논증을 하고 있지 않다. 여기서 우리는 그것이 당시의 상식이나 통념이었다고 짐작할 수 있다. 아니 지금 우리나라에서도 그렇다. 우리는 흔히 지배자는 지혜로워야 하고, 군인은 용기를 가져야하며, 서민은 욕심을 줄여야 한다고 말하지 않는가? 플라톤의 이야기는 이런 통념과 크게 다르지 않다.

첫째, 지혜란 소수인 통치자의 수호술을 말한다(국가, 428d). 따라서 그것을 일반적인 의미에서 지혜로운 무엇이라고 생각해서는 안 된다. 플라톤에 의하면 그러한 통치술로 인해 국가 전체가 훌륭해진다. 그러나 그 구체적인 내용은 설명되지 않는다. 따라서 그것은 훌륭한 가문 출신인 수호자층이 훌륭한 교육에 의해 얻어지는 것은 모두 지혜라는 말이 된다. 이는 결국 왕이나 황제를 비롯한 모든 독재자가 훌륭한 출신과 교육을 받기만 하면 지혜를 갖는 자라고 말하는 것과 무엇이 다른가?

둘째, 용기는 군인의 그것으로서 이를 플라톤은 "법에 의한 교육을 통해, 두려워할 것들이 무엇무엇이며 또 어떠한 것들인지, 이와 관련해서 생기게 된 소신(판단)의 보전"(429b~c)이라고 하지만 역시 구체적인 내용은 명시되지 않는다. 따라서 용기 역시 군인으로 출생한 자가 군인교육을 받아 갖게 되는 것이 된다.

셋째, 절제인데 이는 "일종의 질서요, 어떤 쾌락과 욕망의 억제"(국가, 430e)라고 플라톤은 말한다. 플라톤은 절제의 설명에서는 앞의 두 경우와 달리 개인의 경우를 먼저 설명한다. 즉 자신을 이기는 자와 자신에게 지는 자를 구분하고 이를 각각 절제와 무절제로 본다. 여기서 이기고 진다는 것은 자신 안에 있는 나은 것과 못한 것의 우열에 의해 판단된다고 한다. 마찬가지로 국가에서도 나은 것과 못한 것의 우열이 절제와 무절제를 구분하는 기준이 된다. 즉 무절제의 욕망은 다수의 하인들, 자유민, 노예들에게 있으나, 절제는 교육을 잘 받은 소수에게 있다(국가, 431b). 따라서 "국가에 있어서나

한 개인에 있어서 성향상 한결 나은 쪽과 한결 못한 쪽 사이에 어느 쪽이 지배를 해야 할 것인지에 대한 합의가 절제"(국가, 432a)다. 요건대 소수의 농치자가 인구의 나머지를 지배하고 그 나머지 다수가 소수에 복종하는 것이 절제라는 것이다. 따라서 절제는 소수의 덕목이자 다수의 덕목, 즉 모두에게 필요한 덕목이기도 하다. 그러나 그렇다고 해서 절제가 "플라톤 철학의 정점"이라고 보는 견해(서병훈, 246)에는 의문이 있다. 설령 그렇다고 해도 절제란 소수의 지배와 다수의 복종을 합리화하는 것에 불과하다. 여기서도 플라톤의 계급에 따른 불평등주의가 분명하게 드러난다.

그러나 여기서 주의할 점은 절제란 기본적으로 대중에게 요구되는 것으로서 대중은 자신들의 종속적인 사회적 지위를 순종적으로 수용하는 절제를 제외하고는 다른 덕을 갖지 못한다는 점이다. 왜냐하면 플라톤에 의하면 대중은 자신들을 다스릴 이성적 능력을 갖고 있지 않기 때문에 위로부터의 훈육이 그들에게 가해져야 한다. 절제가 "플라톤 철학의 정점"이라고 보는 견해와 달리 나는 도리어 마지막 넷째의 정의가 그런 것이라고 본다.

실은 한 국가가 올바른 국가인 것으로 생각된 것은 이 국가 안에 있는 성향이 다른 세 부류가 저마다 제 할일을 한 때문이며, 그리고 또한 이 국가가 절제 있고 용기 있으며, 또한 지혜로운 국가인 것도 바로 이들 세 부류가 처한 상이한 처지와 상이한 습성으로 인하여서였네. (국가, 435b)

정의란 앞의 '최소한도의 국가'에서 언급되었듯이 분업의 원리, 즉 "각자는 자기 국가와 관련된 일 중에서 자기의 성향이 천성으로 가장 적합한 그런 한 가지에 종사해야 된다"(국가, 433a)고 하는 것이다. 《국가》 1권에서 제기된 정의에 대한 물음이 여기서 최초로 답을 얻게 된 것이다. 물론 그것은 이미 2권의 '최소한의 국가'의 원리로 나타난 것이었다. 이와 함께 '제 것의 소유'도 정의라고 한다(국가, 433e). 2권에서 분업은 경제원리로 제시되었으나, 이제 4권에서는 일반적인 정치원리와 도덕원리로 확장된다.

이처럼 플라톤이 중시하는 것은 세 계급 "사이의 참견이나 상호 교환은 이 국가에 대한 최대의 해악이며, 따라서 무엇보다도 더한 '악행'"(국가, 434c), 즉 정의에 반대되는 불의라는 점이다. 반대로 세 계급이 각자 자기 일에만 충실하게 종사하는 것이 정의다(국가, 441d). 요컨대 "지배자는 지배하고, 노동자는 노동하고, 노예가 노예일 수 있다면 국가는 정의롭다"(포퍼1, 133)는 것이다. 즉 계급질서를 정의라고 보는 것이다.

러셀, 포퍼, 벌린의 비판

모든 사람이 각자 맡은 일을 하는 것이 정의란 것은 직업윤리로서는 좋은 것이겠지만 플라톤이 그것을 개인의 혼과 사회, 나아가 우주까지 관통하는 정의라고 하니 이상한 말로 들린다. 러셀은 이런 규정은 고대 그리스인들이 가졌던 일반적인 생각, 즉 모든 인간과 사물은 미리 정해진 장소와 기능을 갖는다고 하는 운명론 내지 필연론에서 유래한 것으로 본다(러셀1, 150). 직업을 부여하는 방법에 대해 플라톤이 아무런 이야기를 하지 않는 것도 아마도 그러한 운명론이나 필연론을 은연중에 전제한 탓이라고 생각된다.

이에 대해 러셀은 플라톤의 철인정에서는 아무도 법적인 아버지를 갖고 있지 않으므로 직업은 국가가 결정하게 되리라고 본다(러셀1, 151). 그러나 러셀이 이렇게 말한 것은 아버지가 명확하지 않은 것은 수호자층에 한정되는 현상이지 농공상이나 노예에게는 해당되는 현상이 아니라는 점을 그가 간과한 탓이다. 여하튼 이런 철인정치는 결국 뛰어난 전쟁기술과 충분한 식량을 확보하는 것 외에는 다른 이상(理想)이 없다고 보는 러셀의 견해(러셀1, 152)는 타당하다.

러셀의 견해보다 포퍼의 견해가 더욱 상세하다. 앞에서도 말했듯이 정의란 국어사전에서 '올바른 도리' 등으로 풀이되지만 그 내용에 대해서는 수많은 논의가 있다. 특히 포퍼는 인도주의자(humanitarian)로 보이는 사람들도 다음과 같은 여러 가지 의미로 정의라는 말을 사용한다고 지적한다.

① 사회생활에서 필요한 '자유의 제한'과 같이 시민적 의무의 균등한 분배.
② 법 앞에서의 평등.
③ 어떤 개인이나 단체 혹은 계급에 유리하지도 불리하지도 않은 것.
④ 법정의 공정성.

⑤ 국가가 시민에게 제공하는 이익의 균등한 분배(포퍼1, 131).

포퍼는 플라톤이 말하는 정의는 이들 다섯 가지 가운데 어느 것도 아니라고 본다. 그것은 "철인정에 이익이 되는 것", 즉 "엄격한 계급구분과 지배계급의 지배 유지에 의해 모든 변화를 억제하는 것"이라고 포퍼는 지적한다. 그리고 이런 견해는 전체주의라고 평가한다(포퍼1, 132).

포퍼에 의하면 플라톤이 계급특권을 정의라고 본 것은 우리가 정의를 계급특권이 없는 것이라고 보는 것과 정면으로 대치된다(포퍼1, 133). 포퍼는 나아가 플라톤의 그런 전체주의적 정의관이 그리스 정신의 특성이라고 보는 종래의 통설(예컨대 바커*)에 반대하면서 그 근거로 플라톤의 다른 책들을 언급한다.

가령 플라톤은 《국가》보다 더 일찍 쓴 《고르기아스》에서 그리스인의 정의관이 평등에 있다고 했고, 이를 관습만이 아니라 '자연 자체'와도 일치하는 것이라고 주장했다(고르기아스, 488e). 또 아리스토텔레스는 그리스어로 정의는 '평등한 분배'를 뜻하는 어원에서 유래했고, "모든 사람은 정의를 평등의 일종으로 생각한다"고 했다. 포퍼에 의하면 이처럼 평등을 정의로 보는 것은 플라톤이 《법》에서 전리품과 명예의 분배를 설명하면서 산술적 평등과 비례

....

* Barker, Greek Political Theory

적 평등을 들고서 비례적 평등이 정치적 정의라고 본 것(법, 775b~
d)과 일치한다.

포퍼는 플라톤이 《국가》에서 말한 정의론은 정의에 대한 "전체
주의적이고 반평등주의적인 해석"으로 "하나의 혁신"이었다고 평
가하고, 그가 그렇게 주장한 이유는 "국민들에게 전체주의 국가가
정의로운 국가임을 납득시켜 그의 전체주의 국가를 선전하고자"
하는 데 있었다고 본다(포퍼1, 135). 평등주의는 그의 최고의 적이
었고, 그러므로 그는 그것을 애써 논박했던 것이라는 얘기다.

그리스에서 평등주의는 페리클레스에 의해 확립되고 에우리피
데스 등에 의해 널리 주장되었으나 플라톤은 이에 반발하여 《법》에
서 "동일하지 않은 자에 대한 평등한 대우는 불공평을 초래한다"
(법, 757a)고 했다. 이런 주장은 현대에도 정의와 평등에 대한 원리
로 널리 통하고 있지만, 플라톤의 경우 그것은 계급에 따른 정치적
특권을 합리화하는 것에 불과하다는 점을 주의해야 한다.

벌린 같은 사람은 플라톤이 말하는 계급분업을 통한 '최종적인
조화'란 '형이상학적인 괴물'이고 위험천만하며 잘못된 이론이라
고 본다. 그는 사람들은 독립적 개인으로서 사회에 참여하는데 그
들의 이익은 필연적으로 갈등하며 조화를 이룰 수 없다고 본다.

이상과 같은 러셀, 포퍼, 벌린의 견해와 달리 현대의 공동체주의
자들은 플라톤이 조화로운 사회를 추구했다고 본다. 더 나아가 그
들은 그러한 플라톤의 사상은 현실사회에 대한 비판이라는 점에서
긍정적인 것으로 볼 수 있다고 말한다. 현대사회는 무질서하고 분

열되어 있으며 갈등으로 가득 차 있기 때문이라는 것이다(세이어스, 128). 따라서 플라톤이 말하듯이 어느 정도의 분업화에 근거한 사회화는 필요하다는 것이다. 사회주의자들은 플라톤과 달리 계급 차이는 필연적으로 계급갈등을 불러일으키므로 조화로운 사회는 계급구분의 제거와 계급 없는 사회의 건설을 통해 가능하다고 보는데 그것이 불가능하다고 하면 역시 플라톤이 말한 분업화가 필요하다는 것이다(세이어스, 133).

나는 사회의 유지를 위해 일반적인 분업화가 필요하다는 주장에는 반대하지 않는다. 러셀이나 포퍼나 벌린이나 마르크스나 공동체주의자들도 분업화를 반대하지 않기는 마찬가지다. 그들과 함께 내가 반대하는 것은 계급화된 분업화다. 이런 맥락에서 나는 플라톤의 주장에 찬성할 수 없다. 극단적인 개인주의에도 문제가 있겠지만 나는 플라톤 식의 극단적인 공동체주의에도 찬성할 수 없다.

철인정

플라톤은 자신이 철인정을 여러 가지로 설명한 것은 "그것들을 생길 수 있는 것들로서 입증하기 위해서"(국가, 472d)가 아니라 그 '본'(국가, 472c)을 보여주기 위해서, 즉 "그러한 국가가 어떻게 하면, 그리고 어떤 조건하에서 가장 실현성이 높은지를 입증"(국가, 472e)하기 위해서라고 말한다. 이어 그는 "오늘날 국가들에 있어서 잘못되고 있는 것이 도대체 무엇인지, 무엇 때문에 국가들이 그런 식으로 다스려지지 못하고 있는지, 그리고 최소의 것으로 무엇이 변혁돼야 국가가 그런 형태의 정체로 옮겨갈 수 있을지"(국가, 473b)를 보니 ~~있다고 하고는 나눔과 같이 철인생의 본실을 말한다.~~

철학자들이 군왕으로서 다스리거나, 아니면 현재 이른바 군왕 또는 '최고권력자'로 불리는 이들이 '진실로 그리고 충분히 철학을 하게' 되지 않는 한, 그리하여 '정치권력'과 철학이 한데 합쳐지는 한편으로 다양한 성향들이 지금처럼 그 둘 중의 어느 한 쪽으로 따로따로 향해 가는 상태가 강제적으로나마 저지되지 않는 한, 여보게나 글라우콘, 국가들에 있어서, 아니 내 생각으로는 인류에게 있어서도 '나쁜 것들의 종식'은 없다네. (국가, 473c~e)

플라톤은 이 말을 하기 직전에 스스로 "나를 웃음거리가, 폭소감이 되게 하고 나쁜 평판을 흠뻑 뒤집어쓰게 하는 한이 있을지라도"(국가, 473c) 말하겠다고 했다. 이는 아마도 당시의 소피스트를 비롯한 아테네 사람들을 두고 한 말인 듯한데, 설령 그렇게 되었다고 해도 그뒤로 인류가 2400여 년간이나 그를 찬양하게 됐다는 사실은 그의 그러한 우려가 기우였음을 보여준다. 그러나 나는 그를 찬양할 수 없다. 포퍼나 러셀과 마찬가지로 나도 그렇게 할 수 없다.

여하튼 다시 《국가》를 읽어보자. 그는 철학자를 "모든 지혜를 욕망하는 자"(국가, 475b), "모든 배움을 선뜻 맛보려 하고 배우는 일에 반기며 접근하고 또한 만족해할 줄 모르는 사람"(국가, 475c),

"진리를 구경하기 좋아하는 사람"(국가, 475e)이라고 한다. 그런 다음에 이데아론과 존재론 및 인식론에 대한 장황한 설명이 5권 끝까지 이어진다.

《국가》의 핵심은 철학자가 지배하는 철인정이 가장 완벽한 정체라는 것이다. 그러나 여기서 플라톤이 말하는 철학자란 우리가 흔히 말하는 철학자와는 다르다는 점에 주의해야 한다. 우리가 흔히 말하는 철학자란 철학을 연구하는 사람이다. 현대 한국의 경우 대체로 대학의 철학교수를 말한다. 대학 밖에서 철학을 연구하는 사람들도 있으나 그런 사람들은 예외적인 존재다. 플라톤은 우리의 대학에 해당하는 아카데미아의 선생이 되기 전에는 대학 밖의 철학자였으나 그 선생이 된 뒤에는 대학의 철학교수와 다를 게 없었다. 그러나 플라톤이 말하는 철학자란 그런 대학의 지위와는 아무 관련이 없다.

플라톤은 《국가》를 쓰기 전에도 철인정치가에 대해 언급했다. 가령 《에라스타이》에서 그는 정치가와 가장 신중한 사람과 정의로운 사람을 하나로, 그리고 모든 통치기술과 삶의 기술을 하나로 보았고(에라스타이, 138c), 철학자는 하나의 경기종목에서 뛰어나기보다 여러 종목에서 전체적으로 성적이 좋은 1인 5역의 선수와 같은 것이 아니라 하나하나 고유한 기술에서 앞서가는 사람(에라스타이, 139a)이라고 했다. 플라톤은 《국가》 1권에서 정치가(즉 철학자)를 "맡아 돌보도록 되어 있는 대상을 위해 최선의 것을 제공"(345d)하는 목자에 비유한다.

플라톤은 《국가》 5권에서 철학자란 "진리를 구경하기 좋아하는 사람"(국가, 475e)이라고 한다. 여기서 '구경'이라는 말에 대해 화를 내는 셜악사가 있을시 모르시반 설학의 아버지인 플라톤이 한 말인 만큼 양해하시기 바란다. 아마 그 '구경'이 불구경 같은 것을 말하는 것은 아니리라.

플라톤에 의하면 철학자는 "아름다운 소리나 빛깔 및 모양을 사랑"하는 사람이 아니라 "아름다움 자체의 본성을 알아볼 수도 반길 수도" 있는 사람이다(국가, 476b). 이는 철학자라는 말에 새로운 의미를 부여한 것이다. 즉 철학자는 "형상이나 이데아의 신성한 세계를 사랑하며 투시하는 자"(포퍼1, 202)라는 것이다.

플라톤이 말하는 이데아 중에서 가장 높은 것은 선의 이데아다. 이는 "인식되는 것들에 진리를 제공하고 인식하는 자에게 그 '힘'을 주는 것"이자 "인식과 진리의 원인"이며(국가, 508e) "가장 큰 배움"이고 그것 덕분에 "정의도 그 밖의 다른 것들도 유용하고 유익한 것들로 된다."(국가, 505a). 이에 대해 포퍼는 다음과 같이 논평한다.

그러나 순전히 형식적이기만 한 이 정보가 우리가 알고 있는 전부다. 플라톤의 선의 이데아가 보다 직접적인 윤리적 역할이나 정치적 역할을 하는 곳은 아무 데도 없다. 선의 이데아에 의존하지 않고 관련 계율이 도입된, 잘 알려진 집단주의적 도덕률을 별도로 한다면 어떤 행위가 선하든가 선을 낳는다고 하는 말은 어느 곳에서도 찾아볼 수

없다. (포퍼1, 203)

그러나 플라톤에게 무엇보다도 중요한 것은 신관으로서의 철학자 개념이다. 소크라테스의 말로 알려진 '너 자신을 알라'(프로타고라스, 343b; 파이드로스, 229e; 필레보스, 48c; 법, 686a, 923a)라는 말이 원래 새겨져 있던 델포이 신전의 최고신은 아폴론이다. 플라톤은 소크라테스가 스스로를 아폴론의 영광을 위해 시를 지어(파이돈, 85a) 새(파이돈, 60d~61c)나 매미처럼 노래하는 자라고 비유(파이드로스, 259b~d)했다면서 그를 신에게 봉사하는 자라고 평했다. 그 아폴론은 《크라틸로스》에서 "항상 목적을 이루고, 정확하며, 동시적인 움직임의 창조자로서 신의 모든 기능을 다하는 신"이다(크라틸로스, 406a).

또 플라톤은 《테아이테투스》에서 철학자는 "어려서부터 아고라로 가는 길을 모르고 자라난다"고 말한다. 아고라는 시장이자 광장이다. 이어 철학자는 "법정이나 원로원, 또는 민회의 다른 공공장소가 어디에 있는지조차 모른다," "법률이나 판결에 대한 논의도 듣지 않고 그것들이 공포되더라도 보지 않는다"고 플라톤은 말한다.

정치적 클럽에서 공직을 얻으려고 다투는 모임을 갖고 … 합창단 소녀들과 흥청거리고 … 그들은 결코 꿈에서도 이런 일에는 빠지지 않는다. … 오직 그의 육체만이 도시에서 태어나 그곳에서 거처한다.

그의 영혼은 이런 모든 것들은 하찮고 사소한 일이라고 여기기 때문에 경멸한다. (테아이테투스, 173c~e)

또 철학자는 동물을 사육하듯이 통치자를 선별하여 교육하는 자다. "즉 가장 건실한 자들과 가장 용감한 자들을, 그리고 되도록 가장 잘 생긴 자들을 선택"(국가, 535a)하여 양육하는 자다. 심지어 플라톤은 철인왕은 국가이익을 위해 거짓과 속임수를 "약의 형태로 유용하다면"(389b) 쓸 수 있는 사람이라고 한다. 즉 국가이익을 위해서는 무슨 짓이나 하는 전체주의자다. 요컨대 철인왕은 플라톤 자신이라는 것이 포퍼의 결론이다(포퍼1, 211).

플라톤은 철인을 의사에 곧잘 비유한다. 그리스 신화에서 의술의 신은 아스클레피오스다. 의사를 아스클레피오스의 후예라는 의미의 아스클레피아다이라고 했다. 우리가 의학의 아버지라고 부르는 히포크라테스도 그중 한 사람이다. 그러나 아스클레피오스는 우리가 생각하는 의사와는 다르다. 그에게는 두 가지 환자가 있다. 즉 "신체를 건강한 상태로 갖고 있으나 어떤 특정한 부위에 병을 가진 자들"과 "안으로 속속들이 병이 든 몸을 가진 자들"이다(국가, 407d).

그리고 의술은 '건강한 사람'에게만 베풀어진다. 단 그것은 "국가 일을 망치는 일이 없도록 하기 위해서"다. 반면 '병든 사람'에 대한 치료는 "자신을 위해서도 국가를 위해서도 유익하지 않기 때문에" 해서는 안 된다(국가, 407e). 즉 의술은 생명의 연장을 목적으로 하는 것이 아니라 국가의 이익만을 그 목적으로 하는 것이다. 플라톤에 의하면 "잘 다스려지는 국가에서는 각자에게 어떤 일이 부여되어 있어서 이를 이행하지 않으면 아니 되며, 누구에게도 일생동안 병을 앓으며 치료를 받을 한가로움은 없다."(국가, 406c) 가령 목수가 장기간의 식이요법을 의사에게 지시받으면 "그는 자신이 병에 신경을 쓰느라 자기 앞에 있는 일을 소홀히 하면서 병을 앓을 여유도 없으며, 그렇게 사는 것이 유익하지도 않다고 대뜸 말할"(406d) 것이니 의술이 불필요하다고 한다(국가, 406e).

플라톤은 아스클레피오스를 정치가로 본다(국가, 407e). 정치가는 거짓과 속임수를 "약의 형태로 유용하다면"(국가, 389b) 쓸 수 있다고 한다. 이어 "약까지 써야 할 필요가 있는 경우에는 한결 대담한 의사가 필요하다"(국가, 459c)라고 하면서 "우리의 통치자들이 다스림을 받는 사람들의 이익을 위해서 많은 거짓말과 속임수를 써야만 될 것"(국가, 459d)이라고 주장한다. 플라톤은《정치가》에서 통치자를 "기술에 의해 통치하는"(정치가, 293a) 자라고 본다.

플라톤에 따르면 철학자는 형상이나 이데아를 이용하여 도덕적 국가의 밑그림을 그리는 화가와도 같다. 플라톤은 "국가는 신적인 '본'을 이용하는 화가들이 국가의 밑그림을 그리지 않고서는 결코 행복할 수 없"다고 말한다. 그리고 그 밑그림을 그리기 위해 철학자는 "국가와 인간들의 성격을 마치 화판처럼 갖고서는 먼저 이를 깨끗하게 만들"어야 한다고 주장한다(국가, 500e). 그런 방법의 하나가 다음과 같은 것이다.

이 국가에서 열 살 이상 된 사람들을 모두 시골로 보내되 그들의 아이들은, 오늘날 그 부모들의 것을 이들 자신도 지니게 되는 그 성격에서 벗어난 상태로 넘겨받아서는 이들을 이들 자신의 '생활방식'과 법률 안에서 양육할 것이네. (중략) 국가와 우리가 말한 정체는 이런 식으로 해서 가장 빨리 그리고 가장 쉽게 확립되어 스스로 번영하며, 그 안에 있게 되는 민족이 최대로 혜택을 입도록 하겠지? (국가, 540e~541a)

열 살 이상 된 국민을 시골로 추방하는 경우 철학자는 제외된다. 왜냐하면 그들은 교육담당자이기 때문이다. 문제는 왜 철학자가 교육의 관리자여야만 하는 것인가이다. 이에 대해 포퍼는 "지배자의 권위를 최고도로 증대시킬 필요성"에서 "지배자에게 어떤 표시를 붙여주는 것이며, 지배자와 피지배자 사이에 장벽을 쌓는 것"(포퍼 1, 205)이라고 본다. 우리 시대의 대학교육과 같이 말이다.

여하튼 화가로서의 철학자란 더러운 현실을 그리는 화가가 아니라 그 현실을 완벽한 백지로 만든 뒤에 그 위에 완전히 새로운, 가장 아름다운 이데아 세계를 그리는 화가를 말한다. 즉 "아름다운 것과 올바른 것, 그리고 좋은 것과 관련해서 진실된 것을 이미 본" 사람들이다. 다시 말해 진선미를 아는 사람들이다.

이를 두고 탐미주의적이라고 말할 수 있다. 그러나 인간의 생활이 예술가적 자기표현 욕망의 대상에 그치는 것일 수 있을까? 포퍼는 그러한 탐미주의는 "이성과 책임감, 그리고 남을 돕고 싶은 인도주의적 충동에 의해서 억제될 때에만 가치 있는 것이 된다"며 "그렇지 않으면 그것은 신경증이나 병적 흥분상태로 발전하기 쉬운 위험스러운 열광이다"라고 지적한다(포퍼1, 227).

황당무계한 이데아론

플라톤 사상의 핵심은 이데아론이다. 플라톤에 의하면 "이데아에 골몰하는 행위가 바로 철학이다." 이에 대해 "이것이 바로 철학에 대한 최초의 고전적인 정의로서 오늘날까지 아무런 저항 없이 인정되고 있다"(헬트, 161)고 주장하는 이가 있다. 과연 그런가? 나는 그런 정의에 저항한다.

이데아란 흔히 관념으로 번역되지만 플라톤이 말하는 이데아란 머릿속의 생각인 관념이 아니라 독자적으로 영원히 존재하는 무엇을 뜻하므로 이데아란 말을 그대로 사용함이 옳다. 이데아와 현실의 관계를 설명하는 것이 앞에서 소개한 플라톤의 '동굴의 비유'인데, 문제는 그 둘이 어떻게 관련되느냐 하는 것이다. 이에 대해 플라톤은 가령 이데아는 원형이고 사물은 그 불완전한 모방이라는 식으로 실명한다. 또 이데아는 일정한 종류의 사물에 공통으로 존재하는 것으로, 각 사물은 이데아의 본질적 부분을 분유(分有)한다고 한다. 또 그런 분유가 끝나면 개별 사물은 그 형상을 잃기 때문에 이데아는 개별 사물에 임시로만 존재(臨在)한다고 한다. 그러나 영원히 변하지 않는 자기 동일자인 이데아가 어떻게 개별 사물 속에 늘어갈 수 있는가? 플라톤은 이에 대해 개별 사물이 이데아를 흠모하여 이데아를 움직이게 한다고 설명하지만 도대체 무슨 소리인가?

뿐만 아니라 이데아는 완전한 존재라고 하면서 어떻게 그 서열을 인정해 최고의 것, 즉 태양 같은 것을 '선 또는 좋음의 이데아'로 볼 수 있단 말인가? 또 모든 사물에 이데아가 존재한다면 악에도 존재해야 한다. 그러나 이데아는 '선'이라고 규정되어 있다. 이에 대해 플라톤주의자들은 '악'은 '선의 부재'라고 설명하지만, 이는 존재론 차원의 이데아론에 가치를 부여하는 것이 된다. 또 이데아는 일정한 종류의 사물에 공통으로 존재하는 것으로 각 사물은 이데아의 본질적 부분을 분유(分有)한다고 하는 주장을 따져보자. 가령 인간은 모두 다르다. 그중의 하나가 인종이다. 플라톤에 의하면 인종이 다른 것은 '인간'이라는 이데아의 모방 정도가 다르기 때문이라고 할 수 있겠는데 어느 인종이 더 완전한 모방인지를 말할 수 있는 척도란 없다. 아니면 인종마다 이데아가 따로 존재한단 말인가? 이런 식으로 되면 보편자로서의 이데아가 존재할 여지가 없어진다. 또 이데아가 불변이라면 과거 공룡의 이데아는 어디로 갔는가?

이데아론이란 현실을 불완전한 것이라고 보고, 그것을 넘어서는 완전한 것이 있다고 상상한 것에 불과하다. 인간은 사물들을 하나로 묶어 말을 만든다. 가령 인간이란 말이 있다. 그러나 이는 수많은 구체적인 인간들을 파악하는 하나의 편리한 이름이라는 도구에 불과하다. 반면 이데아론이란 '인간'이라는 말이 어떤 영원한 실체라고 보고 구체적인 인간들은 그것의 단순한 모방들에 불과하다고 보는 것이다. 이를 두고 플라톤의 제자인 아리스토텔레스가 구체적으로 아무것도 설명할 수 없는 비유라고 비판한 것은 당연했다.

플라톤은 자기 사상의 한계를 인정하고 영혼을 이데아와 사물 사이의 중재자로 놓았다. 영혼이 중재자가 되기 위해서는 이데아와 사물이라는 두 중재대상과 어떤 공통성을 가져야 한다. 플라톤은 이렇게 설명한다. 영혼은 자기운동의 원리로서 운동을 통해 부동의 존재인 이데아와 구분되는 동시에 생성소멸하는 개별 사물과 공통성을 갖게 되지만 영혼은 정신이기도 하기 때문에 사물과 구별되고 이데아에 접근하여 그 둘을 조화롭게 통일시킨다는 것이다.

그러나 그 셋의 관계는 분명하지 않다. 플라톤은 인간의 영혼을 사유능력(이성), 결단능력(의지), 욕구능력(욕망)으로 구분한다. 이성이 가장 높은 것으로서 머리에 해당하며 다른 둘을 지배한다. 욕망은 가장 낮은 것으로서 영혼의 본질에 속하지 못하고 다른 둘에 의해 억제되어야 한다. 이성과 욕망 사이에 있는 의지는 가슴에 해당한다. 욕망이 지배하면 이성적인 행위가 불가능하므로 욕망은 억제되어야 한다. 소크라테스가 부르짖은 영혼의 정화가 플라톤의 경우에는 욕망과 의지에 대한 이성의 지배로 나타난다. 그 셋의 관계에 따라 영혼의 질적 차이가 나타나므로 인간의 영혼은 같지 않다.

이는 영혼의 평등을 주장한 소피스트의 주장과 다르다.

소피스트는 지각과 지식이 일치한다고 보았으나 플라톤은 지각은 지식이 아니라 단순한 의견에 불과하다고 보았다. 지식은 감성이 아니라 지성에 근거해야 한다는 것이다. 플라톤에 의하면 지식은 인식하는 주관 자체, 즉 직관에서 나온다. 그는 이를 기하학을 전혀 배우지 못한 노예가 기하학 문제를 풀 수 있다는 예로 증명하고자 한다. 즉 지식이 사회적 산물임을 부정한다. 이러한 플라톤의 인식론은 그의 영혼론과 직결된다. 즉 영혼은 이데아를 직관할 수 있고, 지식의 습득은 영혼의 상기에 불과하다는 식의 신비주의적인 인식론이다.

여하튼 플라톤은 이데아, 특히 선의 이데아를 직관한 인간은 동굴을 벗어나 빛의 진리를 찾아 삶의 최고목표를 달성하여 참으로 행복하게 된다고 보았다. 그러나 그것은 개인이나 집단의 행복에 그치는 것이고 그보다 더 높은 궁극의 목표는 국민으로서 가져야 하는 국가 전체의 복지라고 플라톤은 주장한다. 선과 정의의 이데아를 국가에서 실현한다는 것이다. 그리고 그 이데아를 실현할 수 있는 사람은 이데아를 아는 철학자다.

《국가》는 정의가 무엇이냐 라는 물음으로 시작한다. 그러나 그 1권에서는 이데아론이 등장하지 않는다. 그래서 1권을 쓸 당시에는 아직 이데아론이 완성되지 않았으리라고 짐작하는 견해도 있지만 (강대석165) 이는 플라톤의 교묘한 구성 탓이라고 볼 수도 있다. 이데아론은 그 견해가 주장하듯 4권에서 처음 나오는 것이 아니라 2

권(국가, 380d～381)에서 이미 등장한다.

철학자 교육의 문제점

《국가》 6권에서 플라톤은 당대 아테네의 소피스트와 대중을 비판한다. 대중의 맹목적인 욕망이 국가(폴리스)를 지배하고 교육하고 있다고 본 탓이다. 배타적인 욕망이 지배하는 그곳에서는 타자의 욕망을 능가하려는 도구적이고 조작적인 지식의 효용과 효율만이 문제가 된다. 플라톤에 따르면 소피스트는 언제나 대중이라는 "'큰 짐승의 의견에 따라'" "그것이 기뻐하는 것들은 좋은 것이라고 일컫는 반면에, 그것이 성가셔하는 것들은 나쁜 것이라고 일컫"(국가, 493c)는다. 플라톤은 소피스트를 "철학교육을 받을 자격이 없는 자들이 철학에 접근해서 제대로 이와 교류하지 못"하고 "진실로 궤변이라는 소리를 듣기에 알맞은 것, 그리고 조금도 순수하지 못하며 참된 지혜와는 아무런 관계도 없는 것"(국가, 496a)을 가진 자들로 본다. 반면 플라톤이 말하는 철학자란 다음과 같은 사람들이다.

청년 및 아이일 때 청소년기의 교육과 철학을 받아들이는 한편으로 한창 자라고 어른으로 성장해가는 시기의 육신을 아주 잘 보살펴야 할 것이니, 이로써 철학을 위한 봉사자를 확보하게 되네. 그러나 혼이 원숙해지는 나이가 되면서부터는 혼의 단련을 증진해야만 되네. 그러다가 기운이 빠지게 되어 정치와 군복무에서 물러서게 되면 그

땐 철학의 초원에서 방목상태로 지내면서 여사(餘事)로서가 아닌 한 다른 건 아무것도 하지 않아야 할 걸세. 장차 행복하게 살고자 하고, 그리고 죽어서도 그렇게 산 삶에 어울리는 저승에서의 운명을 그것에 얹어 갖고자 하는 사람들은 말일세. (국가, 498b~c)

플라톤은 이런 철학자들을 대중에게 보여준다면 대중은 다른 의견을 갖게 된다고 확신한다(국가, 500a). 철학자는 "더 먼 길을 에돌아가야만 되며, 또한 신체를 단련하는 것 못지않게 공부하는 데 있어서도 열심히 해야만" "그에게 가장 적합하고 '가장 큰 배움'의 목표"(국가, 504d)에 이르게 된다. '가장 큰 배움'이란 바로 '선의 이데아'를 파악하는 것을 목표로 하는 배움이다.

플라톤은 유명한 '선분의 비유'를 통해 인간의 인식능력, 혼의 존재방식과 그 단계를 설명하여 그 최고단계로서의 '선의 이데아'를 관조할 수 있는 철학자 고유의 지식을 보여준다(국가, 509c~511e). 만물의 근거이자 원인인 '선의 이데아'를 관조할 수 있는 능력(변증법적 사유능력)과 폴리스의 정의(일반의사)가 현실에서 무엇인지를 판단할 수 있는 능력을 이미 획득한 자인 철학자가 폴리스의 통치자, 입법자, 지도자가 돼야 한다는 것이 플라톤의 주장이다. 철학자는 '동굴의 비유'가 말해주듯 과거의 잘못된 판단으로 가득한 동굴에서 태양, 즉 선의 이데아가 빛나는 지상으로 나왔으나 다시 동굴 속의 벽에 비친 그림자밖에 못 보는 사람들에게로 가야 한다는 것이다(국가, 514~521).

이와 관련해 포퍼는 플라톤이 "누가 통치해야 하는가?"라는 문제를 제기하고 "최고의 선인"인 철인이 통치해야 한다고 답하여 혼란을 초래했다고 본다. 누구든 "최고의 악인"이 통치해야 한다고 답하지는 않기 때문이라는 것이다. 포퍼는 이러한 혼란이 앞에서 보았듯이 플라톤이 집단주의와 이타주의를 동일시하여 초래된 것이라고 지적한다(포퍼, 171).

포퍼에 의하면 "누가 통치해야 하는가?"라는 질문은 정치권력이란 본질적으로 아무런 규제를 받지 않는 것임을 전제한다고 보고 이를 "규제 받지 않는 주권 이론"이라고 부르며 비현실적이라고 비판한다. "어떤 정치권력도 규제받지 않은 적이 없고, 인간이 인간으로 존재하는 한 절대적이고 규제 받지 않는 정치권력은 있을 수 없다." 즉 그는 정치지배자가 절대로 선한 경우란 없다고 보고, 따라서 "누가 통치해야 하는가?"가 아니라 "우리는 나쁘거나 무능한 지배자들이 너무 심한 해를 끼치지 않도록 하기 위해 정체제도를 어떻게 조직해야 하는가?"를 물어야 한다고 본다(포퍼, 172). 그것이 민주정의 "견제와 균형의 이론"임은 잘 알려져 있다.

그러나 포퍼는 제도만이 정치라고는 하지 않는다. "우리는 물론 최선의 통치자를 얻기 위해 노력해야겠지만, 그와 동시에 정치에 있어서 최악의 통치자에 대비한 원칙을 채택하는 것이 합리적"이고, 반면에 "탁월하고 유능한 통치자를 확보할 수 있다는 가냘픈 희망에 우리의 모든 정치적 희망을 건다는 것은 나에게는 미친 짓으로 보인다"고 포퍼는 말한다(포퍼 173).

포퍼는 국가의 복지가 제도구성에 달린 것이 아니라 개인적 책임감에 달린 윤리적이고 정신적인 문제라고만 보는 플라톤식의 견해를 피상적이라고 비판한다(포퍼, 177). 왜냐하면 플라톤도 미래의 지도자를 교육하고 선정하는 과업은 제도에 맡기기 때문이라는 것이다. 따라서 "규제 받지 않는 주권 이론"과 "견제와 균형의 이론"의 대립을 제도주의와 인격주의의 대립으로 보는 것은 잘못이라고 비판한다.

민주주의 역시 제도와 인격을 동시에 요구한다. "민주주의는 폭력을 쓰지 않고 제도를 개혁할 수 있게 하며, 그리하여 이성으로써 새 제도의 설계와 옛 제도의 조정을 가능하게 하는 것이다."(포퍼, 178) 여기서 민주주의는 제도이지만 그 제도를 움직이는 것은 인간임을 이해할 필요가 있다. 따라서 인간의 도덕성만을 이유로 해서 민주주의를 비판하는 것은 제도와 인격을 혼동하는 것이 된다.

정체론

플라톤은 《국가》 8권에서 정의사회인 철인정의 타락으로 귀족정, 부자정, 민주정, 독재정을 설명한다. 즉 플라톤은 정치체제(정체)를 다음 다섯 가지, 즉 철인정, 귀족정, 부자정, 민주정, 독재정으로 구분했다. 이러한 구분은 사람들의 '성격'에 따르는 것이다. 성격이란 "한쪽으로 기울게 함으로써 다른 것들도 덩달아 끌리어 가게 하는"(국가, 544d) 것이다. 즉 플라톤은 정체와 자아의 타락이 다음과 같이 일치한다고 본다.

철인정 — 이성
귀족정 — 기개
부자정 — 욕망(필수적인 것)
민주정 — 욕망(불필요한 것)
독재정 — 욕망(불법적인 것)

이러한 타락이 필연적이라고 보는 점에서 플라톤은 포퍼가 말하는 역사주의자다. 철인정이란 완벽한 이상정체이므로 변할 수 없는 것이지만, 플라톤은 신의 말을 빌려 "생성된 모든 것에는 쇠퇴가 있다"(국가, 546a)고 설명한다. 이처럼 신의 말을 빌려 역사를 설명한다는 것은 대단히 황당무계하지만 그것을 따져보아야 더욱 황당무계하니 여기서는 플라톤의 타락사관은 현대의 진보사관과는 반대라는 점만을 주목하도록 하자.

플라톤은 당대의 크레타를 귀족정으로 보았다(국가, 544b). 플라톤은 귀족정이 철인정과 가장 유사하다고 보면서도 그 둘을 구별하는데(545~550c) 그 차이는 별로 중요하지 않다. 다음 귀족정으로부터 부자정으로 변화하는 요인은 "황금으로 가득 찬 각자의 금고" 때문에 돈이 지배하게 되는 것이나(국가, 550d) 이는 민주정도 마찬가지다. 또 플라톤이 명시하지는 않았지만 민주정은 아테네를 일컫는 것임에 틀림없으나, 아테네는 민주정 이후 독재정으로 타락하지는 않았음을 주의해야 한다. 플라톤이 아테네가 독재정으로 빠지지 않도록 경고하는 의미로 위와 같은 주장을 했다고 보는 견해도 있는데, 이에 따르면 플라톤은 독재정에 빠지기 전의 민주정 자체의 타락을 강조했다고 볼 수도 있다. 그렇다면 결국 남는 것은 철인정과 민주정이다. 즉 스파르타와 아테네다.

플라톤의 제자인 아리스토텔레스는 그러한 순차적 변화가 실제와는 다르다고 보았고, 플라톤이 그런 변화의 요인을 충분히 설명하지 못했으며 부자정이나 민주정의 경우 여러 변종이 있는데도 각각 한 가지만이 존재한다고 보았음을 비판했다(정치학, 1315b~1316b). 플라톤 역시 그런 변종이 존재함을 부정하지는 않는다(국가, 544d). 그러나 이는 그다지 중요한 문제가 아니다.

철인정의 타락으로 처음으로 나타나는 것인 귀족정이란 '승리를 좋아하고' '명예를 좋아하는 사람'들의 명예욕이 지배하는 정체, 즉 '명예지상 정체' 또는 '명예지배 정체'다(국가, 545b). 정체는 "관직을 장악하고 있는 집단 자체에서" "내분이 생길 때"(국가, 545d) 바뀐다. 내분은 어떻게 생기는가? 이에 대해 플라톤은 "생성된 모든 것에는 쇠퇴가 있기에, 이와 같은 구성도 영원토록 지속되지는 못"하고 "좋은 출산과 불임의 시기를 놓치게" 되어 해체되기(국가, 546a) 때문이라고 한다. 즉 수호자층에 무자격자가 나와 학예와 체육의 교육에 무관심해지기 때문이라는 것이다.

그 결과 내분이 필연적으로 생겨난다. 수호자층 중에서 철과 청동의 성분을 가진 부류가 돈벌이에 관심을 갖게 되어 금은의 성분을 가진 부류와 다투게 된다는 것이다. 그러나 그들은 중간선에서 타협한다. 즉 "땅과 집들을 분배하여 사유화하는 한편으로, 이전에는 자유로운 친구들로서 그리고 그들의 생계를 돌보아주던 사람들로서 그들의 보호를 받아오던 사람들을 노예로 만들어 예속인으로 그리고 가노(家奴)로 갖고서는, 그들 자신은 전쟁과 이들에 대한 감시에 골몰하게"(국가, 547b~c) 된다. 한글 번역은 마지막 행을 "그들 자신이 이들을 상대로 한 전쟁과 이들에 대한 수호에 골몰하게"라고 하나 의문이 있다. 수호자층이 예속인들에 대한 전쟁이나 그들의 수호에 전념하는 것이 아니기 때문이다.

귀족정은 통치자가 존중되고, 전사가 농공상을 멀리하며, 공동식사와 체육, 전쟁훈련이 중시된다는 측면에서 철인정과 유사하나(국가, 547d) 그곳의 철인은 "단순하지도 열심이지도 않고 혼합되어 있어서"(국가, 547e) 관직에 기용되지 않고, 전사는 평화가 아닌 전쟁에 골몰한다는 점에서 철인정의 철인과 다르다(국가, 548a). 또한 그들은 재물에 탐을 내고 낭비와 쾌락을 일삼으며 학예보다 체육을 중시하고 "설득 아닌 강제에 의해서 교육을 받"는다는 점에서도 다르다(국가, 548c). 귀족정에서는 인간 영혼의 3부분 중 기개(격정)가 이성과 욕망을 지배하여 "승리에 대한 사랑과 명예에 대한 사랑만이"(국가, 548c) 우세해진다.

부자징은 수호자층 중 소수의 부자가 다수의 빈자를 지배하는 정체다. 즉 귀족정에서 수호자층이 불린 금고를 소비하기 위해 법을 왜곡하고 돈벌이에만 몰두하며 관직을 독점하고 철인을 무시하여 부자정이 생겨난다. 이 정체에서는 분업이 파괴되어 "같은 사람들이 동시에 농사짓는 사람들이며 돈벌이하는 사람들이고 전쟁하는 사람들"*이 된다. 그러나 소수의 부자는 전쟁에서 "무장한 대중을 이용하게 됨으로써 이들을 적보다 더 무서워하지 않을 수 없게"(국가, 551e) 되어 전쟁도 할 수 없다. 부자정에서 제일 나쁜 점은 소유물을 사고파는 것이 허용되어 그것을 다 판 사람은 빈민이 된다는 것이다(국가, 552a). 이 모든 것은 "교육 부족과 나쁜 양육 그리고 나쁜 정치체제"로 인해 생긴다(국가, 552e). 부자정의 부에 대한 무한한 욕망이 그 정체를 멸망시킨다(국가, 562b). 부자정에서는 인간 영혼의 3부분 중 욕망이 이성과 기개(격정)를 지배한다(국가, 553d).

플라톤은 부자정은 "최대한 부유해져야 한다는 데 대한 '만족할 줄 모르는 욕망'"에 의해 민주정으로 바뀐다고 본다(국가, 555b). 무장한 빈민은 "자신들의 것을 소유하게 된 자들과 그 밖의 다른 사람들조차 미워하고, 이들에 대해 음모를 꾸미며, 혁명을 열망"(국가, 555d)한다. 이어 부자정 안에서 내란이 일어나 "가난한 사람들이 이겨서 다른 편 사람들 가운데 일부는 죽이고 일부는 추방한 다음에 나머지 시민들에게는 평등하게 시민권과 관직을 배정하게 되고, 또한 이 정체에서 관직들이 대체로 추첨에 의해서 할당되는 때"

---

* 이를 막스 베버가 《프로테스탄트의 윤리와 자본주의 정신》에서 말한 기독교 직업윤리의 금욕적 가치에 물든 초기 자본가들의 품성과 같다고 보는 견해(세이어스, 249)가 있으나 의문이다.

에 민주정이 생겨난다고 한다(국가, 557a).

플라톤에 의하면 민주정에는 "자기가 하고자 하는 바를 '멋대로 할 수 있는' 자유가 있"어서(국가, 557b) "온갖 부류의 인간들이 생겨"난다(국가, 557c). 즉 민주정의 자유는 방종이라는 것이다. 그리고 모든 사람에게 무조건의 산술적 평등이 인정된다(국가, 558c).

또 그곳에서는 "사람들이 사형이나 추방형의 선고를 받고서도 그대로 머물러 있으면서 공공연히 나돌아다"닌다.(국가, 558a) 즉 무법천지다. 무엇보다도 그곳의 정치가는 과거에 무슨 일을 했든 대중에게 호의를 갖고 있다고만 하면 높이 평가된다(국가, 558b). 그곳 사람들은 "싸우기도 하고 지배하기도 하면서 … 절제를 비겁이라 부르며 모독하면서 내쫓아 버리고, 절도와 적정한 지출을 촌스럽고 비굴한 것이라 설득하며, 많은 무용한 욕망과 한편이 되어 그런 것들을 추방해" 버린다(국가, 560d). 그래서 "오만무례함을 교양 있음이라, 무정부 상태를 자유라, 낭비성을 도량이라, 그리고 부끄러움을 모르는 상태를 용기라 부"른다(국가, 560e). 그런 민주정에서는 인간관계가 파괴된다. 플라톤은 민주정에서는 자유(방종)로 인해 부모(연장자, 교사)가 자녀(연하자, 학생)를 두려워하고 자녀가 부모를 경멸한다(국가, 562e~563ab)고 본다.

특히 "극단적인 대중의 자유는 사들인 남녀노예들이 그들을 사온 사람들 못지않게 자유로울 경우"(국가, 563b)에 나타나고. 그런 경우에 "개들도 영락없이 속담 그대로 그들의 안주인이 되고"(국가, 563c) "누가 어떤 형태의 굴종을 요구해도 사람들이 못마땅해하며 참지를 못 한다." "마침내는 시민들이 법률을, 그게 성문율이든 불문율이든, 아랑곳하지 않게 되는데, 이는 그 누구도 어떤 식으로든 자신들의 주인이 되지 못하도록 하려고 해서"다(국가, 563d). 이 대목은 플라톤이 아테네의 노예해방을 증언해 주는 부분이다. 즉 플라톤은 그 노예해방을 비난하고 있는 것이다. 이는 아리스토텔레스에 의해서도 증언되고 있다(정치학, 1313b; 1319b). 플라톤은 민주정이 "누구나 멋대로 할 수 있는 자유"로 인해 결국은 독재정으로 타락한다고 본다(국가, 563e). 즉 "지나친 자유는 지나친 예속"으로 바뀐다(국가, 564a)는 것이다.

민주정에서는 인간 영혼의 3부분 중 욕망이 이성과 격정을 지배한다는 점에서 부자정과 같으나 부자정에는 승리나 명예에 대한 사랑이 존재하는 반면에 민주정에는 자유, 즉 방종에 대한 사랑이 압도적으로 존재한다는 점에서 서로 다르다. 즉 불필요한 욕망이자 소비적인 욕망이 무질서하게 방종 상태에 빠지게 된다.

독재정은 '민중'에 의해 초래된다. "대중*은 언제나 어떤 한 사람으로 하여금 특별히 앞장을 서게 하고, 그를 보살피고 키워주는 버릇"(국가, 565c)을 갖고 있으므로 독재정치를 부른다. 즉 대중적

---

* 한글번역판에서는 이를 민중이라고 번역하고 대중이나 군중과 구별하지만 이 책에서는 대중이라고 번역하겠다.

지도자가 소수의 부자에 대한 대중반란의 선두에 서서 부채탕감이나 토지재분배 등을 약속하여 대중의 지지를 받으며 정적을 폭력으로 타도하여 독재자로 변모한다(국가, 565e). 독재자는 자신의 경호대(국가, 566b)와 찬미자들(국가, 568a)을 둔다. 독재자는 자신의 지위를 보전하기 위해 먼저 전쟁을 일으키며(국가, 566e) 비판자들을 숙청한다. 그 결과 "대중이 자유민들의 구속이라는 연기를 피해서 노예들의 전횡이라는 불에 뛰어드는 셈"(국가, 569c)이 된다. 이상으로 《국가》 8권이 끝나지만, 독재정에 대한 설명은 9권으로 이어진다.

《국가》 9권 처음에서 플라톤은 독재정에서도 인간 영혼의 3부분 중 욕망이 이성과 격정을 지배한다는 점에서 부자정이나 민주정과 같으나 그 욕망이 극단적인 혼란을 보인다는 점에서 특징적인 성격을 갖는다고 말한다. 그 혼란은 "불필요한 즐거움들과 욕망들" 중 "비정상적인 것"(국가, 571b), "불법"(국가, 573e)에서 유래한다. 특히 민주정의 불필요한 욕망 중에서도 "일체의 부끄러움과 분별에서 풀린"(국가, 571c) '불법적인 욕망'이 전면적으로 나타난다.

여기서 《정치가》에 나오는 플라톤의 또 다른 정체론을 살펴보자. 《정치가》는 비교적 짧은 편에 속해 읽기가 쉬울 것 같지만, 처음부터 논의의 전개가 난삽하고 복잡하며 논의가 혼란되어 있다는 점에서 실제로는 읽기가 결코 쉽지 않다. 가령 법의 지배를 주장하다가도 그것을 부정하고, 참된 정치는 피통치자의 동의를 얻어야 하는 것이라고 하다가도 그게 능사가 아니라고 하기 때문이다.

여기에는 두 명의 소크라테스가 등장한다. 한 명은 역사상의 소크라테스이고 다른 한 명은 '젊은 소크라테스'로서 그는 전자와는 다른 아카데미아의 학생이다. 역사상의 소크라테스는 앞에 잠깐 나와 '젊은 소크라테스'에게 대화를 이어주는 역할을 할 뿐 《정치가》의 주인공은 후자이다. 그러나 그는 대화를 주도하는 '엘레아에서 온 손님'의 대화 상대자일 뿐이다. 따라서 '엘레아에서 온 손님'이 《국가》에서 소크라테스가 담당한 대화 주도자의 역할을 한다. 그 손님은 소크라테스보다 10년 연상으로 설정되어 있으나 실제로는 플라톤 자신이라고도 볼 수 있다. 그 손님을 소개하는 역할을 하는 테오도로스도 앞에서만 잠깐 등장한다.

《정치가》는 플라톤이 60세가 된 367년 시라쿠사를 다시 방문한 뒤 쓴 것이라고 한다. 그때 정치현실을 보고 철인정이 아닌 법치정치의 필요성을 느껴 그 책을 썼다고도 한다. 《정치가》에서는 통치술을 정의하기 위해 그것이 포함되는 지식을 둘로 나누는 것으로 시작하여 복잡한 논의를 거쳐 《국가》와 다른 정체의 구분이 나온다. 《정치가》에서 정체는 일곱 개로 나누어진다. 먼저 지배자의 수에 따라 1인정, 소수정, 다수정으로 나누어진다. 이어 1인정과 소수정은 "강제와 자발성, 가난과 부, 법과 무법"에 의해 다시 각각 국왕정과 독재정, 귀족정과 부자정으로 나누어진디(291de). 빈먼 민주정은 그런 구분의 관례가 없다(292a)고 하다가 뒤에서 법에 의한 것과 법에 의하지 않은 것으로 구분한다(302e).

그러나 플라톤은 자신이 찾는 왕도적 통치는 그런 정체 구분의 기준들과 관계없이 지혜에서 나온다고 한다(292c). 그것은 바로 철인정으로서 법에 의한 통치와 무관하다(294a). 즉《정치가》에서는 참된 정치가는 법을 초월해야 한다고 주장한다. 법을 초월하는 참된 왕이 알아야 하는 지식이 '통치술'이다(305e). 이는 보통 사람들이 알 수 없는 것이다(292e, 300e). 따라서 차선책으로 보통 사람들은 법의 지배를 받아야 한다는 것이다(300e~301a).

플라톤은 철인정을 제외하고는 왕정이 최선이라고 보고(303b) 독재정을 최악이라고 본다. 반면 민주정은 특별히 나쁜 것도 좋은 것도 아니라고 한다. 법치 민주정은 법치 정체 중에서는 최악이지만, 비법치 정체 중에서는 최선이라고 한다(303a). 이는《국가》에서 민주정을 독재정 앞의 최악이라고 본 것과 다르다.

이상《정치가》에서의 정체 분류에 대해 플라톤이 동의에 따른 정체를 참된 정치라고 보았다고 하며 그 근거로 276e를 제시하고, 이를 두고 "그의 철학 속에 자유가 뿌리를 내릴 여지가 튼실하게 확보되는 것처럼 보"인다고 하는 견해(서병훈279)가 있으나 의문이다. 플라톤은 276e는 물론 어디에서도 그런 소리를 한 적이 없고, 따라서 자유가 뿌리내릴 여지도 없다. 또 위 견해는 그럼에도 플라톤이 법도 대중의 동의도 필요 없는 철인정치를 주장하여 "진의가 무엇인지 가늠하기가 쉽지 않"(서병훈283)다고 하나, 그 진의는 분명하다. 즉 플라톤은 철인정치만이 참된 정치라고 주장했고, 차선으로 법치국가를 주장했을 뿐이다. 그 점에서《정치가》의 차선책인 법치주의는 뒤에서 보는 《법》과 연결되지만 《정치가》는 물론 《법》에서도 철인정치가 포기되지는 않는다.

정의에 관한 플라톤의 최종적인 답변

플라톤은 《국가》 9권에서 《국가》 1, 2권에서 제기된 정의의 문제에 대한 해답을 모색하기 위해, 즉 정의가 결과의 면에서만이 아니라 그 자체로서도 바람직함을 증명하기 위해 다음과 같은 세 가지를 논증한다. 그 논증들을 설명하기에 앞서 욕망과 쾌락에 대한 플라톤의 기본관념을 이해할 필요가 있다.

플라톤은 욕망이란 인간에게 고유한 것이라고 본다. "무섭고 사나우며 무법한 종류의 욕망이 누구에게나 있"(572b)다. 그가 독재자에게 '불법적인 욕망'이 있다고 한 것도 원죄설이나 성악설을 주장한 것이 아니라, 인간이 사회적(폴리스적) 동물임을 인정한 것이다. 즉 인간이 사회에서 살기 위해서는 욕망을 폴리스 규범의 내면화에 의해 이성에 따르는 '더욱 선한 것'으로 만들고, 이성에 따르는 더욱 선한 욕망에 의해 '불필요한 욕망'이나 '불법한 욕망'를 억제해야 하고, 이를 전제로 하여 인간의 모든 잠재적 기능(혼과 그것을 구성하는 여러 덕성)을 실현해야 한다. 이를 위해 어떤 국가와 정체에서, 어떤 법에 의해, 어떤 교육에 의해, 어떻게 그러한 욕망을 억제할 것인가를 탐구해야 한다는 것이 플라톤의 문제의식이다.

이어 플라톤은 첫째의 논증, 즉 정의에 대한 극단적인 반대인 부정의 체현자인 독재자가 행복과는 반대되는 삶을 사는 것을 논증한다. 이처럼 독재자를 묘사하는 것은 그가 철인정의 지배자인 철학자와 극단적으로 대립되는 존재이기 때문이다. 플라톤에 의하면 독재자는 "광적인 욕망에 의해 어쩔 수 없이 언제나 끌려 다녀 혼란과 후회로 가득"(국가, 577e)하다. 그런 독재자가 지배하는 독재정에서는 인간관계가 파괴된다. 플라톤은 민주정에서는 자유(방종)로 인해 부모(연장자, 교사)가 자녀(연하자, 학생)를 두려워하고 자녀가 부모를 경멸(국가, 562e~563ab)하지만, 독재정에서는 더 나아가 자녀가 부모를 구타한다(국가, 574b)고 말한다.

플라톤에 의하면 독재자 유형의 인간은 사귀는 인간들이 아첨꾼뿐이어서 누구와도 친구가 되지 못하고 주인이나 노예 노릇만 하여 "자유도 참된 우정도 영원토록 맛보지 못"한다(국가, 576a). 그래서 그는 전전긍긍하며 공포 속에서 노예의 노예처럼 살아간다. 그는 "가장 큰 아첨과 굴종에 있어서 진짜 노예이며 가장 못된 인간들의 알랑쇠"로서 "자신의 욕망들을 어떤 방식으로든 충족시키지 못하고, 대부분의 것들에 있어서 제일 부족하고 진실로 가난"하며 "일생을 통해서 두려움으로 가득 차 있을 것이며, 경련과 고통으로 충만하여"(국가, 579e) 있다. 또한 "그는 질투하며, 믿을 수 없고, 올바르지 못하고, 친구도 없고, 경건하지 못하며, 온갖 악을 다 받아들이는 자요 그것을 키우는 지일 수밖에 없으며, 집권으로 인해서 이전보다 한층 더 그런 사람일 수밖에 없"다(국가, 580a). 따라서 그는 불행한 존재이고, 그의 혼은 부정(不正)이다.

둘째의 논증은 플라톤이 앞에서 혼을 그 기능의 측면에서 이성, 욕망, 기개로 나눈 점에서 출발한다. 이는 쾌락을 추구하는 측면에서 "사사 배움을 좋아하고 지혜를 사랑하는 부분"(국가, 581b), "돈을 좋아하고 이를 탐하는 부분", "승리와 명예를 좋아하는 부분"(국가, 581a)이다. 그리고 그 각 부분이 지배적인 세 부류로 나누어진다(국가, 581c). 그중 "배움을 좋아하고 지혜를 사랑하는 사람"이 가장 타당한 판단을 내린다. 왜냐하면 그런 사람의 판단은 경험, 사려분별, 이성적 추론에 근거하기 때문이다(국가, 582a). 따라서 "배움을 좋아하고 지혜를 사랑하는 사람"의 판단이 가장 뛰어나고, 그런 사람이 가장 행복한 상태에 있다(국가, 582ab).

셋째의 논증은 쾌락의 구분에서 출발한다. 욕망의 만족에서 발생하는 쾌락은 완전히 진실하지도, 순수하지도 않는 환영에 불과하다(국가, 583b). 그중 어느 것이 혼 전체를 지배하게 되면 쾌락을 찾을 수 없고 그 부분 본래의 쾌락도 찾을 수 없으며, 다른 부분에 대해서도 본래의 것도 진실한 것도 아닌 쾌락을 추구하도록 강요하게 된다(국가, 587a).

독재자는 이러한 진실하고 자기본래적인 쾌락으로부터 가장 멀고 거짓 쾌락을 추구하도록 끝없이 강요되어 가장 불쾌한 생활을 보내는 존재다(국가, 587b). 여기서 앞에서 본 《국가》 2권에서 플라톤의 큰형 아데이만토스가 사람들이나 신은 정의 자체를 찬양하지 말고 그것이 초래하는 명성을 찬양하라고 가르친다는 문제제기에 대한 반박의 해답이 나온다(국가, 588b). 즉 명성에 관계없이 부정

(不正)은 그 자체로, 그리고 부정을 행하는 사람에게 불이익하고 불행한 것이라는 답이다.

플라톤은 이러한 혼의 질서를 세우기 위해 교육의 중요성을 강조한다. 그러나 그 교육은 "최선의 인간이며 자신 속에 신적인 지배자를 가진 인간의 노예가 되어야만 한다"(국가, 590cd)고 플라톤이 주장함을 주의해야 한다. 독재자는 그런 교육이 결여된 인간을 전형적으로 보여주는 것이다.

플라톤은 정의로운 삶이 독재자의 삶보다 729배나 많은 쾌락을 포함한다는 것을 증명한다(국가, 587c~588a). 이는 지나친 말의 유희라고 하더라도, 위의 논증에서 보듯이 플라톤은 욕망에 대해 적대적인 게 분명하다. 이는 고대와 중세에 욕망의 분출인 사치가 악으로 간주된 것과 통한다. 그러나 현대는 이와 달리 부와 경제발전을 최고의 선으로 본다. 따라서 현대는 플라톤이 아니라 그에 반하는 소피스트의 견해와 같다. 그러나 현대도 빈곤과 질병과 문맹 등의 많은 문제를 가지고 있다. 따라서 부가 자동적으로 행복을 뜻하지는 않는다고 보는 플라톤의 견해는 현대에도 여전히 의미를 갖는다. 현대 경제의 문제는 부의 과잉이 아니라 부의 불평등한 분배다. 이런 의미에서 현대는 플라톤의 정체분류에서 부자정에 해당한다. 즉 빈부의 갈등이 극단적이다. 그러나 플라톤은 부의 가치를 너무 낮게 보아 문제다.

《국가》 9권의 마지막에는 정의로운 사람이 현실정치에 참여할 수 있는가 라는 문제가 논의된다. 플라톤은 자신이 말하는 나라는

"지상의 그 어디에도 존재하지" 않으며 현실의 나라에서는 정의로운 사람의 정치참여가 불가능하다고 답한다(국가, 592a). 여기서 플라톤은 유토피아 정치 자체를 부정했다고 보는 견해가 나올 수 있다. 그러나 모든 유토피아는 본래 그런 것이다. 플라톤도 다음과 같이 말한다.

> 그렇지만 그것은 아마도 그걸 보고 싶어 하는 자를 위해서, 그리고 그것을 보고서 자신을 거기에 정착시키고 싶어 하는 자를 위해서 하늘에 본으로서 바쳐져 있다네.(국가, 592b)

시인추방론과 영혼불멸론

《국가》는 이상 9권으로 끝난다. 따라서 그것에 이어지는 마지막 권인 10권은 부록과 같은 것이다. 그것도 서로 무관한 두 개의 에피소드로 구성된 부록이다. 하나는 시인추방론이고 다른 하나는 영혼불멸론이다.

먼저 시인추방론을 살펴보자. 우리는 앞에서 플라톤이 철인정에서의 교육은 설화에 대한 검열을 필요로 한다고 보았음을 설명했다. 이는 《국가》 10권 전반부(국가, 595a~608b)에서 시인 추방론으로 더욱 극단화되어 나타난다. 먼저 플라톤은 제작행위를 다음 세 가지로 구분한다. 첫째는 실재 내지 본성, 즉 이데아를 제작하는 신의 행위(국가, 597b)인데 이런 의미에서 신은 '본질창조자'(국가,

597d)다. 나머지 둘은 인간의 행위다. 즉 둘째는 이데아를 보면서 인간생활에 실제로 사용되는 유용한 도구를 제작하는 직공이나 제작자의 행위이고(국가, 596b, 597d), 셋째는 '보이는 것'을 모방하는 자의 행위다(국가, 596d, 597e). 제작의 본질과 기능, 즉 제작된 것의 존재성과 진실성의 정도에서 모방자의 제작이 가장 낮다.

플라톤은 "호메로스를 비롯한 모든 시인은 훌륭함(덕)의 영상의 모방자들이며, 그들이 짓고 있는 그 밖의 모든 것들의 모방자이지 진리를 포착하는 자는 아니"(국가, 600e)고, "모방자는 '실재'에 대해서는 아무것도 모르고 그것의 '영상'에 대해서만 알고 있다"(국가, 601b)고 본다. 또한 예술가의 모방은 이성이 아니라 욕망에 영합한다(국가, 605c). 이처럼 창작에 의해 혼의 질서가 파괴되는 것은 아이나 대중의 경우만 그런 것이 아니라 대부분의 훌륭한 사람의 경우에도 그렇다(국가, 605c). 예외는 참된 철학자뿐이다. 그래서 플라톤은 "시를 추방"(국가, 607b)한다.

그러나 이를 두고 플라톤에게 예술이론은 없다고 보는 것(가령 필드)은 옳지 않다. 플라톤은 예술의 사회적, 교육적 역할을 승인하는 예술이론(국가, 387c)을 가지고 있기 때문이다. 앞에서도 언급했듯이 플라톤의 시대에는 호메로스의 시를 비롯한 감성적인 예술이 이성적인 철학을 압도했다. 이에 대해 플라톤은 철학이라는 이름 아래 모든 이성적인 학문활동이 예술을 지배해야 한다고 주장했다. 이는 현대에 TV나 영화를 비롯한 각종 대중매체의 '예술'과 인문학의 대립을 연상하는 것으로 충분히 이해될 수 있다. 이와 관련하여 흥미로운 것은 플라톤에 대해 가장 적대적인 포퍼가 TV에 대해 가장 적대적인 철학자라는 점이다. 지금 플라톤이 살아 있다면 그도 아마 포퍼와 마찬가지로 TV에 적대적이었으리라.

물론 검열에 대한 플라톤의 악명 높은 주장을 포퍼가 승인했을 리는 없으나, 플라톤은 TV에 대한 검열까지 주장했을 것이다. 《국가》에서와는 달리 《파이드로스》에서는 플라톤이 문학의 매력을 발견하고 그것이 선하게도 악하게도 사용될 수 있음을 인정했다. 아리스토텔레스는 더욱 적극적으로 예술의 가치를 인정했다. 그는 플라톤과 마찬가지로 비극이 공포와 연민을 자극할 수 있다고 보면서도 그것이 동시에 비극에 의해 해소되고 정화되는 카타르시스를 인정했다.

플라톤은 예술과 철학을 구분했다. 플라톤은 지식의 전형을 '설명할 수 있다'는 점에서 찾았다(고르기아스, 501; 메논, 97~8). 반면 예술은 불합리한 영감의 산물이라고 플라톤은 보았다(변론, 21~2). 그러나 아리스토텔레스는 시를 포함한 예술에 대한 플라톤의 사상을 비판하면서 시는 플라톤이 말하는 것 이상으로 철학적이라고 했다. 즉 시는 단순한 모방이 아니라 보편적인 것으로서 개연적이거나 필연적인 것과 관련되므로 철학적이라고 보았다(시학, 1451a~b). 시를 포함한 예술에 대한 플라톤의 적대감은 그의 작품이 철학책 치고는 가장 문학적이라는 평가를 무색하게 한다. 문학을 배제하는 철학으로는 플라톤의 문체와 가장 대조적인 분석철학이 가장 대표적인 것이리라. 예술과 철학을 혼동할 수는 없지만 그것이 모두 정신을 표현하는 지식의 형태임을 부정할 수는 없다.

《국가》 마지막 10권의 내용은 전반부의 시인추방론과 후반부(국가, 608c~621d)의 혼의 불멸론으로 나누어진다. 혼의 불멸론은 지금까지 플라톤이 그토록 중시해온 혼에 대한 논의를 완성하는 것이다. 그러나 앞에서 본 혼은 생성하고 소멸하는 것이었는데 마지막 10권에서는 그것이 불멸이라니 무슨 소리인가? 여기서 다시 이데아론이 등장한다. 즉 혼의 이데아 자체는 불멸이지만, 그 현상인 혼은 생성하고 소멸한다는 주장이다. 가히 이데아 만능론이라고 할 수 있다. 플라톤이 환생에 관한 근거로 제시하는 것, 즉 영혼의 수가 일정하다는 주장도 황당무계하기는 마찬가지다.

이어 플라톤은 올바른 삶에 대한 보상이 생시에는 물론이고 특히 사후에 더욱 크다고 한다. 그는 이런 주장을 하기 위해 장황한 '에르' 신화, 즉 '에르'라는 한 용감한 남자가 전쟁터에서 싸우다가 죽은 뒤에 그 혼이 저승을 돌아보고 돌아와 하는 이야기를 등장시킨다. 이리하여 《국가》 2권에서 글라우콘이 소크라테스에게 요구한 것, 즉 정의는 그 자체로도 좋은 것이지만 그 결과 때문에도 좋은 것임이 밝혀진다는 것이다.

5장 | 《법》

구성과 주요 내용

《법》은 플라톤이 가장 만년에 가장 길게 쓴 저작인데 읽기에 쉽지 않다. 대화라고 하지만 지루한 설교가 대부분이며 전후연결이 잘 안 되는 설명이 중복되기도 하고 내용이 난해하기도 하여 전체적으로 미완성이라는 느낌을 준다. 그래서 이 저작은 플라톤의 작품이 아니라는 설도 있었지만 지금은 부정되고 있다. 《법》은 《국가》의 속편이다. 즉 《국가》의 철인정을 구체적으로 보여준다. 두 책 사이에 약간 다른 점이 있으나 큰 차이는 아니다.

최근에 《법》이 《국가》와 근본적으로 다르다는 주장이 대두하고 있음을 우리는 이미 앞에서 보았다. 가령 승계호는 다음과 같이 말한다.

《법》에서 플라톤은 철인독재를 배척하고, 대신 철학회의를 최고의 정부기관으로 둔다. 철학회의는 민주적 선거로 구성된다. 《법》에서 주창된 정치제도는 현대 자유민주주의의 원형으로 여길 수 있다. 그러나 불행하게도 이와 같은 원숙기 플라톤의 거작은 노령기의 졸작으로 알려져, 대체로 서구 철학계에서 거들떠보지 않았다. 반면에 비교적 미숙기의 작품인 《국가》가 절정기 플라톤의 거작으로 찬양되어 왔다. 이것이 플라톤과 그의 철학이 겪은 참혹한 불행이며 오해였던 것이다. (승계호, 46)

뒤에서 다시 설명하겠지만, 나는 《법》에서도 철인독재는 여전히 유지되고, 철학회의는 민주적 선거로 구성되지 않으며, 《법》에서 주창된 정치제도는 현대 자유민주주의의 원형이기는커녕 《국가》의 그것과 크게 다르지 않은 철인독재의 정치제도라고 본다. 또 플라톤의 생애 중 60세 이후의 시기를 미숙기라고 보지 않으며, 그 시기에 플라톤이 쓴 《국가》가 미숙한 작품이라고 보지도 않는다.

앞에서도 언급한 바 있지만 《법》이 《국가》와 근본적으로 다르다는 주장의 내용을 요약해보면, 《국가》에서 확정적인 것이었던 이데아가 불확정적인 것으로 바뀌고 《국가》보다 자유의 요소가 더 많이 포함됐다는 점에서 《국가》의 전제주의가 《법》에서는 민주주의적인 방향으로 변화했다는 것이다. 나는 이러한 재해석이 옳지 않다고 생각하지만, 그래도 그것이 플라톤에 대한 재해석만으로 그친다면 반드시 부당하다고 보지는 않는다. 그러나 이러한 재해석은 플라톤의 권위를 이용해 민주주의를 부정하거나 제한하려는 주장으로 이어질 수 있다는 점에 대해서는 우려하지 않을 수 없다. 이 점에 대해서는 앞에서도 언급한 바 있지만 이 장에서 보다 상세하게 설명하도록 하겠다.

《법》에는 소크라테스가 나오지 않고 아테네에서 온 손님, 크레타 사람인 클레이니아스, 스파르타 사람인 메길로스 등 세 사람이 등장한다. 그 가운데 아테네에서 온 손님이 플라톤인 셈이니 나는 그를 플라톤이라고 부르겠다. 크레타 사람과 스파르타 사람이 등장하는 것은 그 두 국가가 플라톤이 이상시한 국가이기 때문일 것이다. 플라톤은 《국가》를 비롯해 자기가 쓴 모든 책에서 크레타와 스파르타를 이상국가로 삼았다. 내가 이 책에서 이름 대신 크레타인, 스파르타인이라는 말을 사용하는 것은 그들의 이야기는 곧 그들의 국가를 대변하기 때문이다.

《법》은 12권으로 구성돼있다. 그 12권은 서론(1~3권)과 본론(4~12권)으로 나누어진다. 12권의 마지막 부분에 나오는 의회에 대한 설명이 결론이라고도 할 수도 있으나 그렇게 보기 힘든 점도 있다. 《법》의 내용을 간단히 요약하면 다음과 같다. 다만 그 배열은 《법》의 순서와 다르게 그 내용에 따라 체계화한 것이다.

〈서론〉

1. 법의 기원과 목표

　① 용기와 절제

　② 교육의 본질과 쾌락(이상 1권)

2. 음악의 교육적 의미(2권)

3. 역사의 교훈

　① 입법과 권력분립의 필요성(3권 전반)

　② 혼합정체(3권 후반)

〈본론〉

1. 헌법

　① 국가의 조건; 지리, 인구, 권력(4권 전반)

　② 법의 의의와 형태(4권 후반)

　③ 사회생활의 원리; 가치서열의 존중(5권 전반)

　④ 국가조직의 원리; 토지의 재산과 분배, 영토와 인구의 구분

　　(5권 후반)

2. 행정법

　① 관직의 구성(6권 전반)

　② 철학회의(12권 후반)

3. 가족법

　① 결혼과 가족(6권 후반)

　② 성(8권 후반)

　③ 친족(11권 후반)

　④ 유언과 상속(12권)

4. 교육법

　① 학예(7권 전반)

② 체육(7권 후반~8권 전반)

5. 경제법(8권 후반)

6. 형사법(9권)

7. 종교와 무신론(10권)

8. 재산법; 소유와 상행위(11권 전반)

9. 군사법 등(12권 전반)

위에서 보는 법체계 설명의 순서는 오늘날 우리가 흔히 보는 법체계 설명의 순서와 다르다. 오늘날에는 먼저 법의 원리를 설명하고 이어 헌법, 민사법(재산법), 형사법의 순서로 설명하는 것이 일반적이다. 이와 달리 플라톤은 헌법에 이어 행정법, 가족법, 교육법, 경제법, 형사법의 순서로 설명하고 민사법을 맨 마지막에 설명한다. 플라톤의 법은 아래와 같은 몇 가지 점에서 오늘날의 법과 다르다.

첫째, 재산법의 중요성이 가장 낮다. 이는 플라톤이 소유와 상행위를 무시하기 때문이다. 반면에 우리는 오늘날 재산법을 중시하는데 이는 우리 사회가 자본주의 사회이기 때문이다. 플라톤이 살았던 고대 그리스 사회가 오늘날의 자본주의 사회와 같은 것은 물론 아니었지만, 고대 그리스 사회에서도 소유와 상행위는 결코 무시되지 않았다. 그러나 플라톤은 소유와 상행위가 시민에게 부끄러운 행위라고 생각했다. 따라서 플라톤의 법체계는 오늘날의 사회 및 법체계와는 물론이고 당대 그리스의 사회 및 법체계와도 다른 독특한 것이라는 점에 주의해야 한다.

둘째, 교육법이 중요하게 취급된다. 여기서 교육법이라고 하는 것은 현대의 문화법에 해당된다는 점에 주의해야 한다. 플라톤이 교육법 가운데 학예교육법에 대해 설명하면서 학예에 대한 검열을 특별히 강조한 것도 이 때문이다. 현대 법체계에 교육법이나 문화법이 없는 것은 아니지만 오늘날의 법학개론에는 교육법이나 문화법이 등장하지 않는 것이 보통이다. 이는 기본적으로 민주주의 사회의 교육과 문화는 법과 거리가 있고, 교육과 문화에는 법이 가능한 한 관여해서는 안 된다는 인식에 따른 것이다. 이 점에서도 플라톤의 법체계와 현대의 법체계가 다르다. 재산법의 경우와 마찬가지로 교육법도 플라톤의 법체계와 당대 그리스의 실제 교육법 및 문화법과 크게 다르다. 고대 그리스에는 플라톤의 법체계와 달리 교육과 문화에 대한 검열이 존재하지 않았다.

셋째, 형사법이 가혹하다. 현대 법체계에서는 형사법 체계가 범죄와 형벌로 나누어지고, 범죄는 고의범을 기본으로 하며, 침해되는 법익의 종류에 따라 개인적, 사회적, 국가적인 것으로 범죄의 종류가 나누어진다. 그러나 플라톤은 소크라테스의 개념에 따라 고의범을 인정하지 않고, 범죄의 종류에서도 주로 재산과 관련되는 사회적 법익을 침해하는 범죄보다 개인적, 국가적 범죄를 중시한다. 플라톤의 고의범 개념은 터무니없는 것인데 뒤에서 다시 살펴보도록 하고, 여기서는 플라톤이 국가주의자로서 국가적 범죄를 특히 중시한 점을 강조하고자 한다. 이런 점은 플라톤이 형사법에 이어 무신론에 대한 처벌을 설명하는 부분에서 분명하게 나타난다. 이와 달리 당시의 그리스에서는 무신론이 처벌되지 않았다. 이처럼 대체적인 법체계에서도 플라톤의 국가주의가 뚜렷하게 나타난다고 생각된다.

위의 요약에서 볼 수 있듯이 《법》은 오늘날의 《법학개론》이니 《법학원론》이니 하는 것과 비슷한 책이지만 그 체계와 내용은 오늘날의 그것과 다르다. 《법》 2권에 나오는 음악의 교육적 의미나 12권에 나오는 철학회의(야간평의회나 야간자문회의라고도 번역된다) 같은 것도 물론 오늘날의 법과 다르다. 이에 대해서는 뒤에서 다시 상세히 살펴보도록 하겠고, 여기서는 철학회의라는 것이 결론으로 제시돼있다는 점만 강조해두도록 하겠다. 철학회의는 《국가》의 철인정치에 상응하는 것으로 덕이나 능력을 갖춘 연장자인 고급관료들이 모여 법과 도덕의 원리에 대해 토론하는 회의를 말한다(964e ~965a, 758cd).

《법》은 《법전》이라고 번역되기도 하지만 이상의 요약에서 보듯이 우리가 일반적으로 보는 법전과는 다르므로 여기서는 《법률》이라는 전래의 명칭도 버리고 《법》이라는 말을 사용하기로 한다. 하지만 《법》은 그리스에서 최초로 만들어진 법전으로 볼 수도 있다. 어쩌면 당시에 누군가가 신도시를 건설하거나 낡은 법제를 정비하기 위해 플라톤에게 부탁을 해서 《법》이 쓰어진 것인지도 모른다.

그러나 《법》을 오늘날 우리가 흔히 보는 법전이나 법학개론 정도의 책으로 보아서는 안 된다. 굳이 그런 식으로 말하자면 법철학 내지 정치사상에 관한 책이라고 말할 수도 있겠으나, 그렇다고 하더라도 역시 지금 우리가 보는 법철학 책이나 정치사상 책과는 다르다. 오히려 이 책은 플라톤의 인생관, 윤리관, 종교관, 교육관, 사회관, 국가관을 담은 책이라고 할 수 있다. 특히 주의해야 할 것은 고대 그리스의 법은 오늘날의 법과 달리 도덕이나 윤리, 나아가 관습과도 반드시 구별되는 것은 아니었다는 점이다.

법의 기원과 목표

《법》은 법의 기원과 목표에 대한 논의로 시작한다. 먼저 법의 기원은 신에게 있다고 주장된다. 즉 법은 신의 지배를 현세에서 모방한 것에 불과하다는 것이다. 《법》 4권에 나오는 다음 구절을 보라.

> 우리는 되도록 크로노스 시대에 있었던 생활을 본받도록 힘쓰고, 또 되도록 공사의 생활에서 우리의 마음속에 깃들어 있는 불사(不死)의 원리에 따라야 하며, 이성의 분신을 의미하는 법에 순종하여 국가를 다스려 나가야 할 것입니다. (713e~714a)

크로노스 시대란 신이 다스리던 시대, 즉 이상국가가 존재하던 시대를 말한다. 그리스 신화에서는 우라노스가 첫 번째 주신이고, 그 다음으로 크로노스가 제2대 주신, 제우스가 제3대 주신이다. 플라톤은 자신의 시대를 제우스의 시대라고 본다. 그런데 저마다 '신의 법'을 내세우며 법을 비판하는 경향이 있었고, 이에 대해 플라톤은 "화를 내서는 안 되고 남의 말을 오히려 적절히 이해하도록 힘써야 한다"(634c)고 주장한다. 이를 체제비판을 허용한 것이라고 보는 견해(서병훈 297)가 있으나 그와 같은 플라톤의 주장이 나오는 구절 바로 뒤에 다음과 같이 일정한 제한이 필요하다는 단서가 있다는 데 주의해야 한다.

> 당신들은 마땅히 훌륭한 법을 갖고 있다고 말하지만, 무엇보다도 훌륭한 것은 청년들이 법의 좋고 나쁜 것을 비판하는 것을 금지하고, 저마다 법은 신으로부터 물려받은 것이며 따라서 훌륭한 것이라고 주장하고, 설령 이와 반대되는 주장을 하는 사람이 있어도 그의 말에는 절대로 귀를 기울이지 말도록 되어 있는 점입니다. 다만 연장자들의 경우 법상 어떤 결함이 있다고 생각하는 사람이라면 곁에 청년들이 없을 때 통치자나 그와 같은 연배의 사람에게 자기의 견해를 피력하도록 되어 있습니다. (634de)

마찬가지로 《법》의 마지막 권인 12권에서 플라톤은 40세 이하의 국민에게는 외국여행을 일체 금지하고 40세 이상이라도 개인 자격으로는 해외여행을 갈 수 없게 하되 공무로만은 갈 수 있게 해야 한다고 주장한다. 단 원정이나 전쟁의 경우는 제외한다. 공무로 가는 경우 다른 지역에서 빌어지는 제의(祭儀)를 보고 돌아온 사람은 반드시 다른 국가의 제의가 자국의 그것보다 못하다고 가르쳐야 한다(950d~951c). 또 국가의 사절은 50세 이상 60세 미만인 자로 명성이 높고 전쟁에서 공을 세운 사람만 보내어 외국문물을 시찰하도록 하고 귀국 후에 '철학회의'에 보고하도록 한다(951c~d). 이를 두고도 체제비판을 허용한 것이라고 보는 견해(서병훈, 297)가 있으나 의문이다.

법의 목표에 대한 구체적인 논의에 들어가는 대목에서 크레타인은 전쟁의 수행이 법의 목표라고 주장한다(625d~626). 이에 대해 플라톤은 전쟁이란 바람직한 것이 아니며, 평화를 유지하는 것이 가장 이상적인 것이라고 주장한다(628c). 나아가 플라톤은 법은 덕의 전체를 목표로 하는 것이라고 주장하고, 덕의 종류에 따라 적용하는 법을 분류해야 한다고 주장한다(630e). 즉 선의 경우 최상의 것은 신적인 차원의 선인 지혜, 절제, 정의, 용기 등 혼의 덕이고, 인간적인 선인 건강, 미모, 체력 등 육체의 선은 그 다음이며(631c), 재산은 최하의 선이라는 것이다(661a, 697b). 쾌락과 고통을 비교하는 계산이 정치적 결정에 관여하는 것이 법이라는 말도 나온다(644c~645a).

공동식사, 체육, 사냥 등에 관한 크레타와 스파르타의 법은 용기를 목표로 한 것이지만 용기에는 고통을 억제하는 측면 외에 쾌락을 억제하는 절제라는 측면도 있다고 플라톤은 주장한다. 그러나 쾌락을 피하는 것만으로는 부절제를 낳을 수 있다는 점에서 플라톤은 크레티와 스파르다의 법이 일면적이라고 비판하기도 한다.

플라톤은 앞에서 보았듯이 《국가》에서 상관에게 대드는 것이나 푸짐한 연회를 글로 묘사해서는 안 된다고 주장한다. 이는 그가 절제를 통해 "통치자들에게는 순종하는 한편 주색이나 먹는 것과 관련된 쾌락에 대해서는 자신들이 다스리는 자들로 되는"(389e) 것이 옳다고 생각하기 때문이다. 따라서 술자리에 관한 것들도 금지돼야 한다(398e). 다만 용기와 절제의 음악은 허용돼야 한다(399a)고 플라톤은 주장한다.

《법》에서 플라톤은 술은 올바른 지휘관 아래서 올바르게 마시는 것만을 좋은 것으로 평가해야 하고, 술은 약으로도 사용되므로 이성이 발달한 사람만 마셔야 한다고 주장한다(672). 그래서 18세 이하에게는 술 마시는 것을 금지하고, 30세 미만은 술을 지나치게 마셔서는 안 되고, 40세가 되면 술을 마시고 즐겨야 된다는 것이다(666ab).

플라톤은 더욱 근본적인 논의를 위해서는 교육문제 전체를 살펴보아야 한다고 주장한다. 플라톤에 의하면 교육은 아이들로 하여금 분업에 의해 각자가 하게 된 일의 기술을 배워서 덕을 기르도록 하는 것이다. 즉 "정의에 따라 지배하고 지배받는 기술을 익힌 완전한 시민이 되도록 하는 것"이 교육이라는 것이다(643e).

여기서 주의해야 할 것은, 플라톤이 《국가》에서 말하는 교육은 어디까지나 수호자층의 교육인 데 비해 《법》에서는 모든 계층의 교육에 대해 말하고 있다는 점이다. 그러나 그가 《법》에서 말하는 교육도 수호자층은 지배하는 것에 대해, 일반 시민은 지배받는 것에 대해 배워야 한다는 관점에서 실시되는 것임을 알아야 한다.

이어 플라톤은 인간은 신이 조종하는 인형과 같아서 여러 가지 욕망의 실들에 의해 서로 반대되는 방향으로 이끌리며 살아가고 있으나, 이와 동시에 인간은 '황금의 사고'라는 실도 가지고 있으며 국가생활에서 이 실에 해당하는 것이 바로 법이라고 주장한다(644e ~654a). 이상의 《법》1권의 내용이다.

《법》2권에는 음악의 교육적 의미에 관한 설명이 나오는데, 여기서 말하는 음악교육도 수호자층을 대상으로 한 것임에 주의해야 한다. 플라톤은 음악에 대한 평가의 기준이 쾌락이라는 속설을 비판한 뒤 아름다운 음악이란 선한 사람에게 기쁨을 주는 것이고, 그 평가자는 유덕한 사람이어야 하며, 음악의 내용도 유덕자를 모방해야 한다고 주장한다(659a기원전). 또한 "교육이란 법에 의해 옳다고 인정된 도리의 방향으로, 그리고 존경해야 할 노인에 의해 경험을 통하여 참으로 옳다고 승인된 도리의 방향으로 아이들을 인도하는 것"(659d)이라는 주장도 나온다. 이상이 2권의 내용이다.

정체와 자유

《법》3권은 역사에서 교훈을 찾으려는 시도다. 플라톤은 먼저 소박한 목자의 시대에 대해 이야기한다(676~680b). 소박한 목자의 시대에는 법이나 입법자가 필요하지 않았고(679e), 사람들은 조상이 물려준 습성과 관습에 따라 살았다(680a). 이런 사회를 두고 플라톤은 족장제라고 부른다(680b). 그것은 《국가》에서 플라톤이 말한 '최소한도의 국가'(국가, 369d)와 유사하다.

이어 그런 족장제 사회들이 모여 대표를 선출하고, 그 대표들이 모든 씨족의 관습을 검토하여 그중에서 가장 좋은 것을 인민의 왕에게 채택하게 하는 두 번째 정체인 귀족제 내지 왕제가 성립한다 (681d).

이어 강력한 도리아 3국이 건설된다. 3국의 왕과 인민은 법에 따라 통치하고 통치받는 데 동의했다. 특히 인민의 재산은 평등하게 분배됐다(684d). 세 나라 가운데 어느 한 나라가 침략을 감행하는 경우에는 다른 두 나라가 그에 대항해 서로 원조한다(684b)는 법이 제정됐다. 그러나 스파르타를 제외한 나머지 두 나라는 그 법을 어겨서 결국은 멸망했다. 즉 플라톤은 도리아 3국 가운데 스파르타를 제외한 나머지 두 나라가 멸망한 것이 군사상의 이유 때문이 아니라 선하고 고귀한 것을 혐오하고 불의와 악을 좋아한 점 때문이라고 주장한 것이다(689a).

이러한 역사에서 플라톤은 강력한 국가가 파멸하는 원인은 지배자와 피지배자 사이의 부조화와 분열에 있다는 교훈을 찾아낸다. 다시 말해 부모, 귀족, 연장자, 존귀한 자(비천한 자에 대한 지배자), 주인(노예에 대한 지배자), 강자(약자에 대한 지배자), 지자(어리석은 자에 대한 지배자) 등의 권위가 파괴되면 국가가 붕괴한다는 것이다(690). 스파르타의 경우는 군주제에 원로원과 감독관을 두어 절도 있게 통치를 하여 성공한 예라는 것이다(691e).

플라톤은《법》3권에서 군주정(페르시아)과 민주정(아테네)을 혼합한 정체가 최선의 정체라고 말한다. 그러나 뒤에서 보듯이《법》4

권에서는 그가 독재정을 최선의 정체라고 말한다는 데 주의해야 한다. 이처럼 플라톤의 《법》은 논리적으로 문제가 있다.

여하튼 혼합정체에 관한 플라톤의 주장에서 특히 중요한 점은 그가 질서의 한 요소로 자유를 말한다는 것이다. "자유 및 현명한 판단 위에 얻어지는 우애를 확보하고자 한다면 왕정과 민주정을 혼합한 정체를 수립하는 것이 절대적으로 중요하다."(693d) 여기서 플라톤이 말하는 혼합정체는 왕정으로부터는 전제의 요소를, 민주정으로부터는 자유의 요소를 가져와 적절히 혼합한 정체다(701e). 그러나 그가 말하는 자유는 "인민이 주인일 수 없고 자발적인 노예일 수밖에 없는"(700a) 법상태를 가리킨다는 점에서 진정한 자유로 보기 어렵다.

이 자유는 또 다른 자유를 불러옵니다. 즉 통치자에게 순종하지 않고, 그 다음에는 부모나 연장자의 가르침과 규제에서 이탈하려고 하고, 나중에는 법을 멸시하고, 드디어는 모든 선서와 언약을 무시하고 신도 존경하지 않게 됩니다. (701기원전)

여기서 설명된 자유는 플라톤이 《국가》에서 설명한 '멋대로 자유'와 조금도 다르지 않다. 따라서 《법》에서 플라톤이 말하는 자유를 '멋대로 자유'와 다른 '적절한 수준의 자유'라고 보는 견해(서병훈 292~293)에 대해 나는 의문을 갖는다. "인민이 주인일 수 없고 자발적인 노예일 수밖에 없는" 자유는 자유가 아니다. 여하튼 플라톤은 법을 존중하는 것이 '멋대로 자유'가 아닌 참된 자유라고 보는 것이 분명한데, 그렇다면 문제는 그 법이 어떤 법이냐 하는 것이겠다. 《법》에 나오는 다음 구절을 보자.

> 국가(폴리스)는 지나치게 극단적으로 통제하면 안 된다. 모든 사람은 폴리스가 자유롭고 현명해야 하며 내부의 조화를 이루지 않으면 안 된다는 사실을 잊어서는 안 된다. 폴리스를 통치하는 입법가는 이 점을 명심하고 그 세 가지 목표를 구현하기 위해 전력을 기울여야 한다. (법, 693b)

이 구절에서 자유란 그 앞에 나오는 페르시아 전쟁과 관련해 폴리스가 전쟁에 패배해서 외국의 지배를 받게 됨으로써 자유를 잃어서는 안 된다는 의미에서 사용한 말이다. 그런데 이를 두고 "(폴리스의) 내부질서 역시 자유롭다는 뜻을 포함한다"면서 "시민의 동의에 의해 정치가 이루어지는 국가"를 설명한 것으로 보는 견해(서병훈 284~5)가 있으나 의문이다. 여기서 플라톤은 결코 그런 의미로 자유를 말한 것이 아니며, 단지 폴리스의 안전에 대해 말하고 있을 뿐이다. 여하튼 중요한 것은, 플라톤이 《법》에서 이상적인 정치로 말하는 것은 독재정이라는 점이다. 위 견해는 이런 점을 전혀 논의하지 않고 플라톤이 마치 혼합정체를 이상정치로 보았다고 주장하는데 이는 잘못이다.

국가의 조직

《법》4권에서 3권 신반까지 플라톤은 새로운 국가인 마그네시아에 대해 설명한다. 마그네시아라는 이름은 8권 이후(848d, 860e, 919d, 946b, 969a)에 나오는 이름이지만 4권에 나오는 국가도 그 이름으로 부르도록 하겠다. 마그네시아라는 이름의 도시국가는 크레타 섬에 실제로 존재했으나 플라톤이 살았던 시대에는 그 주민이 다른 곳으로 옮겨져서 존재하지 않았다. 플라톤도 마그네시아가 크레타 섬에 있었다고 말한다(704c). 플라톤은 그곳에 다시 사람들을 이주시켜 새로운 국가를 세우려고 한 것이다. 따라서 《법》은 《국가》의 실천편이라고 해도 좋다.

플라톤은 바다에서 16킬로미터 떨어지고 암석이 많은 그곳을 새로운 국가를 세우기에 좋은 입지조건을 가진 곳으로 보았다. 그 이유는 항구가 있는 수입국이라면 풍기문란과 무질서로 인해 유력한 구원자와 인간 이상의 입법자를 필요로 하게 되고(704de), 무역상인과 소매상인이 우글거리게 되며, 민심이 불안해지고 불신의 풍조가 조장되어 국가가 인민과 이방인에게 신임을 잃게 되기 때문이다(705a). 또한 해안에 있는 해군국은 타락하기 때문에 좋지 않다고 한다(706~707). 그리고 플라톤은 그곳에 거주할 주민을 그리스 전역에서 오게 하자고 하는데 이는 법에 순종하는 주민을 두기 위해서다(708).

플라톤은 입법은 인간이 하는 것이 아니며, 입법을 포함한 모든 일은 우연에 불과하다고 주장한다. "우연과 기회의 지배와 신의 지배가 인간의 모든 일에 관여한다"(709ab)는 것이다. 플라톤은 입법으로 통치하기 위해서는 독재자인 전제군주가 지배해야 하고, 독재정은 완전한 정체로 옮아가기가 가장 쉽다고 한다. 그리고 그렇게 옮아가기 쉬운 정체는 부자정, 왕정, 민주정, 귀족정의 순서라고 한다(710e). 플라톤은 여기서 독재정을 주장한다는 점에 주의해야 한다. 독재정은 플라톤이 《국가》에서 최악의 정체라고 본 것이었다. 그런데 여기서 그가 독재정을 가장 이상적이라고 보는 이유는 법을 최단시일 내에 제정하고 개정할 수 있는 정체가 독재정이기 때문이다(711).

이어 플라톤은 크로노스 신의 시대를 설명하면서 이성의 분신인 법에 순종해야 한다고 주장한다(714a). 법이란 이성의 결과(713e~714b)라는 것이다. 또한 그는 누구나 신과 부모에게 순종해야 하고, 누구든 법에 복종하도록 설득하는 것이 불가능하면 강제로라도 법에 복종하게 해야 한다고 주장한다(716~718). 플라톤은 입법이 성공하기 위해서는 법이 국가 전체의 이익을 목표로 하여 제정돼야 하고, 제정된 법에 시민이 복종해야 한다고 본다. 따라서 명령하고 지시할 뿐인 그의 법은 자유민의 법이라고 할 수 없다. 《법》 5권의 처음 부분에서 플라톤은 인간을 두 종류로 구분한다.

신들을 제외하면 각자에게 속하는 것 중에 혼이야말로 가장 신적인 것이다. 그것은 무엇보다도 자기 본래의 것이다. 각자에게 속하는 것은 누구에게나 두 가지로 나누어져 다른 쪽보다 강하고 뛰어난 자는 주인이 되고, 다른 쪽보다 약하고 열등한 자는 노예가 된다. (726a)

여기서 "자기 본래의 것"은 인간됨, 즉 인격을 말한다. 따라서 신 외에 혼을 존경하는 것이 "어떻게 사는 것이 훌륭한 것인가"라는 물음에 대한 답이자 생활의 원리가 된다. 그러나 여기서 기준은 입법자가 정한다는 점에 주의해야 한다. "입법자의 기준에 따라 선과 악, 고귀한 것과 비천한 것을 평가하지 않는 자"는 "자기 혼을 가장 추악하고 불명예스럽게 모독하는 자"라는 것이다(728a). 이런 관점에서 플라톤은 다음과 같이 말한다.

국가나 국민에게 가장 착한 사람이란 올림픽경기를 비롯한 전시나 평시의 싸움에서 이기는 자라기보다 훌륭하게 법에 봉사하는 자로서 국내의 준법에 대한 평판에서 승리하는 것을 더욱 소중하게 생각하는 사람이다. (729de)

나아가 플라톤은 책임을 타인에게 돌리거나 쾌락과 고통에 항복하거나 생명, 용모, 금전을 과대평가하는 것은 혼을 경시하는 것이므로 적절한 중용이 필요하다고 주장한다. 또한 친족과 친구를 존중하고, 법을 준수하고, 외국인과의 계약을 지켜야 한다고 말한다(728~729). 아울러 개인으로서는 진실해야 하고, 타인의 부정을 방치해서는 안 되고, 질투심을 버리고 덕의 경쟁에서 이기도록 노력하고, 격정과 온화를 겸해야 한다(730~731). 과도한 자기애는 악의 근원이고, 자기 자신보다 정의를 사랑해야 한다. 과도한 웃음이나 눈물은 좋지 않고, 희망을 가져야 한다(732~733).

요컨대 혼-육체-재화로 이어지는 가치서열에 대한 존중과 진실, 격정, 온화 등의 개인적 도덕률이 바로 플라톤이 말하는 생활의 원리다. 그리고 "만물의 척도는 인간"이 아니라 "신이야말로 만물의 척도"라는 사고방식을 받아들여야 고귀하고 올바른 생활 속에서 쾌적하고 행복한 생활을 할 수 있다고 플라톤은 주장한다(734).

국가조직의 원리와 관련해 플라톤은 《법》 5권 후반에서 먼저 높은 관직을 얻으려는 자를 빈약한 교육을 받은 자와 구별해야 한다면서, 관직을 조직하는 것과 관리가 준거해야 할 법을 제정하는 것이 국가조직의 양대 조건이라고 설명한다(735a). 이어 그는 주민을 선별할 필요가 있음을 설명한 뒤 가난한 부랑자는 식민지로 보내야 한다고 주장한다(735e). 그는 토지와 재산의 분배 등 경제생활의 원칙도 설명한다. 안정된 자급자족 경제를 목표로 토지를 평등하게 분배한 뒤 최초의 일정 호수(5040호)가 유지되게 하는 방안이 모색된다(737e~741). 물론 여기서 말하는 호수는 어디까지나 시민의 인구를 말하는 것으로 노예는 제외된다.

5040호라는 숫자는 1부터 7까지를 계속 곱하여 낸 숫자여서 일종의 숫자놀이로 간주되기도 하고 기하학적 정합성을 추구한 결과라고도 하지만, 여하튼 옛날부터 웃음거리로 여겨졌다. 흔히 그것은 한 사람의 연설자가 육성으로 하고자 하는 말을 전할 수 있는 청중의 수라고 하지만, 이는 직접민주주의보다 철인독재를 전제로 한 것이라는 데 주의해야 한다.

플라톤은 처자와 재산을 공유하는 제도가 최선의 방안이라고 하면서도 차선의 방안을 모색한다. 즉 토지나 가옥 등의 사유재산은 일정한 범위 안에서 인정될 수 있고(740a), 배분된 토지는 신성한 것이므로 그 증감은 금지돼야 하며(741), 금은의 소유도 금지돼야 한다(742a)는 것이다. 관의 허가를 받아 외국에 나갔다가 돌아올 때 가져온 외국화폐는 국고에 반납하고 국내화폐로 바꾸어야 한다(742b). 결혼의 경우에 지참금을 주는 것은 금지되고, 이자를 받으려고 돈을 꾸어주어서는 안 되며, 돈을 꾼 자는 이자는 물론 원금도 갚을 필요가 없다(742c). 플라톤에 의하면 부자는 선량한 자가 아니고 행복할 수도 없다(743a).

재산을 통제하기 위한 방안으로 플라톤은 솔론의 개혁조치처럼 시민을 네 가지 재산계급으로 나누고(744c~745a), 이를 관직과 명예를 배분하는 토대로 삼는다. 그런데 플라톤은 모든 시민은 직공이 될 수 없다(846d)고 하고, 상인은 소수만 낮은 계급에 속하는 것으로 인정한다(919c)고 하여 공업생산자와 상인을 시민에서 제외한다. 이는 고대 그리스의 실제 제도와 다르다. 즉 고대 그리스에서는 시민이 공업에 종사하는 것을 법으로 금지하지 않았다(슈비르바디, 45). 따라서 플라톤이 설명한 마그네시아에는 다수의 농민과 소수의 상인만이 존재하고 직공은 아예 존재하지 않는다. 즉 마그네시아는 농업국가다. 그리고 국토와 도시는 12개로 나누어지고, 주민도 12부족으로 구분된다(745c). 이상이 《법》 5권의 내용이다.

행정법

《법》 6권에서 플라톤은 관직의 구성을 설명한다. 호법관, 군사지휘관, 사제, 재무관, 농촌보안관, 감시대, 구역보안관, 시장보안관, 교육관, 감찰관, 재판관 등 중요 관직의 선정방법과 임무가 민회나, 정무위원회, 철학회의(이는 12권에 나오지만 여기서 다루도록 한다)와 함께 상세히 설명되고 재판제도도 언급된다. 관직의 이름과 선임방법으로 추첨과 선거를 병용하는 원리는 당시의 아테네와 유사하지만 그 구체적인 내용은 상당히 다르다.

그리스에 없었던 것으로 플라톤이 《법》에서 새롭게 제시한 것은 호법관과 교육관이다. 호법관은 300명 후보를 선출하여 100명으로 압축한 뒤 뽑은 37명으로 구성되는데(753a~d) 그중 최고원로 10명은 철학회의 위원을 겸한다. 호법관은 50세 이상이어야 하고 70세가 정년이다(755a). 군사지휘관은 호법관이 추천한 군인 중에서 병역연령에 이른 자들이 선거로 뽑은 3명이다(755d). 군사지휘관 밑에 여러 계급의 지휘관들이 있다. 종족마다 임명되는 12개 여단장은 군사지휘관이 추천하여 선출한다. 사제는 세습제다(759).

농촌보안관은 12구역의 12종족마다 5명씩을 뽑고, 그 밑에 12명씩의 청년감시대를 둔다. 구역보안관은 제1계급에서 3명, 시장보안관은 제1, 2계급에서 5명을 선거와 추첨으로 뽑는다(763e). 빈민은 선출대상에서 제외된다. 농촌보안관은 가벼운 재판도 담당한다. 교육관은 학예와 체육의 관리자로 교육담당자와 경기담당자로 나누어진다. 경기담당자는 제2, 3계급에서 뽑는다.

《법》에서 설명되는 이러한 관리들과 달리 실제 아테네에서는 누구나 추첨을 통해 공무원이나 법관이 될 수 있었고, 추첨된 사람은 1년 동안 근무했으며, 재임은 불가능했다. 특히 법관은 국민 3만 명 중 6천 명에 이르러 5명 중 1명이 판사였다. 귀족정이 성립된 뒤에 고위 공직자였던 9명의 아르콘은 민주정 시대에는 그 중요성을 잃고 일정한 소송의 예심과 종교행사의 감독과 같은 극히 한정된 업무만을 담당하게 됐다. 그들 밑으로 장군과 재무관들이 있었다. 아테네 민주정의 번영기에는 이들을 포함해 가장 하위의 관직인 쓰레기나 행려자 사체 처리 감독관에 이르기까지 모두 700명 정도의 공무원이 있었다. 이는 민주화 진전에 따라 행정 분야에도 시민들이 참여하는 기회가 늘어난 결과였다. 본래는 아르콘에게만 허용됐던 통치권이 차차 세분화되어 더 많은 시민들에게 부여된 것이었다.

여기서 아테네의 공무원은 지금 우리가 말하는 관료와 다른 것이 었다는 데 주의해야 한다. 장군이나 재무관처럼 선거로 뽑히는 소수를 제외하면 공무원은 모두 추첨에 의해 선발됐고, 임기는 1년으로서 재임이나 중임은 허용 되지 않았으며, 이느 공직이나 대체로 10명 단위의 복수로 구성된 집단으로 운영됐다.

가령 1인의 국가원수인 대통령이나 수상은 없었다. 귀족정 시대에는 아르콘 중에 우두머리가 있었으나 민주정 시대에는 그것이 없어졌고, 당번 평의회가 그와 같은 역할을 했다. 이는 1인에게 장기간 강력한 권한이 집중되는 것을 방지하기 위한 것이었다. 과거나 고시에 의해 채용된 관료가 수십 년간 직업적으로 지배의 실무를 담당하는 식의 제도는 부패와 전횡을 초래한다는 이유에서 채택되지 않았다.

이처럼 아테네의 민주정에서는 공무원이 직권을 남용하는 문제에 대해 철저한 대비를 하여 공무원이 취임할 때부터 임기가 끝날 때까지 시민의 철저한 감시를 받았다. 이런 감시를 법적으로 뒷받침한 것이 공직자 자격심사 및 집무심사 제도와 탄핵제도였다.

아테네에서는 모든 공무원에 대해 사전에 자격심사가 이루어졌다. 가령 9명의 아르콘은 평의회와 민중법원에서, 그 밖의 공무원은 민중법원에서 각각 자격심사를 받았다. 그러나 여기서 주의해야 하는 것은, 그 심사가 전문적 지식이나 기능 또는 적성을 살피는 것이 아니라 당사자가 훌륭한 시민인가 아닌가를 살피는 것이었다는 점이다. 오늘날 우리나라의 공무원 시험 같은 것은 없었다. 이는 공무를 담당할 정도의 기본교양은 아테네 시민이라면 누구나 갖추고 있다고 생각됐기 때문이다.

공무원이 자격심사를 통과하면 집무에 들어갔다. 아르콘과 같은 특별한 경우를 제외하면 모든 공직은 무보수 명예직이었다. 그러나 무능이나 나태는 허용되지 않아 임기 중 끝없이 시민의 감시를 받았다. 매월 민회에서 공무원에 대한 신임 여부를 거수로 물었고, 공무원의 부정이 지적되면 거수에 의해 즉각 파면됐으며, 재판까지 가는 경우도 많았다. 또한 공무원은 매월 평의회에 회계보고를 하고 심사를 받아야 했다.

또한 무사히 1년의 임기를 만료하게 되면 집무내용에 대한 심사를 받았다. 그 1단계는 회계심사였다. 공무원은 집무보고서를 10명의 회계검사관에게 제출하여 금전부정이 있었는지에 대해 철저한 검사를 받았다. 부정행위를 한 공무원에 대해서는 회계검사관이 기소했고, 회계검사관은 일반 시민도 고발할 수 있었다.

회계검사관도 시민 중에서 추첨으로 선발된 자여서 특별한 전문가가 아니었다. 1년의 임기를 마친 공무원만이 아니라 30일 이상 공무를 담당한 공무원이라면 공금을 다루지 않았어도 모두 집무보고의 의무를 졌다. 집무보고서 제출에는 기한이 있었고, 공무원이 기한 내에 집무보고서를 제출하지 않으면 범죄행위로 간주되어 고발됐다.

이와 같은 1단계 회계심사가 끝나면 2단계로 일반 집무심사가 이루어졌다. 이는 10명의 집무심사관(평의원 중에 선발됨)이 실시하는 절차였다. 집무심사관들은 1단계 심사가 끝난 공무원에 대해 3일 안에 시민으로부터 고발이 있을 경우 그를 민중법원에 회부했다.

이처럼 공무원은 두 번이나 민중법원에 고발될 가능성이 있었다. 수뢰나 공금횡령으로 밝혀지면 죄질이 가벼운 경우에는 벌금형, 무거운 경우에는 시민권 상실이나 재산몰수형에 처해졌고, 매국죄의 경우에는 사형에 처해졌다.

정기적인 공직자 심사제도 외에 국가의 근본을 흔드는 음모사건 등의 경우에는 공직자는 물론 시민까지도 대상으로 하는 부정기적인 도편추방제도와 탄핵재판제도도 있었다. 도편추방제도는 세계사 교과서에도 등장하는 유명한 제도이지만 그 중요도는 탄핵재판제도보다 낮은 것이었음에 주의할 필요가 있다.

정치가에 대한 민중의 의사표시 수단인 도편추방제도는 추방돼야 할 참주 등의 이름을 도편에 새겨 투표하는 제도였으나 소송제도는 아니었다. 추방된 자는 10년간 귀국하지 못했으나 시민권과 재산은 유지할 수 있었고, 10년 뒤에는 다시 관직에 복귀할 수 있었다. 또한 10년이 지나지 않았어도 민회의 결의에 의해 추방이 취소될 수도 있었다. 그러나 도편추방제도가 실시된 것으로 확인된 사례는 12건에 불과하며, 기원전 5세기 후반에 오면 이 제도는 전혀 사용되지 않게 된다. 이에 비해 탄핵재판제도는 약 2세기에 걸쳐 130건이나 실행됐다. 아테네 민주정에 미친 역할로 보면 도편추방제도보다 탄핵재판제도가 더 중요했다. 이 제도를 규정한 탄핵법의 내용은 다음과 같다.

누구라도 아테네의 민주정을 전복하거나 민주정을 전복할 목적으로 모이거나 도당을 결성한 경우(제1조), 폴리스나 함선 또는 육군이든 해군이든 군대를 적에게 인도한 경우(제2조), 제안자이면서 금품을 받고 아테네의 민주정을 위해 최선이 아닌 것을 제안한 경우(제3조)

에는 탄핵재판에 의해 소추된다.

시민이 민회나 평의회에 중대범죄의 사실을 고발하면 민회는 민회와 민중법원 가운데 어디에서 심판을 할 것인가, 민중법원에서 심판을 하는 경우에는 배심원을 몇 명으로 할 것인가, 유죄판결의 경우에 형량을 어느 정도로 할 것인가 등을 결의한다. 이를 탄핵제소결의라고 한다. 이어 재판이 이루어지고 유죄로 결정되면 대부분 사형이 내려진다.

플라톤은 《법》에서 360명으로 구성된 정무위원회를 설정한다. 그 360명은 네 개의 계급에서 각각 90명씩 선출한다. 그러나 360명은 너무 많은 수이므로 12로 나누어 매달 30명씩이 정무를 담당하고 나머지는 1년에 11개월간 사생활에 종사한다(758b). 이를 "페리클레스가 자랑스럽게 강조했던 '아테네의 자유'의 일단을 플라톤 역시 받아들이고 있다는 점에서 그 의미가 심상치 않은 것"이라고 보는 견해가 있다(서병훈, 295). 그러나 "사생활에 종사"하는 것이 어떻게 해서 '아테네의 자유'의 일단이라는 것인지 알 수가 없다.

실제 아테네에서는 행정부인 평의회는 30세 이상의 시민들이 행정을 하고 싶어 하는 사람 중에서 부족 별로 50명씩을 추첨으로 선발해 구성했고, 선발된 평의원은 1년 임기로 근무했다. 따라서 평의회는 모두 500명으로 구성됐고, 부족별로 돌이가며 50명이 1년의 회기 중 10분의 1씩을 맡아서 매일 회의를 열어 국사를 처리했다. 이 50인 위원회는 휴회 중인 나머지 9개 부족에서 각각 1명씩 선출한 총 9명의 평의원을 보충한 가운데 통치권을 행사하고 500인 평의회 전체의 이름으로 공무를 집행했다.

여기서 부족이라고 하는 것은 아테네를 먼저 3개 구(해안지역, 시역, 내륙지역)로 나누고, 그 각각을 다시 10개의 동으로 나눈 뒤 1개 구에서 1개 동을 무작위로 뽑아서 3개씩을 하나의 부족으로 삼은 것이었다. 가령 동구, 남구, 서구가 있고 각 구에 10개 동이 있는데 각 구에서 한 동씩을 임의로 뽑아 3개 동을 묶어 하나의 부족으로 삼는 식이었다.

그리하여 평의원이나 공무원을 선출하는 경우에는 혈연적으로는 물론이고 지리적으로도 서로 무관할 정도로 떨어져 있는 지역들이 추상적으로 묶인 결사체인 10개의 새로운 부족이 생겨나는 것이었다. 이는 그 전의 그리스 사회가 혈연과 지연에 의존한 것을 개혁하기 위한 장치였다. 이는 혈연이나 지연이 강하게 작용하는 곳에서는 그대로 한번 실험해볼 만한 가치가 있는 개혁방안이다. 하지만 우리나라의 경우는 혈연과 지연이 워낙 강력한 영향력을 갖고 있으므로 그 정도로도 절대로 개혁이 이루어질 수 없으리라.

평의원은 추첨에 의해 부족별로 선발됐으니 모든 사회계층 출신으로 공평하게 구성됐으리라고 짐작될 수도 있지만 사실은 그렇지 않았고, 부유층에 편중됐다. 그 이유는 민회와 달리 1년간 매일 출근해야 하는 평의원은 시간적, 경제적 여유를 필요로 했기 때문이다. 당시 아테네의 시민들은 재산에 따라 4개의 계급, 즉 5백석급, 기사급, 농민급, 노동자급으로 나누어졌고, 각 계급에 따라 맡을 수 있는 공무의 종류와 평의원 취임권 여부가 달랐다. 가령 노동자급은 민회에는 출석할 수 있어도 공무를 맡거나 평의원에 취임하는 것은 원칙적으로 불가능했다. 소크라테스는 스스로 무장을 하고 보병으로 출전했지만, 이는 농민급 이상의 계급에서만 가능한 행동이었다. 평의원도 농민급 이상만 취임할 수 있었다. 평의원은 각각 한 달 정도씩 당번으로 근무하고 그중 하루는 평의회 의장단의 일원으로 근무했음은 앞에서 설명했다. 평의원의 임기는 1년이었고, 2년 연속 근무는 금지됐다.

평의회는 클레이스테네스의 개혁으로 창설되어 거의 매일 열린 행정부였다. 그 역할은 민회에 의안을 상정하는 것에 그치지 않고 최고 행정기관으로서의 막강한 권한을 갖고 행정업무를 수행하는 것이었다. 즉 재정업무 전반을 감독하고, 국가의 수입과 지출을 관리하고, 군함의 건조와 관리, 그리고 아크로폴리스를 비롯한 공공 건축의 감독과 감사에 관한 업무를 담당했다. 또한 재무공무원의 부정행위에 대해 벌금을 부과하는 재판권도 갖고 있었다.

이렇게 볼 때 《법》의 정무위원회는 아테네의 평의회와 다르고, 오히려 스파르타의 평의회와 유사하다. 스파르타의 평의회는 민회에 대해 아무런 책임도 지지 않는 종신 장로들로 구성된 일종의 원로원이었다(세이빈1, 48). 스파르타의 평의원은 명문 지배귀족의 특권적 지위이므로 시민이 선출하는 《법》의 정무위원과 다르다.

《법》의 민회에서는 아테네에서처럼 모든 성년남자 시민이 참가해 발언한다. 제3, 4계급의 출석은 임의이지만 제1, 2계급의 출석은 의무이므로 결석하면 벌금이 부과된다(764a). 이런 《법》의 민회는 아테네의 민회와 많이 다르다.

먼저 아테네의 민회는 민주정의 최고 의사결정기관으로서 성년 남자면 누구나 민회에 참가하여 발언하고 1인1표의 투표권을 행사했다. 민회는 1년에 40회 열렸다는 점도 《법》의 민회와 다르다. 민회의 권한 가운데 가장 중요한 것은 군사행동을 포함한 외교문제에 대한 결정권이었다. 즉 다른 나라에 대한 선전포고, 강화조약과 동맹조약의 체결, 외교사절의 파견, 병력의 동원, 함대의 파견, 전시의 재정운영 등이 민회에서 결정됐다. 그리고 국가공로자에 대한 표창 결의, 외국인에 대한 시민권 부여 결의, 법과 제도의 제정과 개정 등도 민회의 권한이었다. 장군과 재무관 등의 선거도 1년에 한 번씩 민회에서 이루어졌다. 그러나 국가재정, 경제, 교육에 관한 정책은 민회의 소관이 아니었다. 대규모 공공사업은 민회의 결정을 거쳐야 했으나 재정은 평의회에 맡겨졌다. 기원전 5~4세기에는 특별히 중요한 안건에 대해서는 6천 명의 정족수가 필요했고, 그 의결은 거수가 아니라 무기명 투표에 의했다. 가령 시민권을 외국인에게 부여하거나 특정 개인을 대상으로 입법을 하는 경우에 그렇게 했다. 그러나 보통은 거수로 의사결정을 했다.

재판

《법》의 재판은 원칙적으로 관료재판으로 아테네의 배심재판과는 근본적으로 다르다. 《법》에서도 국가에 대한 범죄의 경우에는 시민이 재판에 참여하지만 그 심문은 원고와 피고가 합의한 3명의 최고 관리 앞에서 이루어진다(법, 768d). 재판제도는 《법》 12권에서 더 상세하게 설명된다. 재판의 1심은 원고와 피고의 합의에 의해 임명되는 조정인, 2심은 12개 구역별로 설치되는 부족법정, 3심은 선거된 재판관에 의해 실시된다(법, 956c). 1심의 피고가 2심에서도 패소하면 공소장에 기록된 손해액수의 20퍼센트를 가산한 금액을 배상해야 하고, 3심에서 다시 패소하면 50퍼센트를 가산한 금액을 배상해야 한다(법, 956d).

플라톤은 민주사법 또는 민주재판의 원형으로 간주되는 고대 아테네의 재판제도를 거부했다. 특정한 타인의 의지가 아니라 민중의 자기결정에 의해 민중의 행위를 판단한다는 민주주의의 원리가 사법 또는 재판에 하나의 제도로 구체화된 것은 인류역사에서 고대 아테네의 경우가 처음이었는데 플라톤은 그것을 좋아하지 않았기 때문이다. 그것은 오늘의 기준에 비추어도 대단히 민주적인 제도로서 역사상 존재했던 사회제도 가운데 가장 위대한 성과의 하나다. 민중법원은 시민이 아무런 구별 없이 모두 재판관으로서 참여하는 것이 허용된 최초의 법원이었다.

아테네의 소송은 공법상의 소송과 사법상의 소송으로 나누어졌다. 이를 오늘의 형사소송과 유사한 공소(公訴)와 민사소송과 유사한 송사(訟事)로 보는 견해(박종현, 82)가 있으나 공소니 송사니 하는 말을 통한 구분은 무의미하다. 여하튼 전자는 국가 공동의 이해관계가 관련된 사건, 후자는 소송당사자의 사적인 이해관계가 관련된 사건을 다루는 것이었다. 그리스의 공법상 소송과 사법상 소송을 오늘의 형사소송과 민사소송으로 볼 수도 있으나 살인사건이 사법상 소송으로 재판되는 등 여러 가지 측면에서 현대의 소송과 크게 달랐다.

특히 큰 차이는 아테네의 재판에는 재판관, 검찰, 변호사가 없었고, 시민이 재판에서 모든 역할을 담당하는 아마추어리즘이 철저하게 지켜졌다는 데 있다. 돈을 받고 변호를 해주는 변호사는 부정수뢰자로 간주됐고, 법정변론의 대필업 정도가 변호사의 역할로 인정됐다.

배심법원 배심원의 자격은 30세 이상인 자로 시민으로서의 권리를 모두 갖춘 자이고, 그 임기는 1년이었다. 그러나 기원전 4세기에 이르면 시민이라면 누구나 희망하기만 하면 종신 배심원이 될 수 있었다. 매년 6천 명의 배심원이 추첨에 의해 선발됐다(이런 식의 선발방식은 배심원이 위협을 당하거나 수뢰를 하게 되는 것을 방지하기 위한 것이었다). 그들은 테스모테타이(사법관)가 주재하는 10개의 법원에 각각 500명씩 배치됐고, 나머지 1천 명은 예비였다. 배심원은 상당부분이 하층시민 출신이었던 것으로 추정된다. 최근 배심원 명찰이 100여 개 발견됐는데 그 가운데 3분의 2가 하층시민의 것이었기 때문이다. 또한 그 명찰은 대부분 빈민층 공동묘지의 부장품으로 발견됐고, 상류층 묘지에서는 발견되지 않았다. 이로 미루어 빈민층은 자신이 배심원을 지낸 것을 자랑했으나 상류층은 그렇지 않았음을 알 수 있다.

공법상 소송의 배심원은 501명, 사법상 소송의 배심원은 201명을 각각 기본단위로 하여 법정이 구성됐고, 법정별로 각각 상이한 사건이 심리됐다. 국가의 존립과 관련된 사건일 경우에는 복수의 법정을 결합해 1000명, 1500명, 2500명의 배심원이 참여하는 재판이 열리기도 했다. 그러나 6천 명의 배심원 전원이 하나의 소송을 심판한 경우는 없었다.

따라서 아테네의 배심제는 12명으로 배심원단을 구성하는 현대 영미의 배심제는 물론이고 평균 2명 정도로 배심원단을 구성하는 대륙법계의 배심제에 비해 그 규모가 월등히 컸다. 그리스의 이런 배심재판은 흔히 극장재판이라고 불려왔다. 가난한 시민도 배심에 참가할 수 있도록 출정일수에 따라 보수를 지급하는 제도가 채택된 기원전 5세기 중엽에 아테네의 배심제가 확립됐다. 소크라테스에 대한 재판이 열렸을 때에는 이러한 보수의 금액이 숙련직의 하루평균 임금의 절반 정도였다.

재판은 언제나 하루 만에 끝났고 변론시간도 물시계에 의해 통제됐으므로 민중소송을 당하면 상당한 위험을 감수해야 했다. 중재제도가 발달한 것은 이러한 재판제도의 결함을 보완하기 위한 것이었다. 재판의 절차는 처분권주의, 당사자진행주의, 변론주의의 원칙에 따라 진행됐다. 아테네에서는 정치제도가 서서히 변화되면서 여러 가지 판단의 권한이 민중에게로 이전됨에 따라 법적 절차의 운영도 당사자인 사적 개인들에게 위임됐다. 이는 곧 개인의 정치적 자유가 확대됐음을 뜻한다.

지금까지 민중재판에 대해 상세히 설명한 이유는 소크라테스가 민중재판에 의해 사형을 선고받고 처형을 당한 탓으로 지금까지도 민중재판에 대한 불신이 높기 때문이다. 그러나 사실은 소크라테스 자신이 재판과정에서 민중재판을 모독하는 발언을 일삼았고, 그런 이유가 작용한 결과로 사형이라는 중형을 받았다고 볼 수도 있다.

민중재판에 의해 스승을 잃은 플라톤은 배심원 추첨제를 비난하면서 상급심에서는 전문적인 교육을 받고 엄격한 시험에 합격한 재판관에 의한 관료재판을 도입해야 한다고 주장했다. 이를 두고 우리나라의 전문재판관제도를 들면서 소크라테스와 플라톤의 주장이 옳았음이 증명됐다고 주장하는 법률가들이 있을지도 모른다. 그러나 우리나라만 그렇다는 점에 주의해야 한다. 반드시 그리스에서 유래된 것이라고 할 수는 없지만 기원 후 1천 년께부터 시작된 영미 법권의 배심재판제도나 프랑스대혁명 이후에 그 변형으로 유럽의 여러 나라에 도입된 참심제도는 민중의 참여를 보장하는 재판제도다. 민중의 참여를 보장하지 않는 재판제도를 운영하는 나라는 우리나라를 비롯해 몇 개 나라에 불과하다.

고대 아테네인이나 영미법권 사람들이 민중재판의 원리를 신뢰하면서 다른 재판제도를 굳이 고려하려고 하지 않았다는 점은 중요하다. 소크라테스나 플라톤의 이의제기와 비판에도 불구하고 그리스인들은 민주정이 폐지되기까지 그 중요한 원리의 하나로 배심제를 신뢰하고 유지했다. 사실 플라톤 자신도 민중재판의 원리 자체는 부정하지 않았음을 《법》에 나오는 다음 문장으로부터 알 수 있다.

국가에 대한 죄를 고발함에 있어 먼저 민중이 재판에 참가하는 것이 불가결하다. 왜냐하면 만일 누군가가 국가에 대해 부정을 저지르면 피해당사자는 시민 전체이고, 만일 그들이 이러한 범죄의 재판에 어떤 참가도 허용받지 않는다면 분노할 것임은 무리가 아니기 때문이다. 그러나 그러한 절차의 최초와 최후는 민중에게 위임되어야 하지만, 심리는 원피고 쌍방이 동의하는 3명의 최고위 공직자에게 맡겨져야 한다. … 그러나 사법상의 소송에서도 가능한 한 모든 시민이 재판에 참가하도록 해야 한다. 왜냐하면 재판에 참가하는 권능에 관여하지 않는 사람은 자신이 국가의 일원이라고는 전혀 생각할 수 없기 때문이다. (법, 767e~768b)

《법》에 나오는 것 가운데 특이한 것으로 철학회의라는 것이 있다. 세이빈은 이 철학회의가 철인왕에 상응하는 것으로 《법》에서 추구된 "차선국가의 성실성"을 훼손하는 것(세이빈1, 139)이라고 본다. 나도 철학회의가 철인왕에 상응하는 것으로 본다. 철학회의의 구성원이 "덕이나 능력을 갖춘 사람 또는 고위관직 출신 중에서 투표로 선출"된다고 보는 견해(서병훈)가 있으나 이는 오해다. 그가 그러한 견해의 근거로 드는 《법》의 964e~965a나 758c~d는 철학회의에 관한 구절이 아니라 수호자에 관한 구절이다. 또 그는 철학회의를 '야간평의회'라고 번역하지만 철학회의가 새벽부터 해가 뜰 때까지 열렸다고 하니 반드시 야간에만 열리는 것이었다고 보기 어렵다.

철학회의의 구성원은 사제 가운데 최고의 영예를 획득한 자, 호법관 중 최연장자 10명, 교육관이나 교육관을 지낸 자 등으로 구성되고, 그 각각은 30~40세의 성인을 한 사람씩 동반할 수 있다(법, 951e). 이렇게 동반되는 사람들은 장차 철학회의의 정식 구성원이 될 수 있는 후보자다(법, 961b). 따라서 플라톤이 말하는 철학회의가 민주적인 선거로 구성된다고 보는 견해(승계호, 46)는 잘못이다.

철학회의, 호법관, 민회, 정무위원회 등의 제도를 두고 "아테네의 민주주의, 특히 정치참여와 권력에 대한 견제장치를 그대로 수용한 것"(서병훈294), "현대 자유민주주의의 원형"(승계호, 46), "현대적 의미의 견제와 균형 원리를 최초로 이론화한 것"(승계호-플라톤, 260)이라는 견해가 있으나 의문이다. 가장 큰 문제는 입법자가 누구냐 하는 문제다. 《법》에서 입법자는 플라톤이라는 철인 개인이다. 《법》 12권의 마지막 부분에 나오는 철학회의가 입법자라고 생각될 수도 있겠지만 철학회의에는 입법의 권한이 없다.

《법》의 체제에서는 시민의 정치참여도 여러 가지 방식으로 제한된다. 가령 부자나 사회적 지위가 높은 자가 투표나 민회에 불참하면 벌금이 부과되지만, 빈민이나 무지한 시민의 경우에는 투표나 민회에 불참해도 관용이 베풀어진다. 이는 정치적 무관심을 조장하는 작용을 할 것 같다. 이와 비슷하게 제1, 2계급이 민회에 불참하면 벌금을 물리지만, 제3, 4계급은 민회에 불참해도 벌금을 물리지 않는다(764a). 정무위원회의 선출에는 모든 계급이 다 참가해야 하고 불참자에게는 벌금이 부과되나, 제4계급 정무위원을 선출할 때에는 제3, 4계급이 불참해도 벌금이 부과되지 않고, 제3계급 정무위원을 선출할 때에는 제4계급이 불참해도 벌금이 부과되지 않는다(756b ~e). 그러나 그 밖의 다른 계급이 불참하면 벌금이 부과된다. 이런 장치들의 효과는 돈 많은 사람들이 훨씬 더 큰 정치적 영향력을 행사하게 된다는 것이다.

이러한 고위직 선출 방법을 가리켜 플라톤은 왕정과 민주정의 절충이라고 했지만, 아리스토텔레스는 민주적이라기보다 귀족정적이라고 비판했다(정치, 1266a14~20). 그러나 플라톤은 이런 점을 "평등이란 덕이 많은 사람에게 많이 주고 덕이 적은 사람에게는 적게 주어 각자의 성질에 비례하게 하는 것"(757기원전)이라는 논리로 정당화한다.

가족법

《법》 6권의 후반에서 결혼 및 출생과 관련된 법이 일반법으로 최초로 언급되는 이유는 그것이 사회생활의 시작이기 때문일 것이다. 나는 성(8권 후반), 친족(11권 후반), 유언과 상속(12권)에 관한 부분도 가족법에 묶어 설명하겠다. 현대의 어느 나라 법에도 가족법이 있지만, 아래에서 보듯이 플라톤의 가족법은 대단히 엄격해서 우리의 법상식과 배치된다. 플라톤의 가족법은 《법》에 나오는 그 어떤 법보다 국가주의적이다.

플라톤은 결혼할 사람이 배우자를 정확하게 알게 하기 위해 서로 나체로 춤추기를 법으로 요구한다(772a). 25세 이상의 남성이 이런 식으로 배우자를 관찰한 뒤에 그 여성이 마음에 들고 출산에 적합하다고 판단하면 35세 이전에 결혼한다. 배우자 선택의 원칙은 우선 균형과 조화(773a)이지만 이보다 더 중요한 원칙은 "각자가 자기 기분을 만족시키는 것이 아니라 국가에 도움이 되는 결혼을 추구해야 한다"는 것이다. 만일 각자가 자기 기분에 따라 결혼하면 재산이나 사람들의 성격에서 국가 전체가 불균형에 빠지기 때문이라고 한다. 그래서 부유한 자들끼리 또는 유력한 자들끼리의 결혼은 법으로 금지하는 것이 좋다(773기원전)고 플라톤은 주장한다. 그러나 그도 이런 금지를 법에 규정하기는 어렵다는 점을 인정한다(773e).

플라톤은 35세까지도 결혼하지 않는 사람에 대해서는 계급별로 상이하게 책정된 벌금을 부과해야 하고(774a), 명예도 박탈해야 한다고 말한다(774b). 결혼지참금은 금지되며, 이런 금지조치를 위반한 경우에는 벌금이 부과된다(774c). 플라톤은 부모나 조부모 등에 의한 결혼약속의 효력도 인정한다(774e). 결혼 축하연에는 친족과 친구가 각각 5명씩만이 참석해야 하고, 혼인비용은 계급별로 제한된다.

《법》에서 결혼에 대한 설명에 이어 노예에 대한 설명이 나오는 것이 이상하다면 이상하지만, 고대 그리스에서는 노예가 가정의 재산에 속했다는 점에서 이해하고 살펴보자. "인간 중에서 가장 번거로운 존재인 노예의 소유와 취급은 이성과 엄격함으로 해야 한다고 플라톤은 주장한다. 노예를 처벌하는 경우에는 자유민에게 하듯이 훈계로 끝내서는 안 되고, 언제나 명령조로 말해야 하며 농담을 해서는 안 된다(778a).

플라톤은 아이를 낳기 전 1년간의 결혼생활을 규율할 필요가 있다고 말하고, 국가의 안전을 위해 공동식사가 남녀 모두에게 요구된다고도 말한다(780b). 플라톤은 스파르타나 크레타에는 여성에 대한 법적 규제가 없다고 비판조로 말하고 그러한 규제의 필요성을 다음과 같이 역설한다.

여성이 아무런 규제를 받지 않고 방임되어 생기는 문제는 시민의 반수에 관련되는 것에 불과하다고 말할 수 없습니다. 여성은 남성에 비하여 태어나면서부터 덕성이 열등하므로 그만큼 두 배 이상의 큰 문제를 던지고 있습니다. (781b)

여기서 볼 수 있듯이 플라톤은 여성비하론자들의 아버지다. 《법》에는 위 구절만이 아니라 "그녀들은 세상으로부터 숨어 구석생활에 익숙해져 있는 만큼 무리하게 빛 속으로 끌고 나오면 모든 종류의 저항을 시도하여 입법자도 어떻게 할 수가 없"(781c)다고 하는 등의 매도가 계속 이어진다. 플라톤은 음식에 대한 욕망과 성욕은 법에 의해 올바르게 규제돼야 한다고 주장하기도 한다(782e, 783d).

이어 플라톤은 "신혼부부는 가능한 한 아름답고 착한 아이를 국가를 위해 낳도록 명심해야 하고" 이를 위해 10년간 감독을 받아야 한다고 주장한다(784). 그래도 출산을 못하는 부부는 이혼해야 할 뿐만 아니라 여러 가지 불이익도 받아야 한다(784e). 결혼연령은 남자는 30세에서 35세, 여자는 16세에서 20세까지이고, 남자는 30세 이상이면 공직에 선출될 수 있는 반면에 여성은 40세가 지나야 공직에 선출될 수 있다(785b). 이를 두고 여성의 정치참여에 대한 구체적인 언급이라고 보는 견해(서병훈 302)가 있으나, 그렇게 보기보다는 여성에 대한 차별이라고 보는 것이 옳다.

《법》11권의 후반에서 플라톤은 고아 양육의 의무는 호법관과 후견인에게 있다고 규정한다(법, 926e). 또 아버지는 친척의 과반수 찬성을 얻어 아들을 이적시킬 수 있고(법, 929b), 아들은 아버지가 어리석거나 무법자인 경우에 아버지를 금치산자로 정할 수 있다(법, 929e). 부부의 성격 불일치로 인해 이혼이 문제가 되면 호법관 등이 그 부부를 화해시키도록 노력하되 화해가 불가능한 경우에는 이혼과 재혼이 허용된다(법, 930a). 아내가 자녀를 남기지 않고 죽으면 남자는 가족과 국가를 위해 반드시 재혼하여 자녀를 낳아야 한다(법, 930b). 반대로 자녀를 남기고 남편이 죽으면 아내는 자녀와 함께 그 집에서 양육에 종사해야 한다(법, 930c).

유언과 상속에 대한 규정도 나온다, 유산은 가족, 조상과 후손, 국가의 것이므로 죽어가는 자의 기분에 맡겨서는 안 된다(법, 923b).

따라서 유산상속에 대해 상세하게 규정된다(법, 923c/d). 유산은 자녀 가운데 가장 적합한 자에게 상속하고 나머지 자녀에게도 적절하게 분배해야 하지만 출가할 딸에게는 상속할 수 없다(923e). 피상속인에 아들이 없고 딸만 있으면 가장 마음에 드는 딸을 골라 그 남편을 양자로 삼아서 피상속인으로 등록한다(법, 923e).

교육법

《법》 7권에서는 아동의 양육과 교육이 설명된다. 오늘날에는 교육을 가능한 한 법의 대상으로 삼지 않으려고 하나 플라톤은 교육이 주민생활에 본질적인 요소라는 이유에서 교육법에 대해 상세히 언급한다. 그 내용이 학예와 체육을 중심으로 하고 있다는 점은 《국가》의 경우와 같으나 설명은 더욱 상세하다. 교육은 아동의 출생에 앞서 태교에서부터 시작되므로 임신부는 신체를 움직이는 산책을 하는 것이 중요하다고 보는 점(789b), 인간의 성격은 3세에 결정되므로 그때까지 아기를 안고 산책하고 5세까지 조기훈련이 필요하다고 보는 점(792b), 유희를 통한 감정교육을 중시하는 점(794a) 등은 상당히 현대적이다. 그러나 국가가 아이들의 놀이까지 관리하게 하는 점(794b~795)은 국가주의적 교육이라는 점에서 문제가 있다. 동양윤리와 같이 남녀칠세부동석도 강조되며, 양손을 쓰는 훈련의 필요성도 언급된다.

플라톤의 국가주의적 교육관은 교육을 학예와 체육으로 나누고 전쟁에 대비하는 목적을 가진 체육교육에 대해 "체육은 평시나 전시나 국가만이 아니라 개인이나 가정에도 유익하지만, 그런 목적을 갖지 않는 단련은 오락적인 것이든 진지한 것이든 간에 자유민에게는 불필요하다"(796b)고 주장하는 대목에서도 여실히 드러난다. 또한 학예교육이 성격형성에 중요하다는 이유에서 그것에 대한 검열을 인정하고 있는 점(798d)은 《국가》의 검열제 주장을 잇는 것이다. 이와 관련해 플라톤은 다음과 같이 말한다.

공적으로 인정된 성스러운 곡이나 가무를 별도로 하면, 누구도 규정에서 벗어난 곡을 노래하거나 그런 춤을 추어서는 안 된다. 이는 법을 위반하는 것이 허용되지 않는 것과 마찬가지다. 이 규정에 따르는 자는 죄 없는 자로 용서되지만, 따르지 않는 자는 호법관과 사제들의 처벌을 받아야 한다. (800a)

그리고 《국가》에서보다 더욱 다양한 금지의 사례들이 나열되지만 여기서 그것들을 상세히 설명할 필요는 없겠다. 플라톤은 이러한 검열을 위해 50세 이상의 검열자가 전통적인 학예 중에서 국가 운용에 적합하다고 판단되는 것만 엄선해서 허용해야 한다(802a~c)고 주장한다. 《국가》에서와 마찬가지로 여기서도 호메로스 등의 작품은 금지된다(858c~e).

플라톤은 도시와 교외에 체육장, 학교, 기병학교를 두고(804c), 이런 학교에 모든 아이가 다 등교해야 한다고 주장한다. 자녀는 부모의 것이 아니라 국가의 것이라는 이유에서다(804d). 이는 남녀 모두에게 적용된다(804e). 그렇게 하지 않으면 반쪽국가가 되기 때문이라는 것이다(805a, 806c).

아이는 교사 없이, 노예는 주인 없이 방치돼서는 안 된다. 플라톤은 "아이들은 야생동물 중에서 다루기가 가장 어렵다"(808d)면서 "따라서 아이들은 많은 고삐로 통제해야 한다"(808e)고 주장한다. 그리고 이런 통제를 감독하는 담당자는 호법관이다(809a).

소년은 문자를 10세부터 3년간 배우고, 제금은 13세부터 3년간 배워야 한다. 본인이나 부모가 싫어해도 이런 교육이 강제되고, 그 기간이 연장되거나 단축될 수 없다(810a). 플라톤은 자신이 하는 말을 "신의 지도를 받은" "일종의 시"라고 하면서 아이들에게 가르칠 최상의 것으로 추천한다(811c~e). 교육과정에 체육과 학예 외에 산수, 기하, 천문 등의 자유학과가 포함돼야 한다는 내용(818~822)은 플라톤의 독창적인 주장으로서 서양교육의 근간을 형성했다는 점에서 역사적으로 매우 중요하다. 플라톤은 교육과 관련된 마지막 주제인 사냥에 대해서도 국가주의적인 관점에서 설명한다(823~824). 이상으로 《법》 7권은 끝난다.

그러나 학예교육과 체육교육에 대한 설명은 《법》 8권에서 이어진다. 이는 매일 지내는 제례와 신에게 공물을 바치는 날의 합창단 음악경연대회 및 체육대회를 통해 이루어진다(828). 《국가》에서와 같이 여기서도 생명을 건 전투적이고 실전적인 훈련을 평시부터 해야 한다는 점이 강조된다(829-830). 금전욕으로 인한 이기주의와 민중의 이반에 대한 두려움이 전투훈련에 대한 기피의 원인으로 지적된다(831~832). 체육경기의 종목은 남녀의 무장경주, 무장격투기 및 승마술이다(833~834).

《법》 8권의 후반에서는 청소년 교육과 관련해 성욕에 대한 억제와 감시 및 통제가 강조된다(836). 플라톤은 청소년의 사랑을 정신적 사랑, 육체적 사랑, 그리고 그 둘의 혼합으로 나누면서 정신적 사랑 외에는 법으로 금지해야 한다고 주장한다(837d). 여기서 플라토닉 러브라는 말이 나왔다. 플라톤은 쾌락을 이기는 것이 최상의 행복(840c)이고, 쾌락을 억제하는 길은 육체훈련을 하고 수치심을 기르는 것(841b)이라고 주장한다. 아내가 아닌 다른 여성과의 성교나 남색은 금지된다(841d).

기타

《법》 8권의 후반(842b 이하)에서는 경제에 대한 법이 설명된다. 농업국인 마그네시아의 경제생활은 단순하고, 따라서 그 법도 간단하다(842d). 농지의 경계는 엄수돼야 하고, 이웃과의 관계에 주의해야 한다(842e~843e). 그 밖에 수리, 식량, 수확 등 다양한 농업과 관련된 문제가 논의된다(844).

시민은 직공이나 상인이 될 수 없나(846d). 이런 규성은 《국가》에서도 주장된 바 있는 1인 1직업의 원칙과 직공 및 상인에 대한 멸시에 근거한 것이다(846e). 국가에 불필요한 물품의 수입은 금지되고,

국가에 필요한 물품의 수출도 금지된다(847b). 주거지는 12구역별로 형성하여 각각의 구역에 신전을 세우고 직인과 농민을 배치한다(848b~e).

《법》9권은 형사법에 대한 설명이다. 먼저 형벌을 규정함은 부끄러운 일이지만 인간은 약한 존재이므로 어쩔 수 없이 그렇게 해야 하고, 또 노예와 외국인이 존재하는 이상 그렇게 하는 것이 불가피하다는 점이 설명된다(853). 따라서 시민, 노예, 이방인에게 가하는 형벌이 다르다.

먼저 신전파괴(854)의 경우 플라톤은 그것이 인간적이거나 신적인 것에서 비롯되는 것이 아니라 인간이 아직 씻지 못한 죄에서 비롯되는 것이라고 주장한다. 따라서 신전파괴의 죄를 범하지 않기 위해서는 신전에 가서 속죄의 의식을 올리고 선인들을 찾아가 훈계를 들어야 하는데, 그럼에도 죄를 범하게 되면 죽어야 한다고 주장한다. 시민의 경우에는 사형에 처한다(854e). 그 이유는 다음과 같다.

만일 시민이 신전을 파괴한 것이 명백한 경우는 신이나 부모나 국가에 대해 입에 올릴 수 없을 정도로 중대한 범죄를 범한 것이므로 재판관은 그런 자는 이미 치료가 불가능한 자로 보아야 한다. 재판관은 그런 자가 받는 훌륭한 양육과 교육에도 불구하고 그런 대죄를 범한 점을 고려해야 한다. (국가, 854e)

단 그 범죄자가 시민인 경우에는 그의 재산을 몰수하지 않고, 벌금도 배분된 토지 이외의 재산이 있는 경우 그 한도액까지만 부과한다(855a). 반면에 그 범죄자가 노예나 이방인인 경우는 손과 얼굴에 문신을 하고 태형을 가한 뒤 국외로 추방한다(854d).

형벌은 사형, 투옥, 태형, 지정된 장소에서 앉거나 서 있는 형, 신전 부근에 묻혀 사는 형, 벌금까지 6종이다(855c). 사형에 해방되는 범죄에 대한 재판은 호법관과 관료가 담당한다 (855d). 국가에 대한 반역과 배신도 사형에 처해진다(856b~e). 절도에 대해서는 그 규모에 관계없이 모두 동일한 처벌이 적용되는데 그 처벌은 분배받은 토지 이상의 재산이 있으면 절도액의 2배를 지불하게 하고, 그렇게 지불하지 않으면 그것의 지불을 완료하거나 고발자가 석방을 인정할 때까지 투옥한다(857a/b). 플라톤에 의하면 법은 국민교화용이므로 입법자는 애정과 이성으로 이끌어야지 전제적으로 명령해서는 안 된다(859a). 플라톤은 광증, 질병, 노령으로 인해 죄를 지었거나 아동이 죄를 지은 경우에는 손해배상으로 충분하다(법, 864e)고 말한다. 살인에 대해서는 근친자에게 고발의무가 부과되고, 이런 의무를 이행하지 않으면 근친자 자신이 그 죄를 대신 뒤집어쓰게 된다(법, 866b).

《법》 10권에서는 최대의 불손행위인 무신론에 대한 설명이 나온다. 당시의 그리스에서는 무신론을 주장하는 것 자체는 처벌의 대상이 아니었으나 플라톤은 처벌을 주장하여 사상심문과 종교재판의 창시자가 된다. 그의 무신론 비판은 선과 악에 대한 그의 절대주의와 관련이 있다.

플라톤에 의하면 무신론에는 신이 존재하지 않는다고 생각하는 것, 설령 신이 존재한다고 해도 인간과 무관하다고 생각하는 것, 설령 신이 인간과 관련된다고 해도 제사나 기도로써 인간이 바라는 대로 신을 움직일 수 있다고 생각하는 것(885b) 등 3단계가 있다. 이런 무신론에 대한 비판이 10권의 주요 내용이다. 신에 대한 불경죄는 사형 등 중벌에 처해야 한다고 플라톤을 주장한다(법, 908e).

《법》11권과 12권은 주로 일상행위에 관한 법을 다루고 있다. 그 주제는 소유물과 상행위, 친족, 유언장과 상속, 걸식, 외국사절, 군인의 임무 포기, 공직조사 등이다. 그 내용을 보면 다음과 같다.

각자의 소유물은 신성한 것이므로 타인이 손을 대서는 안 되며(법, 913a), 매장된 재화의 경우도 마찬가지다. 유실물을 습득해 취하는 것도 처벌된다(법, 914b). 노예가 도망간 경우에는 주인이 그를 체포하여 마음대로 처분할 수 있다(법, 914e). 해방된 노예가 주인에게 매월 3회 충분한 봉사를 하고 옛 주인이 정해준 결혼을 하지 않으면 누구든지 그를 체포할 수 있다(법, 915a). 또한 해방된 노예는 옛 주인보다 많은 재산을 가질 수 없다. 해방된 노예는 외국인과 마찬가지로 20년 안에 재산을 정리하고 나라를 떠나야 한다.

발광한 자는 반드시 집에 억류돼야 하고(법, 934d), 누구도 타인을 비방하거나 욕하거나 조소해서는 안 되며(법, 934e), 풍자시인이나 희극작가가 언어나 비유로 시민을 조소하는 것도 금지된다(법, 935e). 거지는 동정할 필요가 없고 추방해야 한다(법, 936b).

《법》12권에는 군인에 대한 규정이 나온다. 군인은 지휘자의 명령에 따라야 하고 독단적 행동은 허용되지 않는다(법, 942a). 이 밖에 외국사절, 재판제도, 철학회의에 대한 설명이 이어지나 이에 대해서는 앞에서 소개했다.

《국가》와 《법》의 비교

《법》에서 제시되는 이상적인 정체는 《국가》에서처럼 철인정이 아니라 법치정체라고 볼 수 있다. 즉 지배자든 피지배자든 법에 절대적으로 복종하는 정체다. 《법》에서는 플라톤이 《국가》에서 말했던 정체, 즉 일부 인간이 다른 인간을 지배하는 정체를 '도시정주'에 불과한 것(713a)이라고 말한다. 그리고 참된 지배자는 이성의 분신인 법이며, 실제의 지배자가 그러한 법을 유린하고 자신의 사욕이나 당리당략만을 추구한다면 그 나라는 단순한 당파의 무리에 불과할 뿐 국가라는 이름을 가질 가치가 없다고 주장한다(715b). 이어 플라톤은 군주정과 민주정을 합친 혼합정체를 찬양한다.

그러나 플라톤이 《법》에서 말하는 법은 어디까지나 이성의 법이고, 여기서 이성은 철인의 이성이다. 이런 점에서 《국가》의 철인정이 《법》에서도 살아 있다(711e)고 볼 수 있다. 그러나 이것이 《법》의 주제는 아니다. 《법》에서 플라톤이 주장하는 바는 바람직한 법을 제정하고 그것이 권위를 갖게 하는 것이 인간의 사욕과 무법행위를 억제해서 국가를 살리는 유일한 길이라는 것이다.

《국가》에서와 달리 《법》에서는 지배자가 철학적 지식을 갖추어야 한다는 점이 거의 무시되는 반면에 법이 더욱 중시된다. 그 이유는 다음 구절에 나와 있다.

인간에게는 법을 제정하고 법에 따라 사는 것이 반드시 필요하고, 그렇게 하지 않으면 인간도 이 세상에서 가장 난폭한 짐승과 다를 것이 없다. 그 이유는 다음과 같은 인간의 본성에 찾을 수 있다. 즉 인간이 태어나면서부터 갖는 본성은 인간의 국가생활에 유익한 것을 인식하고 그런 인식 위에서 언제나 최선의 것에 의지하고 그것을 실행에 옮길 수가 없다. 진실한 통치술에서는 개인적인 것이 아니라 공공적인 것이야말로 관심사여야 하지만 이는 미리 쉽게 인식되지 않는다. (중략) 인간의 본성은 언제나 탐욕과 야심을 불러일으키고, 무작정 고통을 피하고 쾌락을 추구하고, 정의와 선을 흐리게 하여 마음이 어두워지고, 마침내는 국가 전체를 대중의 악으로 가득 차게 한다. 만일 인간이 처음부터 신의 고려에 의해 천부적으로 뛰어난 능력을 타고 나 그 지위가 높아질 수 있었다면 자신을 지배할 법이 필요없을 것이다. 참된 지식을 넘어서는 법이나 질서는 존재하지 않기 때문이다. 이성은 그것이 참이고 천부적인 자유를 참된 의미에서 갖는 한 다른 어떤 것의 시종이나 노예가 될 수 없다. 그러나 현실에서는 부분적인 것 외에 다른 대책이 없다. 따라서 우리는 제2의 길, 즉 질서와 법을 선택하지 않을 수 없다. (874e~875d)

앞에서 보았듯이 플라톤은 《정치가》에서 철인정치가 이상이긴 하지만 그것이 불가능한 경우의 차선책으로 법의 지배에 대해 관심을 갖는 태도를 보여주며,《법》에서는 바로 그러한 차선책을 더욱 강조하고 있는 것이다. 또한《국가》에서 주장된 교육론이《법》에서도 기본적으로 되풀이되긴 하지만《국가》에서는 지성에 관한 교육에 중점이 두어진 반면에《법》에서는 감정에 관한 교육으로 중점이 옮겨진다.

자유와 지적 책임

이 책에서 안내자처럼 다루어진 포퍼는 1994년에 죽었다. 그는 죽기 5년 전인 1989년에 '자유와 지적 책임'이라는 강연을 다음과 같이 시작했다.

미래는 활짝 열려 있으며 우리에게 달려 있다. 우리 모두에게.

미래는 당신와 나, 그리고 다른 많은 사람들이 하기에 달려 있다. 오늘과 내일, 그리고 그 다음 날에.

우리가 무엇을 하는가는 우리의 이념과 바람, 우리의 희망과 공포에 달려 있다. 그것은 우리가 세상을 어떻게 보는가, 그리고 우리가 미래의 열린 가능성들을 어떻게 평가하는가에 달려 있다.

이 말은 우리가 책임을 지고 있다는 뜻이다. 그 책임은 우리가 다음과 같은 진실을 깨달을 때 훨씬 더 커진다. 즉 우리는 아무것도 알지 못한다는 진실, 또는 이 표현이 더 나을 것 같은데, 우리는 그것을 무사히 정의할 수 있기에는 너무 조금, '무지'할 정도로 아주 조금밖에 아는 것이 없다는 진실을. 이렇게 말하는 것은 올바른 결정을 내리는 데 필요한 지식에 비하면 우리의 지식은 무지와 다름없기 때문이다. (포퍼 – 20세기, 241~242)

이어 포퍼는 그러한 이념을 처음으로 파악한 사람이 소크라테스인데 그는 정치인이란 자신이 아무것도 모른다는 것을 알 정도로 현명해서 신중해야 한다고 말한 반면에 플라톤은 많이 배운 철학자가 왕이 돼야 한다고 말했다고 보고, 만약 소크라테스처럼 가장 현명한 사람이 스스로 현명하지 않다고 생각해 왕이 되기를 거부하면 어떻게 하느냐 묻는다(포퍼 – 20세기, 245), "누가 지배해야 하는가?"라는 물음에 대해 고대 사람들은 군대에 의해 추대된 황제, 중세 사람들은 신의 은총을 받은 군주, 마르크스는 계급의식이 있는 노동자, 민주주의자들은 국민이 선출한 지도자라고 답했다. 민주주의자들은 헌법에 의해 선출된 합법적인 정부가 지배권을 갖는다고 말하지만, 히틀러도 그랬고 그 밖의 독재에도 문제가 많으므로 합법성만으로는 충분하지 않다. 따라서 "누가 지배해야 하는가?"라는 물음 자체를 바꾸어 "어떻게 피를 흘리지 않고 정부를 제거할 수 있는 정체를 만들 수 있는가?"라는 물음을 던져야 한다고 포퍼는 주장한다(포퍼 – 20세기, 247)

포퍼는 국민의 지배를 뜻하는 민주주의는 국민이 스스로 지배한다고 느끼지 않으므로 위험하고, 대신 최악의 비도덕적 정부인 독재정권이 등장하지 못하게 막는 것이 민주주의라고 교육해야 한다고 주장한다. 독재가 비도덕적인 이유는 "그 국가의 시민들로 하여금—자신들의 좀 더 좋은 판단을 거스르고 자신들의 도덕적 확신에 거슬러서—오로지 침묵으로 일관하게 함으로써 악과 협력하도록 운명지워 도덕적 책임을 없애기 때문"(포퍼 - 20세기, 248)이라는 것이다.

포퍼는 고대 그리스의 민주정이 그러했고, 그래서 독재정을 피하기 위해 엄청난 대가를 치렀다고 본다. 인기 있는 전문정치인을 추방하는 도편추방제도 그래서 도입됐다. 페리클레스가 강조한 민주주의도 시민이 배심원으로서 정부를 평가한다는 데 초점이 있었다. 따라서 포퍼는 민주주의란 대중의 지배가 아니라 대중의 평가에 그 본질이 있다고 주장한다(포퍼 - 20세기, 250).

그는 정당에 의한 비례대표제도 비판한다. 정당의 파편화로 인해 타협책으로 추구되는 연립정부는 국민에 대해 책임을 지지 않고 제거될 수도 없다는 것이다. 국민주권이론도 다수의 국민이 항상 옳다는 비합리적인 이데올로기나 미신을 조장하므로 거부돼야 한다. 아테네나 바이마르도 여러 가지 실수를 했다. 철인정을 유토피아로 내세운 플라톤은 물론이고 히틀러를 독일정신의 상징으로 본 슈펭글러나 융도 실수를 했다. 그러나 인간은, 특히 지성인은 그러한 오류를 피할 수 있다고 포퍼는 강조한다. 특히 모세 이래 아우슈비츠까지 이어진 이단에 대한 배타적 태도와 헤겔류의 민족주의를 막아야 한다고 그는 주장한다. 구소련 해체 직전의 강연에서 포퍼는 이데올로기를 포기할 것을 주장하고 우리 스스로가 변해야 한다고 역설했다.

아테네를 다시 보자

이 책의 앞에서 나는 포퍼와 달리 소크라테스를 반민주주의자로 본다고 밝혔다. 이 점은 포퍼와 내가 다른 점이지만 그것이 그리 중요한 것이라고 생각하지는 않는다. 포퍼가 이해하는 소크라테스라면 민주주의자로 받들어도 무방하다고 생각하기 때문이다. 그러나 나는 포퍼의 소크라테스 이해가 잘못되었다고 생각한다. 나는 소크라테스보다 도리어 그가 비판한 아테네와 소피스트를 다시 보아야 한다고 생각한다. 이는 포퍼도 동의한 점이지만 포퍼가 동의한 정도보다 훨씬 더 적극적으로 다시 보아야 한다고 생각한다.

고대 아테네인은 모든 방면에 관심을 가지고 능력을 발휘하는 것이 민주주의 시민으로서 바람직한 태도라고 생각했다. 그들은 가정의 평화와 가계의 수지관리에 엄격했고, 공적으로는 민회와 민중법원 참여, 추첨에 의한 공무담당, 그리고 전쟁수행에 바빴으며, 그 모든 것을 위해 교양을 쌓고 체력을 단련했다. 공과 사, 정신과 육체의 모든 영역에서 자신의 능력을 최고로 기르고 발휘하고자 노력했다.

앞에서도 보았듯이 고대 아테네에서 공무원의 자격요건은 전문가가 아니라 폴리스 시민으로서의 덕성이었다. 고대 아테네인은 하나의 전문만을 추구하는 것은 자유인의 행동이 아닌 비열한 짓으로 여겼고, 경제적으로 최대이윤을 추구하는 것은 부끄러운 짓이라고 생각했다. 아테네 민주정의 원칙인 아마추어리즘은 인간은 본래 잠재적으로 모든 능력을 갖추고 있다는 가치관에 입각한 것이었다.

고대 아테네인은 민주주의를 하나의 생활방식으로 이해했고, 모든 시민이 민주정에 참가할 수 있다고 생각했다. 그들은 공사 양면에서 경험을 쌓아 스스로 유능하게 되어야 했다. 정치생활에 참가할 수 없는 사람은 무능한 시민으로 간주됐다. 시민이라면 누구나 다재다능하고 적응능력이 있으며 자주독립하고 자족적인 인격체였다.

그런 자유인의 공동체인 폴리스는 자주를 기본으로 하는 자치체로서 시민의 그러한 생활방식을 보장하는 것이어야 했다. 그래서 그 조직은 민회, 평의회, 민중법원, 책임지는 공무원제로 구성됐고, 어느 것이나 참여와 책임의 원리에 의해 운영됐다.

그러한 폴리스를, 그리고 그러한 폴리스 시민의 아마추어리즘을 소크라테스와 플라톤은 프로페셔널리즘에 입각해 부정했다. 그래서 소크라테스는 결국 처형당했다. 그의 처형은 법적으로나 도덕적으로나 허용해서는 안 되는 것이었지만, 독재정으로부터 민주정을 회복한 지 몇 년 안 된 상태에서 그 민주정을 지키기 위한 아테네 시민들의 정치적인 노력 중 하나로 보아야 한다. 말하자면 어지러운 혼란기였던 당시의 아테네에 소크라테스와 같은 반민주주의자가 너무나 많았기에 본보기로 그를 처형한 것이었다.

그러나 그 후의 역사는 그들의 반민주주의가 승리하는 역사였다. 그 뜻대로서, 늘 선문가들이 교수를 중심으로 노예제 학문집단인 대학을 형성하고 그것을 근간으로 하여 엘리트 전문가들이 세상을 지배하는 비민주의 체제를 구축했다. 이런 반민주주의의 역사는 2천 년 이상 이어져왔다. 지금으로부터 2백여 년 정도 전부터 범세계적으로 민주주의의 바람이 불었지만 그 대세는 어디까지나 간접 민주주의와 전문가주의가 복합된 관료주의 같은 것이어서 고대 그리스의 직접 민주주의가 중시했던 아마추어리즘과는 배치되는 것이었다.

그래서 여전히 아테네 민주주의에 적대적이었던 소크라테스를 비롯해 그의 제자들, 특히 플라톤과 플라톤주의자들이 그 세력을 유지하고 있다. 과거 2천 년 가까운 봉건사회에서는 물론 지난 2백 년 동안의 민주사회에서도 그들의 학설이 옳다고 칭송됐다.

그러나 이제 우리는 그 실상을 정확하게 알 필요가 있다. 반민주주의에 대한 소크라테스나 플라톤의 가르침보다 고대 아테네 시민들의 직접민주주의가 우리에게 더욱 소중하기 때문이다. 물론 지금 우리는 아테네의 그것을 그대로 따라할 수도 없고 그럴 필요도 없다. 그러나 직접민주주의가 불가능하다든가 그것은 단지 중우정에 불과하다고 보는 편견은 버려야 한다.

지금 우리는 '참여와 책임'을 중요한 가치로 삼는 사회에 살고 있다. 이는 단순히 어떤 정권의 구호로 끝나지 않고 우리 시대는 물론 앞으로도 영원할 우리의 구호이다. 우리는 모든 시민에게 보다 폭넓은 참여의 기회가 주어지도록 하고, 동시에 그 참여에는 반드시 엄격한 책임이 따르도록 해야 한다.

특히 모든 정치인을 포함한 넓은 의미의 공인을 선발하는 데서 전문직능만이 아니라 교양 있는 품성을 무엇보다도 존중해야 한다. 따라서 대학도 교양교육에 더욱 주력해야 한다. 그러기 위해서는 대학 자체가 개혁돼야 한다. 전문가 바보 노예가 우글거리고 권위주의적인 사육사가 통제하는 동물원이 아니라 자기의 철학을 가진 전인적인 지식인인 교수들이 폭넓은 학제적 연구와 교양인 교육을 담당하는 새로운 대학을 만들어야 한다. 정부기구 중에서 비민주적인 관료재판이 판을 치는 사법부를 아테네의 민중법원까지는 아니더라도 시민이 참여하는 배심제나 참심제로는 나아가도록 해야 한다.

그리고 우리 모두 자유인, 자치인, 자연인이 되도록 노력해야 한다. 경제인이 아니라, 지배자가 아니라, 엘리트가 아니라, 전문가가 아니라, 경제적 이윤추구의 상징인 배부른 돼지가 아니라, 그렇다고 해서 전문가주의로 말라비틀어진 소크라테스나 플라톤도 아니라 자유롭고 평등한 시민으로서 모든 분야, 모든 활동에 적극적으로 참여하고, 자주적으로 발언하며, 자기 사회의 자치에 대해 책임을 지는 아마추어리즘의 시민이 되도록 노력해서 우리의 민주주의를 더욱 완전한 것으로 만들어가야 한다.

이상국가

이상국가는 인류 공통의 꿈이었다. 가령 중국의 유토피아인 선경
(仙境) 무릉도원도 그 가운데 하나다. 그러나 도연명이 노래한 무릉
도원은 세상과 단절된 곳이라는 점 외에는 여느 농촌마을과 크게
다르지 않다. 도연명이 노래한 무릉도원을 유토피아라고 볼 수 있
는 것은 나중에 왕안석이 노래했듯이 지배자의 권력이 미치지 않고
계급이 없는 자급자족의 농촌으로서 평화롭고 세금이 없다는 점 때
문이었다. 이는 당대 중국 민중의 최대 문제가 세금이었음을 말해
준다. 이는 도연명이 살았던 4세기 전후는 물론 지금까지도 마찬가
지이다. 그렇다면 무릉도원은 이 세상에 없는 곳이 아닌가?

도연명의 시는 그런 유토피아를 추구한 것이라기보다 마음속에
있는 유심(遊心) 또는 아예 무심(無心)을 찬양한 것이다. 그렇다면
그의 시를 놓고 세금이 없는 유토피아 운운하는 것은 유심 또는 무
심의 시인들에게 우스울지도 모른다. 그들에게 무릉도원은 차라리
놀이토피아 또는 놀이공원일지도 모른다. 지금 그런 각종 토피아는
너무나 많다. 머니토피아, 쇼핑토피아, 섹스토피아, 출세토피아, 권
력토피아, 폭력토피아 등등.

중국에는 또 하나의 유토피아로 유교적 이상국가의 구상이 있었
다. 요순(堯舜) 이래 이상적인 왕이 다스리는 중앙집권의 관료제도
에 의해 예와 법이 완비되고 계급이 분화된 인공국가가 그것이다.
그것은 청말 강유위의 대동(大同)사회에까지 이르는 오랜 전통이

다. 우리의 실학자들도 그런 유토피아를 추구했고, 대동이라는 말이 우리나라 대학의 축제 이름으로도 남아 있다. 그것은 지배자와 계급이 없는 무릉도원과는 근본적으로 다른 독재자 왕의 계급국가다. 바로 플라톤으로부터 마르크스에 이르는 유토피아와 같다. 1980년대 말 구소련이 해체되고 동유럽이 마르크스주의를 포기한 이래 유토피아는 끝났다고 여겨졌다.

그 후의 세계는 IT혁명으로 자유로운 개인이 국경을 넘어 모든 차이를 해소하는 새로운 인터넷 전자 유토피아로 나아가고 있다고 보는 견해도 있다. 과연 그런가? IT혁명의 주체란 국적도, 소유관계도, 규모도 알 수 없는, 무한한 축적을 추구하는 지구 규모의 자본이라는 것은 누구나 알고 있다. 인터넷, 이메일 및 핸드폰으로 상징되는 IT혁명은 인간관계를 정보교환 관계로 바꾸고, 정보의 가속화 및 원격화와 함께 정보격차를 확대시킨다. 또한 그런 정보유통과는 무관하게 보이지만 동시에 가족의 붕괴, 학교의 붕괴, 사교육의 증대, 공기업과 대학의 민영화, 자본에 대한 규제완화, 빈부갈등의 심화, 외국인과 여성을 포함한 노동자에 대한 차별과 억압 등의 현상을 낳고 있다.

이런 흐름을 신자유주의라고 그럴듯하게 부르기도 하지만 미국을 모델로 하는 신자유주의가 궁극적으로는 군사력과 막강한 국가권력에 의해 유지된다는 것은 누구나 아는 사실이다. 또한 그것은 가부장적 이성의 복권, 상징계의 회복, 국가통일 원리의 재구축이라고 하는, 플라톤으로부터 마르크스에 이르는 낡은 국가유토피아의 복사판에 불과하다는 것도 주지의 사실이다.

최근 이에 대항하는 새로운 유토피아가 제시되고 있다. 예컨대 데리다는 권력화되지 않은, 그리고 환대, 정의, 책임에 입각한 새로운 세계적 연대를 말한다. 리피에츠는 생산력의 발전을 부정하고 개방과 연대 및 관용을 특징으로 하는 공동체를 지향하는 영원한 미완성 혁명으로서의 유토피아를 꿈꾼다. 나는 이런 유토피아가 유토피아라는 말을 지어낸 르네상스인 토마스 모어(1478~1535)의 유토피아와 맥락을 같이 하는 것이라고 생각한다. 모어는 상대적이고 관용적이며 다원적인 르네상스 유토피아의 원형을 보여준다.

플라톤과 모어의 유토피아

역사학자들은 고대 그리스의 폴리스 문명과 근대 이탈리아 도시국가의 르네상스를 곧잘 비교한다. 어느 경우에나 인간의 이성이 그것에 장애가 되는 불필요한 권위에 저항했다. 나는 그 두 가지 모두 자유와 자치를 무엇보다 중시한 도시국가에서 생겨났다는 사실에 주목한다. 물론 르네상스의 자치도시가 고대 그리스의 폴리스처럼 직접민주주의를 한 것은 아니지만.

여기서 플라톤의 《국가》 및 《법》과 모어의 《유토피아》를 비교하며 플라톤의 문제점을 다시 살펴보자. 플라톤과 모어 사이에는 2천 년이라는 긴 세월의 장벽이 있다. 그 사이에 유럽에는 유토피아가 존재하지 않았다. 모어가 강의의 주제로 삼기도 한 아우구스티누스의 《신의 도시》(이는 보통 《신국》이라고 번역되나 최근에는 《신의 도시》로 번역되기도 하는데 이것이 옳다)가 그 사이에 씌어졌으나 이것은 로마를 비판한 책이지 유토피아를 구상한 책은 아니었다. 물론 중세에도 '신의 나라'라는 유토피아는 계속 존재했다. 그러나 그것은 멈포드가 '도피의 유토피아'라고 부른 것이지 그가 '재건의 유토피아'라고 부른 것이 아니었다.

모어는 잉글랜드 르네상스의 휴머니스트들이 다 그랬듯이 10대에 옥스퍼드에서 그리스 고전을 공부했다. 그 고전 중 하나가 플라톤의 《국가》였음에 틀림없고, 모어는 그로부터 분명히 영향을 받았을 것이다. 그러나 모어의 《유토피아》는 현세의 행복에 대한 긍정과 미래에 대한 희망, 공정한 '법의 지배'의 확립이라고 하는 정치적 요구, 귀족의 태만과 대조되는 노동의 미덕, 기독교적 윤리와 인문주의적 교양의 융합 등을 기본으로 한 것이라는 점에서 플라톤의 이상국가와 달랐다. 모어는 '지금 여기에 있어야 하는 곳'으로, 다시 말해 잉글랜드와 유럽의 이상으로 유토피아를 그렸다. 그가 그린 이상사회는 바로 르네상스 사회의 지향이었고, 그가 그린 이상적 인간은 바로 르네상스 인간의 지향이었다. 이런 점에서 모어야말로 가장 르네상스적인 인간이었다. 모어를 더욱 르네상스적 인간으로 볼 수 있게 하는 점은 그가 유토피아를 절대시하지 않았다는 점이다.

모어의 유토피아는 폭 2백 마일의 섬이자 54개의 도시로 이루어져 있다. 도시와 도시 사이는 아무리 멀어도 걸어서 하루면 갈 수 있는 거리다. 그 경제기반은 농업이고 유토피아인은 모두 농업에 정통하다. 하나의 농장 또는 하나의 세대에는 40인 미만이 같이 산다. 여러 직업이 인정되고 그 직업들 사이에 귀천이 없어서 노동이 노예의 몫으로 돼있는 플라톤의 경우보다 인간적이다. 군주나 귀족을 비롯한 모든 인간은 노동을 하므로 노동시간은 6시간제여서 현대의 하루 8시간보다 훨씬 짧다. 모어의 도시는 뒤에 크로포토킨이 《전원, 공장, 작업장》에서 말했듯이 구성원들과 일체를 이루고 있다. 도시의 기본적인 지역단위는 4백 명 정도로 구성되는데, 구성원들은 마치 옥스퍼드대학에서처럼 함께 식사를 하고 그 밖의 다른 생활도 함께 한다.

고전적 유토피아를 전형적으로 보여주는 것이 바로 플라톤의 《국가》와 모어의 《유토피아》다. 전자는 인간성을 변하지 않는 것으로 전제하고 그러한 인간성에 대한 통찰에 근거하여 현명한 입법자인 철인왕이 정치를 하면 영구적인 이상사회의 실현이 가능하다고 주장한 것으로, 기본적으로 정치적 보수주의의 전형이다. 반면에 모어는 철인왕과 같은 통치자에는 관심이 없고, 인간성을 완벽하게 통찰하는 지도자 등은 전제하지 않는다. 모어의 시대에 루터는 신앙을 강조했고, 마키아벨리는 힘을 강조했다. 그런데 루터는 신앙과 권력을 분리시키되 군주에의 복종을 주장했다는 점에서 마키아벨리와 다름없었다. 그러나 모어는 도덕과 권력은 분리될 수 없다고 생각했고, 기독교를 정치 차원의 도덕적 규범으로 재생시키고자 했다. 따라서 모어를 비롯한 유토피언들은 그러한 규범의 재생을 위한 수단으로 교육을 중시했다. 이 점은 플라톤의 경우와 유사하지만, 플라톤의 이상국가에서는 인간이 국가의 부속품에 불과한 반면에 모어를 비롯한 다른 유토피언들은 인간은 그런 부속품이 아니라 교육에 의해 변화되는 존재라고 생각했다.

플라톤은 극소수 수호자층에 한정해 공유제를 주장했으나 모어는 사회 전반에 걸쳐 사유재산 자체를 폐기하자고 주장했다. 이는 모어가 사유재산은 평등하고 공평한 분배를 방해하고 빈부차별을 낳으며, 화폐에 대한 욕망으로부터 모든 악덕, 해악, 알력이 생겨 건전한 정신과 육체의 쾌락을 향수할 수 없게 한다고 보았기 때문이다. 또한 플라톤이 수호자층 남녀의 결합에 대한 국가의 규제와 우생학적 성교 및 양육을 주장한 반면에 모어는 서로 완전히 이해한 남녀가 자신의 판단으로 결혼을 하는 일부일처제를 주장하고 그러한 남녀는 이혼을 할 수 없다고 보았다. 플라톤과 모어의 결정적인 차이는 모어가 종교의 자유를 인정하고 전쟁을 거부했다는 점에 있다.

《유토피아》에 나오는 이상사회는 적어도 종교의 자유가 인정되는 관용주의의 사회이기는 하지만 완벽한 자유주의의 사회라고 하기는 어렵다. 물론 거기서의 삶도 자유롭고 다양한 것으로 묘사된다. 가령 도시의 집은 사유가 아니므로 누구나 드나들 수 있고, 사람들은 10년마다 집을 서로 바꾸고 정원 가꾸기를 즐긴다. 그들은 식사를 비롯한 모든 일을 공동으로 하고, 허식과 사치를 배척한다. 유토피아에서는 법의 역할이 미미하고, 형벌도 노동형에 국한된다.

특히 법률가나 변호사는 존재하지 않고, 모든 사람이 재판에 참여한다. 이는 법률가였던 모어가 법률에 대해 얼마나 회의적이었는지를 보여준다는 점에서 흥미롭다.

유토피아의 일상생활은 공산주의와 함께 양대 원리를 이루는 쾌락주의에 근거한다. 여기서 쾌락주의는 개인적인 쾌락의 추구를 뜻한다기보다는 선과 도덕, 특히 사회적 책임을 토대로 한 쾌락의 추구를 뜻한다는 데 주의해야 한다. 이는 '저 좋을 대로 사는' 르네상스적 생활방식이기도 하다.

유토피아의 또 하나 중요한 점은 반전 평화주의에 있다. 모어는 모든 전쟁에 반대한 것은 아니지만 기본적으로 전쟁에 반대했고, 특히 당시의 종교전쟁에 반대했다. 그의 《유토피아》는 공유재산, 민주주의, 농업주의, 관용주의, 쾌락주의, 반전주의와 같은 이념에 근거하고 있다.

물론 500년 전에 씌어진 《유토피아》에는 당연히 많은 문제가 있다. 거기에 그려진 이상사회는 기본적으로는 민주주의 사회이지만 종교나 일상생활에서 전체주의적 탄압의 위험성을 예상하게 하는 부분이 없지 않다. 종교의 자유는 인정되지만 그 종교의 진위를 따지는 부분은 사상검열과 통하는 점이 없지 않다. 또한 사람들에게 여행허가증을 받게 하거나 결혼 전의 남녀에게 서로 나체를 보이게 하는 점 등이 《국가》를 연상시킨다. 식민지 지배를 정당화하는 모어의 관점에도 나는 찬성할 수 없다.

특히 모어의 행적에는 비판받아야 할 부분이 있다. 《유토피아》에서 모어는 유토피아의 이상사회에 찬동하지 않는 사람으로 나오는데, 실제로도 그는 《유토피아》를 쓴 지 몇 년 뒤에 독일에서 농민전쟁이 터지자 농민이 아닌 국가를 지지했고, 공동소유를 지지하기는커녕 사유재산제를 옹호했다. 그가 사형을 당한 것도 사회개혁이나 종교적 관용을 주장했기 때문이 아니라 오로지 로마가톨릭에 충성을 다했기 때문이다. 그가 《유토피아》에서 종교적 관용을 주장하고는 있지만 사실 그것은 기본적으로 기독교 이념의 범주 안에 있는 것이라는 데 우리는 주의할 필요가 있다.

《유토피아》는 16세기부터 지금까지 현실을 비판하고 이상을 지향하는 모든 사회운동의 기초가 돼왔다. 특히 그것은 사회주의나 공산주의의 원조라고 할 수 있다. 물론 모어의 《유토피아》와 그 모든 운동의 이상은 다르다. 특히 구소련을 비롯한 현실 공산주의는 《유토피아》와 근본적으로 다른 점이 많다. 공산주의라는 점에서 같지 않느냐는 반론도 있겠지만, 모어의 공산주의는 사실 돈이 없어져야 모든 사회문제가 해결된다는 주장이어서 현실 공산주의와 다르다.

자유와 민주주의의 전통

고대 아테네의 민주주의 시대 이래 많은 사상가들이 국가권력의 필요성에 대한 근거나 그것의 제한에 대한 근거를 마련하고자 했다. 가령 홉스는 국가가 없는 상태에서는 모든 사람들이 서로 잠재적인

적이라는 전제에서 출발해 범죄와 폭력을 억제할 수 있는 강력한 국가가 필요하다고 주장했다.

칸트 역시 사유재산의 필요성을 믿었지만 자유제한을 최소한으로만 해야 한다고 주장했다. 그는 《순수이성비판》과 《영구평화론》에서 "각자의 자유가 다른 모든 사람들의 자유와 일치하도록 만들어주는 법에 따라서 인간의 자유를 가능한 한 최대한으로 허용하는 헌법"과 국가를 열망했다. 그는 홉스의 가부장적 국가관에 맞서서 국가의 본질은 우리의 권리를 존중하고 보호하는 것이라고 주장했다. 칸트의 사상은 훔볼트와 밀을 통해 더욱 발전됐다. 훔볼트와 밀은 제3자의 이익을 저해할 위험이 있어 개인의 자유에 간섭하는 경우를 제외하고는 모든 가부장적 간섭을 불법적인 것으로 보았다.

현대의 사상가 중에서는 아마도 벌린이 자유에 대한 가장 훌륭한 논의를 했다고 봐야 할 것이다. 벌린은 자유를 소극적 자유와 적극적 자유로 나누었다. 이는 구체적인 여러 종류의 자유들을 그 두 가지로 나누었다는 의미가 아니라 자유를 어떻게 볼 것이냐, 즉 소극적으로 볼 것이냐 적극적으로 볼 것이냐 하는 문제를 제기한 것이라는 데 유의해야 한다. 소극적 자유관은 자유를 "각자가 하고 싶은 행위를 하는 것을 막는 장애가 없는 상태"로 보는 것이고, 적극적 자유관은 자유를 "자율적으로 행동할 수 있는 상태나 능력"으로 보는 것이다. 벌린에 따르면 소극적 자유관은 욕망의 불만이 없는 상태는 자유로 보지 않는다. 따라서 금욕주의가 주장하듯이 욕망을 아예 없애버리는 것은 소극적 자유관의 자유에 포함되지 않는다.

이에 비해 적극적 자유관은 인간을 이성적인 자율의 주체로 보고, 그런 이성적 인간들이 추구하는 목표는 하나의 보편적인 원칙 아래 조화된다고 본다. 적극적 자유관의 자유에는 금욕적 자유도 포함된다. 그런데 금욕적 자유는 현실의 억압을 정당화할 수 있다는 점에서 참된 자유라고 볼 수 없다고 벌린은 지적한다. 마찬가지로 이성적 자유관은 하나의 보편적인 원칙을 전제하기 때문에 그런 원칙을 자처하는 여러 가지 이념이나 사상에 의해 이용될 수 있으므로 참된 자유가 될 수 없다고 벌린은 비판한다. 자기실현을 자유의 목적으로 본 밀의 자유관도 이런 점에서는 마찬가지라고 벌린은 말한다.

따라서 벌린은 적극적 자유관은 자유를 올바르게 보는 것이 아니며, 소극적 자유관만이 자유를 올바르게 보는 것이라는 결론을 내린다. 그러나 이성적 판단을 배제한 자유가 과연 성립할 수 있을까? "각자가 하고 싶은 행위를 하는 것"도 이성적 판단이 당연히 개입하는 선택이 아닌가? 이성적 판단 없이 "각자가 하고 싶은 행위를 하는 것"은 그야말로 방종이 아닌가? 벌린 자신이 나중에는 "적극적 자유가 소극적 자유만큼이나 고귀하고 기본적인 이상이라고 나는 더욱 분명하게 말했어야 했다"고 말했다.[*]

....

[*] 스티븐 루크스와의 대담(포퍼 – 20세기, 188).

우리는 이런 그의 말을 상식의 차원에서도 인정할 수 있다. 가령 국가는 자동차운전자에게 안전띠로 자신을 보호하라고 명령할 수 없는가? 국가는 제3자가 있는 장소에서 흡연을 금지시킬 수 없는가? 마약의 판매를 금지할 의무가 국가에 없는가? 이와 관련해 포퍼는 개인에게는 자신의 방식대로 행복하거나 불행해질 자유가 있으나 그런 행위가 제3자를 위험에 빠뜨려서는 안 되며, 무지한 시민이 스스로 평가할 수는 없지만 피할 수는 있는 위험에 빠지지 않도록 보장해야 하는 책임이 국가에 있다고 말한다(포퍼 - 20세기, 234). 이는 우리 헌법의 해석에서도 충분히 인정되는 주장이다. 그러나 나는 이러한 주장을 플라톤의 논의와는 연결시킬 수 없다. 반면에 최근에 적극적 자유를 주장하는 사람들 가운데 플라톤을 끌어다 대는 견해가 있음을 앞에서 지적한 바 있다.

여하튼 나는 그러한 자유론의 차원을 넘어 플라톤의 독재철학 자체가 위험하다고 본다. 특히 플라톤이나 소크라테스를 앞세워 민주주의에 반하는 소리를 멋대로 떠드는 정치가나 언론인을 비롯한 지식인들이 있어서 문제다. 앞에서 말했듯이 우리나라에서 플라톤의 《국가》가 처음으로 대중적으로 읽힌 1971년에 일부 학자들은 박정희를 플라톤이 말한 철인정치가라고 찬양했다. 그것을 반드시 직접 이은 것은 아니라고 해도 지금까지 우리나라에서 플라톤의 독재철학은 찬양일변도로 소개돼왔다. 이런 흐름은 우리의 민주주의 역사에 긍정적인 영향보다는 부정적인 영향을 주었다고 나는 판단한다.

나는 플라톤의 가치나 의의를 전면적으로 부인하는 것이 아니다.

내가 이 책에서 다룬 플라톤 사상은 그의 정치사상이다. 물론 나는 그의 사상 가운데 그 밖의 다른 것에 대해서는 흥미를 갖고 있지 않지만, 그가 서구에서 오랫동안 기독교나 과학사상에 미친 영향을 부인하지는 않는다(물론 나는 기독교에 대해서는 비판적으로 평가한다).

내가 하고 싶은 말은 플라톤에 대한 논의가 다양하게 전개될 필요가 있다는 것이다. 나는 철학자가 아니지만, 철학자란 본질적으로 회의하고 비판하는 자를 말한다고 믿는다. 이런 점에서는 플라톤 역시 철학자였다. 그러나 그 역시 회의되고 비판되어야 한다. 그것이 철학이고, 무엇에 대해서든 회의하고 비판하는 것은 이성을 가진 인간의 도리다.

나는 민주주의라는 것이 만능약이라고 생각하지는 않는다. 플라톤처럼 민주주의에 많은 문제가 있다고 생각한다. 그러나 플라톤처럼 철인독재로 그것을 해결할 수 있다고는 생각하지 않는다. 도리어 철인독재는 더욱 많은 문제를 낳는다고 본다. 플라톤의 독재철학은 인류의 역사에 부정적인 영향을 미친 대단히 잘못된 철학이다. 그러니 누구든 그를 멋대로 찬양해서는 안 된다.

플라톤 다시보기

지은이 ㅣ 박홍규

1판 1쇄 펴낸날 ㅣ 2009년 6월 25일

펴낸이 ㅣ 이주명
편집 ㅣ 문나영
출력 ㅣ 문형사
인쇄 ㅣ 한영문화사
제본 ㅣ 한영제책사

펴낸곳 ㅣ 필맥
출판등록 ㅣ 제300-2003-63호
주소 ㅣ 서울시 서대문구 충정로2가 184-4 경기빌딩 606호
홈페이지 ㅣ www.philmac.co.kr
전화 ㅣ 02-392-4491
팩스 ㅣ 02-392-4492

ISBN 978-89-91071-67-4(03300)

* 잘못된 책은 바꿔드립니다.
* 값은 뒤표지에 있습니다.

이 도서의 국립중앙도서관 출판시도서목록(CIP)은 e-CIP 홈페이지(http://www.nl.go.kr/cip.php)에서
이용하실 수 있습니다.(CIP제어번호: CIP2005001367)